本书由以下基金资助：
内蒙古社会科学基金后期资助项目（基金号：21HQ11）
本书为以下基金阶段性成果：
国家自然科学基金项目（基金号：42261032）
教育部人文社会科学研究一般项目（基金号：18YJCZH246）
内蒙古自治区自然科学基金项目（基金号：2018MS04002）

从共居到互嵌
——内蒙古城市族际居住格局演进研究

张 薇 著

陕西师范大学出版总社

图书代号　ZZ23N0291

图书在版编目（CIP）数据

从共居到互嵌：内蒙古城市族际居住格局演进研究 / 张薇著. —西安：陕西师范大学出版总社有限公司，2023.3
ISBN 978-7-5695-3484-9

Ⅰ.①从… Ⅱ.①张… Ⅲ.①城市－民族关系－研究－内蒙古 Ⅳ.① D633

中国国家版本馆 CIP 数据核字 (2023) 第 008109 号

从共居到互嵌：内蒙古城市族际居住格局演进研究
cong gongju dao huqian:neimenggu chengshi zuji juzhu geju yanjin yanjiu

张　薇　著

责任编辑	古　洁
责任校对	刘金茹
封面设计	王伟博
出版发行	陕西师范大学出版总社
	（西安市长安南路 199 号　邮编 710062）
网　　址	http://www.snupg.com
经　　销	新华书店
印　　刷	西安日报社印务中心
开　　本	787 mm × 1092 mm　1/16
印　　张	14.875
字　　数	240 千
版　　次	2023 年 3 月第 1 版
印　　次	2023 年 3 月第 1 次印刷
书　　号	ISBN 978-7-5696-3484-9
定　　价	49.00 元

读者购书、书店添货或印装质量问题，请与本社高等教育出版中心联系。
电话：029-85303622

前言

随着渐进式改革的深入，中国快速发展的城市化带动城市内部经济结构和社会结构的重大变迁，城市内部族际关系呈现动态和多元分化发展的状况。尤其是大量就近城市化的族群人口，对中国多民族城市原有族际居住格局产生巨大的冲击。族际混居成为此类城市的主要居住形态。但受制于城市社会管理体制、族际文化差异等外溢效应的影响，部分区域出现族际居住分异现象。这类现象使民族交往交流交融遇到困境，进而在一定程度上造成了族群人口对其定居城市认同与融入的阻滞。为此，新时代党中央对事关民族工作、民族交融全局性和长远性的一系列重大问题提出了富有创见的新理念、新思想、新论断和新要求。尤其是"推动建立各民族相互嵌入式的社会结构和社区环境"这一民族工作指导方针明确了族际生活方式、社会参与、经济文化等方面融合互通的意义。在此基础上，学界依托居住空间视角展开铸牢中华民族共同体意识的探讨，核心在于审视族际关系的实现依据，成为研究城市族际交融的主要透视方式。

在现行族际居住互嵌研究过程中，需要尝试性地进行突破。其一，跨学科研究突破。互嵌的探讨涉及空间、经济、社会、文化、管理等多方面要素，是社会学、民族学、心理学、地理学等多个学科领域的综合设计。其二，机制探讨和理论凝练突破。国内研究侧重点在于族际间居住格局时空演变的现象描述，背后的机制和立足的理论基础鲜有涉及。其三，研究方法的突破。全国人口普查数据的细致化发展和计算机技术模拟应用的推广，使族际居住格局研究具有定量化与可视化基础，进而可开展国际对比。其四，微观研究突破。微观层面探讨是国家民族政策在日常生活尺度的实践，而归属于不同族群的居民，他们在城市中的居住选择心理作为城市"人－地"关系的重要组成部分，是较为普遍的族群日常生活实践，也是民族政策的重要源泉，并衍生出相关研究问题：流动社会背景下，族群居民与地方社会的"人－地"互动过程、机制、效应以及新的社会需求。

鉴于族际居住互嵌的社会空间本质，城市社会学、城市地理学、空间社会学等理论和研究范式，对于本书理论体系的建构具有重要的参照意义。同时，新时期中国相互嵌入式民族关系建构和铸牢中华民族共同体意识的推进，要求城市族际关系实现从形式到实质的双重发展，不断丰富居住互嵌的内涵。为此，本书系统梳理现代城市研究涉及的族际居住相关文献，厘清族际隔离、分异等理论（如空间同化理论、族群分层理论、文化偏好理论等）产生的现实背景、思想渊源、核心内涵；整理全球化城市化推动下的相关研究的实践经验。在此基础上，总结族际居住互嵌的理论思想和实施路径，结合中华民族共同体建设的时代语境，立足于族际关系的本质，建构族际居住互嵌的理论体系，对城市微观尺度的族际居住互嵌类型及内在机理进行解读。

内蒙古城市族际居住格局演进研究依据"格局—过程—机理"的方法，

构建"理论框架—类型特征—作用机制—政策调控"的研究框架,分层递进解析族际居住格局从空间极化到互嵌的演变过程及机理。首先,立足于国内外文献分析和科学逻辑归纳,从理论体系梳理、研究路径解析、作用机理探究三个方面,构建族际居住互嵌的理论框架。其次,对内蒙古案例城市呼和浩特的族际居住互嵌进行微观尺度分析,划分城市内部空间互嵌类型,并分析其特征。第三,对多元空间主体要素进行解构,阐释互嵌的内在作用机理。最后从文化认同、社会分层以及政策环境三个方面总结相应的启示,进而提出相关政策建议。

研究目标在于:一是在厘清城市空间分异理论、社会空间统一体理论等多学科理论体系的基础上,确立族际居住互嵌的研究路径,构建跨学科族际空间互嵌研究的概念性理论框架。二是根据人口统计数据和历史资料,整合居住分异测度的大数据定量方法,借助GIS空间可视化技术,探讨族际居住互嵌的时空演变及类型。三是采用调研数据、访谈数据,以呼和浩特城市内部居民为主线,从微观视角探讨互嵌的态度与意愿。根据社会表征理论,从移民来源地的视角,探讨群体内部的变化以及地区的异质性,分析当前居住互嵌的作用因素,验证影响因素的解释框架,系统探索族际空间互嵌各类型的作用机制和内在逻辑。四是尝试归纳中国城市族际居住互嵌的特征,完善族际居住互嵌分析框架,深化理论探索。

本书是在笔者博士论文基础上修改而成的,目的是从居住空间视角探讨多民族城市居住格局演变及动力机制,对梳理城市族际关系的历史脉络和变迁,促进民族间交往交流交融具有重要意义,并为多民族城市构建嵌入式社会结构和嵌入式社区提供借鉴和有益参考。

  该书得以成型须由衷感谢导师杨永春教授的悉心指导和耳提面命，感谢李建新、史坤博、梁曼、陈丹等同窗好友在资料查找、问卷设计、数据分析等方面的鼎力相助。同时亦感谢给予各类数据支持的内蒙古自治区、呼和浩特市以及各区统计局工作人员；感谢内蒙古师范大学达力玛、塔米尔、乌日柴呼、娜荷雅、春霞、龙华、阿依萨等同学协助开展问卷调研工作。最后，感谢陕西师范大学出版总社古洁老师在本书出版期间所提供的支持。

  由于学术水平和研究视野的诸多限制，不足之处敬请读者批评指正。

作 者

2023 年 2 月于呼和浩特

目录

第1章 绪论 001

  1.1 研究背景 001

    1.1.1 城市化对族际间居住格局的冲击 001

    1.1.2 新时代民族工作思想的引领 003

    1.1.3 城市治理的目标转向 004

    1.1.4 族际间居住隔离演化为全球社会现象 006

  1.2 研究目的与意义 007

    1.2.1 研究目的 007

    1.2.2 研究意义 008

  1.3 研究的内容结构与技术路线 009

    1.3.1 科学问题 009

    1.3.2 研究内容 010

    1.3.3 技术路线 011

    1.3.4 研究方法 013

  1.4 研究区选择及其概况 015

    1.4.1 研究区选择 015

    1.4.2 研究区概况 017

  1.5 资料来源 018

    1.5.1 统计资料 018

    1.5.2 实地调研资料 018

第2章 核心概念及研究进展 019
2.1 核心概念的阐释 019
2.2 国外研究 022
2.3 国内研究 039
2.4 研究述评 044

第3章 城市族际间居住互嵌的理论建构 047
3.1 相关的理论基础 047
3.1.1 空间同化理论 047
3.1.2 地方分层理论 050
3.1.3 居住偏好理论 051
3.1.4 社会表征理论 053
3.1.5 理论评价 058
3.2 城市族际间居住互嵌的概念性理论框架 059
3.2.1 族际间居住互嵌的空间格局 059
3.2.2 族际间居住互嵌的影响因素 067
3.3 小结 074

第4章 全域互嵌前呼和浩特市族际居住空间格局演化 075
4.1 基本背景和地方化条件 075
4.1.1 基本背景 075
4.1.2 地方化条件 076
4.2 空间极化阶段：明清时期 078
4.3 过渡阶段：民国时期 082
4.4 局部互嵌阶段：1949—改革开放初期 085
4.5 小结 088

第5章 全域互嵌后呼和浩特市族际居住空间格局演化 090
5.1 数据来源与研究方法 090
5.1.1 数据来源 090

5.1.2　研究方法 091

　5.2　居住互嵌及演变 093

　　5.2.1　城市尺度居住互嵌及其演变 093

　　5.2.2　市辖区尺度 095

　　5.2.3　街区尺度 099

　5.3　演变的冷热点分析 103

　5.4　小结 106

第6章　呼和浩特市族际居住互嵌空间格局的影响因素 107

　6.1　数据来源与研究方法 107

　　6.1.1　数据来源 107

　　6.1.2　研究方法 112

　6.2　统计数据中的影响因素分析 113

　　6.2.1　相关性分析 113

　　6.2.2　多元回归分析 117

　6.3　呼和浩特市居民对居住互嵌的认同态度 120

　　6.3.1　总体特征 120

　　6.3.2　性别特征 121

　　6.3.3　年龄特征 122

　6.4　居住互嵌影响因素分析 123

　　6.4.1　模型构建 124

　　6.4.2　模型拟合与修正 125

　　6.4.3　结果分析 128

　　6.4.4　结果讨论 132

　6.5　小结 139

第7章　呼和浩特市不同来源地移民居住互嵌意愿、影响因素的差异 141

　7.1　数据来源与信度效度分析 142

　　7.1.1　数据来源 142

    7.1.2 信度效度分析 145
  7.2 呼和浩特市移民居住互嵌意愿的来源地差异 147
  7.3 呼和浩特市移民居住互嵌影响因素及作用机制的地方差异 150
    7.3.1 模型建构 150
    7.3.2 结果分析 151
  7.4 来源地对居住互嵌的影响 159
    7.4.1 模型拟合与修正 159
    7.4.2 结果分析 161
  7.5 小结 163

第 8 章 呼和浩特市族际居住互嵌的作用机制与启示 165
  8.1 族际间居住互嵌的作用机制 165
  8.2 相关启示 173
    8.2.1 族际文化交融 173
    8.2.2 国家政策 174
    8.2.3 社会分层 175
  8.3 对策建议 176
    8.3.1 倡导"多元一体"文化认同，铸牢中华民族共同体意识 .. 176
    8.3.2 尊重和保障居民基本权利，调节完善政策环境 179
    8.3.3 完善城市管理工作，实现社会资源的均等化 180
    8.3.4 营造和谐社会环境，促进族际间友好交往 181

第 9 章 结论与展望 183
  9.1 主要结论 183
  9.2 创新尝试 188
  9.3 研究不足与展望 188

参考文献 190

第1章 绪论

1.1 研究背景

改革开放以来,随着计划经济向市场经济转变,中国社会自由度大幅度提升,人口的城市流向成为常态。大规模的人口涌入和集聚,加速了多民族地区城市化进程(杨鹍飞,2019)。一方面,民族间的交往在此进程中得到进一步深化;另一方面,族际文化风俗差异又使城市族际交往面临考验,各类矛盾和纠纷更为复杂,造成族际交融的困境(张会龙,2015),族际关系呈现出更为动态和多元分化发展的图景(孙九霞,2020)。如何铸牢"一体",实现不同群体在城市空间的和谐共生,成为当下中国迫在眉睫的问题,也是流动社会背景下多民族国家面临的重要任务(罗青,2021)。构建相互嵌入式民族关系成为新时期中国民族工作的指导方针,并衍生出"族际互嵌"这一研究主题,受到各界的广泛关注(王希恩,2016)。

1.1.1 城市化对族际间居住格局的冲击

众多研究表明,族际间的居住格局和互嵌程度决定着民族关系的走向(杨鹍飞,2019),是民族关系发展的一个重要社会目标(卢守亭,2007),也是民族交融的重要透视(张薇和杨永春等,2018)。对其进行研究有助于从居住空间的视角再造民族关系(杨鹍飞,2019),促进民族交融,并为民族间交往交流交融思想的研究提供参考。

特别是进入 21 世纪以来，随着社会转型和体制转轨的双模式变迁，中国社会自由度大幅度提升，带动城市化快速发展。在市场机制的作用下，城市化不断消融城乡"二元"割据壁垒，吸引各类生产和生活要素不断涌入。这是因为历史上部分非城市人口长期居住在自然地理条件较为贫瘠的边远地区，交通运输、水利灌溉等公共基础设施薄弱。随着人口的增长，居住地无法获得扩大农业或牧业生产的条件，加之城市作为现代中国生活方式重心的理念深入人心，促使各族居民产生迁居城市的强烈意愿。而城市的持续发展和扩张压缩了传统农牧业生产和生活空间，也为居民的城市生活提供了基础和条件（张志泽和高永久，2017）。人口的城市迁移流动，促进了族际间社会、经济、文化等活动的交往交流。

但是，城市化并非是解决社会问题的有效途径，反而会使各类社会问题在城市空间内部集聚，进一步激化矛盾（吴启焰，2016）。受制于文化差异的外溢效应（张会龙，2015），加之人类天然的群居生活与情感交流的社会属性作用（杨鹍飞，2019），大规模的人口涌入和集聚对城市内部既有的族际间居住格局产生冲击，加剧了大量新的民族聚居区的形成（郝亚明，2016）。尤其是中国多民族城市，农牧区人口的就近城市化，进一步强化了这种空间分异状态（王平和李江宏，2013）。

与西方国家相比，中国族际间居住空间分异不存在人为的制度因素和政策导向，更无族际之间的刻板印象或偏见问题。但是城市内部不同民族人口数量激增所产生的群体差异现象，导致族际群体的居住分离（柳建文，2011）。城市化加剧的族际居住空间分异使民族间交往交流交融出现了一定程度的困境，造成了不同民族的流动人口对其定居城市认同与融入的阻滞，以及"我者"认同的强化和"他者"认同的危机（张会龙，2015）。城市多民族化进程，使城市成为构建当代民族关系的主要场所，对城市未来的良性发展提出了挑战。

1.1.2 新时代民族工作思想的引领

新时代，党中央就我国民族工作面临的新形势提出了"加强民族间交往交流交融"的要求，并在中央民族工作会议上对此作出系统阐述。"加强民族间交往交流交融"成为当前民族工作指导方针的重要组成部分。同时，也为国内学界对民族间居住互嵌研究指明了方向，引起学术界的重点关注并对此展开持续讨论。各民族从交往经交流最终实现交融，是民族关系实现深化的必经过程（杜娟，2017）。

党的"十八大"以来，党中央对事关民族工作、民族交往交流交融全局性和长远性的一系列重大问题提出了富有创见的新理念、新思想、新论断和新要求，目的在于加强民族间交往交流交融。2014年5月，习近平总书记在新疆社会稳定和长治久安工作会议上首次提出"推动建立各民族相互嵌入式的社会结构和社区环境"。在随后召开的第二次中央新疆工作座谈会上，习近平总书记再次强调要"推动建立各民族相互嵌入式的社会结构和社区环境"。2014年9月，中央民族工作会议对其作了进一步地阐释。至此，"民族互嵌式社会结构"建设作为具有全局性的民族工作指导方针，成为民族工作领域的顶层设计之一，是具有中国特色解决民族关系问题的正确道路（王延中和章昌平，2019）。

涂尔干指出，社会团结需立足于社会结构，不同的团结模式对应的社会结构也不一致。传统社会体现为机械团结模式，建立在社会成员价值观、情感、信仰、文化及行为方式相似性的基础之上，成员间缺乏个性，且依赖程度较低。高度城市化的现代社会则体现为有机团结模式。与机械团结模式相反，有机团结模式建立的基础则是社会成员的差异化和多元化，社会纽带联系紧密，成员间相互依赖程度较高（涂尔干，2000）。"各民族相互嵌入式社会结构和社区环境"的构建目的在于建立有机的社会团结，强调社会结构构成要素间的有机关联，在此基础上实现民族群体间相互依赖、相互信任、共生共荣的社会关系，化解多民族国家存在的内部张力（戴宁宁，

2019)。

"相互嵌入"是指中国 56 个民族通过相互间的交往、交流、交融,实现生活方式、社会参与、经济文化等方面的融合互通,各民族相互包容,紧密团结(杨鹍飞,2019),最终铸牢中华民族共同体意识。为构建"各民族相互嵌入式的社会结构和社区环境"新思想的实践路径,城市治理需要摒弃人为制造的族际隔阂和差异,共享公共设施环境,推进族际间交错居住(卢爱国和陈洪江,2016)。族际居住互嵌成为"相互嵌入"的直观且关键的空间表现形式。根据结构化理论:社会结构的特征并不是外在于社会行动的,而是不断地卷入行动的生产和再生产(Giddden,1970)。因此,随着族际间居住互嵌的不断深入,群体社会交往的频度和广度也会不断拓展,这些社会行为通过生产或将再生产出合理有机现代的社会结构。

"推动建立各民族相互嵌入式的社会结构和社区环境"这一政策表述在一定程度上为国内学界对族际居住融合研究指明了方向。"民族互嵌式社会结构"作为习近平新时代中国特色社会主义民族工作思想的核心概念之一,对族际间居住格局从共居向互嵌方向的发展提出了新要求。

1.1.3 城市治理的目标转向

随着社会的转型,中国政府社会治理的理念及思路也发生相应的改变,进而着力打造服务型社会治理模式。在人口流动方面,通过逐步放宽人口流动限制政策,积极推进劳动力在城乡间、东西部间的跨区域流动、迁徙。这种政策导向也促进了多民族地区富余劳动力的城市转移,使城市成为多民族共同生活、工作、学习的重要场域。短时间内大量外来人口的涌入,加之社会群体的不断分化,使得城市原有的依托政府和企事业单位投资建设的福利分房制度无法适应新形势的变化,逐渐消解。从 1998 年开始,中国进行住房市场化改革,以住房货币分配制度取代住房实物分配体制,实现了住房的商品化。住房市场化促进了住房供给与选择的多元化,为不同群体居民的住房自由选择提供了条件,客观上促使城市居民居住空间的分异（邱梦华，2007）。

在经济社会中，城市居民居住空间分异状态将长期存在，目前对其关注的重点在于社会阶层结构方面的极化。在城市多民族化进程的作用下，城市也面临着族际间居住的选择问题。这是因为城市中民族群体由于文化及族群身份的差异，在居住空间选择上容易选择与自身文化习俗、行为习惯相近的人共同居住，促使他们产生集聚的需求和行为，这也是人类为了获取安全感的一种自然反映（鲍曼，2007）。因此，在中国多民族共居城市中，随着边疆农牧区人口向城市转移，族际间居住分异的格局会进一步强化，形成聚居社区，如北京的新疆村、济南的回民小区、深圳的苗族聚居社区等。居住分异会扩大族际间的社会距离和心理距离，阻碍族际交往交流交融。但是，相对于广受关注的社会阶层分异而言，族际居住问题经常被城市管理者所忽视。

中国在相当长的一段时期内，城市治理关注的重心在于经济建设和城市发展（杨鹍飞，2014），城市人口分布主要依靠市场资源配置的作用，在城市建设过程中很少关注群体交往的需求和意义。尤其是一些多民族共居城市，城市治理上缺乏对族际居住问题的重视，忽视居住互嵌对民族关系的重要性。一些城市甚至对不同民族居民推行"集中居住，集中管理"的治理模式，导致了族际间居住互嵌程度的下降（柳建文，2009）。一些城市的民族聚居区发生的治安问题和群体事件，鉴于影响范围较小且非普遍性，城市治理通常以强化社区管理予以处理（郝亚明，2016）。就城市科学体系而言，这种只关注城市经济现象与本质的生态学式治理方法，忽视了城市作为人类聚落类型的实质和以人为本的主旨（吴启焰，2016）。因此，多民族国家城市治理必须重视民族居住结构，引导其向互嵌的方向发展。基于此，中央提出"推动建立各民族相互嵌入式的社会结构和社区环境"的指导方针，是对城市治理过程中忽视民族居住问题的一种纠偏。今后中国城市，尤其是多民族城市的治理目标应随之发生转变。

1.1.4 族际间居住隔离演化为全球社会现象

西方自现代城市发展伊始，受工业化及劳动力跨区域流动的影响，族际间居住隔离逐渐产生。20世纪50年代以来，伴随着全球化、工业化和城市化的快速发展，劳动力跨国流动，西方国家各大城市居民的多民族化已经成为一种普遍的现象，加深了族际间居住空间的分化，深化了民族矛盾，对传统社会整合方式构成了巨大的挑战，成为西方发达国家政府部门及研究者亟需破解的重大现实问题和理论难题。

西方国家的民族间居住隔离有其显著的外生性，主要由非世居民族的迁入所引起。历史上，西欧一些国家在民族、文化、宗教等方面具有较强的单一性，随着现代城市的发展，大量国外移民的进入打破了传统的民族结构，形成马赛克状的碎片化居住空间格局，使外籍移民的安置问题成为重要的政治和社会议题。美国尽管与西欧这些国家不同，是典型的移民国家，但是"盎格鲁-撒克逊"文化占主导地位，主流社会将其定义为国家特性。这一文化特征的群体拥有建立民族同质社区的愿望，随着城市的扩张发展、公共住房计划的实施及一系列干预政策的推行，美国国内的族际隔离不断增强（Massey and Denton，1987）。当前西方研究者认为，民族间居住隔离是影响社会稳定的因素，是民族关系在居住空间层面的反映，并伴随着暴力犯罪等社会问题。近年来，西方城市中出现的各类族裔问题的现实，让各国政府也认识到忽视城市民族结构，忽视民族间居住分异，已成为引发城市及国家建设的关键阻碍因素（郝亚明，2015）。

就世界范围而言，全球化的发展所形成的"时空压缩"，推动世界劳动力的跨国界迁移，使世界范围内的经济和社会活动更为密切集中（陈宏胜和吴利辉等，2015），城市的多民族化趋势显著，已经成为普遍的状态。同时，西方理念和生活方式的借鉴和引用，也加速了城市居住空间的极化。城市内部民族间居住问题成为政府和研究者共同关注的重要议题。

1.2 研究目的与意义

1.2.1 研究目的

进入 21 世纪,社会转型和体制转轨促使中国社会自由程度不断提升。在此背景下,中国进入区域社会大流动时期。城市化促进了族际间的交往交流交融,但受制于当前城市社会管理等方面的外溢效应,族际交融的过程受到一定的阻碍。居住互嵌研究作为一种测度民族群体在城市内部居住分布格局、混合分布程度的研究方法,是和谐民族居住模式和民族关系的体现,也是透视民族交融的重要视角。城市化推进下的族际间居住互嵌是现代化城市发展的必经之路,并非一国独有。因此,对此开展研究需立足于欧美等国家在这方面长达近百年的成果积淀,包括适合城市发展状况的理论模型和政策主张。这些理论和政策尽管与中国新时代背景并不相符,但可以在审视批判的基础上进行适当地借鉴和学习。加之中国社会学和民族学研究领域已经对族际居住交融展开了初步地研究,亟需在理论和实践两个层面进行深入挖掘和探讨。而地理学作为研究区域空间结构和分布规律的学科,在居住互嵌研究中具有其他学科不可比拟的优势。

另外,中国是统一的多民族国家,多民族共居的现象由来已久。中国和欧美等国一样,在城市化发展过程中,大量不同民族的人口迁入城市居住,对城市原有的族际居住格局形成冲击和改变,为城市民族管理工作带来新的挑战。但与欧美等国不同的是:一方面,中国族际间居住互嵌具有悠久的历史传统。在古代中国,国家政权在多个民族间相互更替,促进了民族间相互学习,和谐共存的"秩序观念",最终形成 56 个民族共居"四海"的整体格局(常宝,2014)。由此产生了具有几百年甚至更长历史时段的族际交往交流交融过程。另一方面，因为独特的国情和文化传统，尤其是新中国成立以来社会主义制度和民族区域自治制度的作用，中国多民族城市的族际交融的影响因素与西方城市应有差异。那么，多民族城市居住互嵌格局的影响因素是否和欧美城市完全一致？社会经济地位、购房偏见、文化偏好是否在互嵌中起主要作用？各因素对居住互嵌的影响路径是什么？

鉴于此，本文尝试在现有理论和实践成果的基础上，建构族际间居住互嵌理论模型，并指导后续的实证研究。同时，借鉴城市地理学、社会学、心理学等研究方法，以城市各级人口统计数据和调研数据为基础，结合定量和定性分析方法，重点探讨新时期呼和浩特城市内部族际间居住互嵌的时空演变格局、影响因素及其作用机制，目的在于推动族际共居城市和谐发展，丰富当前国际上关于族际居住互嵌研究的内容及案例，完善相关理论基础，为民族交融研究提供新的微观视角。

1.2.2 研究意义

新时代，"推动建立各民族相互嵌入式的社会结构和社区环境"这一全局性的民族工作指导方针和民族工作领域的顶层设计，为中国学术界对族际居住空间互嵌研究指明了方向。在此背景下，需要我们转变传统思维，探讨当前族际间居住互嵌的演变过程、动力机制等问题，助力建构新时代中国良好的民族关系，其科学意义不言而喻。

就理论意义而言，随着渐进式改革的深入和城市化进程，城市中不同民族的人口数量不断增长，民族交往日益增多，形成丰富且复杂的各类现象。19世纪以来，"芝加哥学派""人文生态学派"和"城市社会地理学派"的学者在其文化传统的背景下，基于同化理论、多元主义等，对美国为代表的族际居住互嵌进行了诠释，并提出一系列促进民族交融的相关建议。与之相对应，中国族际居住互嵌发展过程与西方发达国家有共通之处，但更有别有西方发达国家。而且，新中国成立后，政府一直致力于改善人民的生活、生产条件，如居住条件等，为族际居住互嵌的发展提供大量的政策指导和支持。通过基于内蒙古典型城市（呼和浩特）内部族际间居住互嵌的实证案例，审视、验证国外相关理论，揭示中国多民族共居城市内部居住和谐关系建立的中国特色路径和方式，为中国其他多民族城市民族关系的研究提供借鉴，并为世界多民族城市民族关系的发展提供中国化的理论参照。

就现实意义而言，研究者们认为转型期的中国城市民族管理工作正面临新挑战。如，中国城市民族管理工作该从何处入手？如何有针对性地开展？这些都是中国多民族城市当前面临的主要问题。城市内部族际居住格局是民族交往的客观条件，是民族管理工作的着力点。内蒙古呼和浩特作为我国族际交融程度较高的城市，对其进行研究能反映出多民族城市民族交融的路径和方式，有利于促进城市内部和谐民族关系的构建和城市民族管理工作的顺利进行。同时，城市内部族际间的居住互嵌格局是城市空间的组成部分，是"地理空间"和"社会空间"的共同反映（李松和刘洋等，2015；陈宏胜和吴利辉等，2015）。在理论研究的基础上开展相应的调控实践，能促进民族间交往交流交融，防止民族之间的排斥和边缘化，为建构"民族互嵌式社会结构"提供条件，为我国乃至全球多民族城市社会空间转型和城市社会管理提供可能的参考。

1.3 研究的内容结构与技术路线

1.3.1 科学问题

针对当下的研究现状和新时代我国民族交融的高质量需求，文章的核心科学问题可界定为：

新时代，中国内蒙古城市族际间居住互嵌的空间格局和演变特征是什么？其影响因素及作用机制如何？

1.3.2 研究内容

本文研究框架主要包含四个部分：问题导入部分、理论建构部分、实证研究部分以及结论展望部分。基于空间同化、地方分层等理论，采用案例分析、问卷调研与访谈、空间统计分析、数理分析、经验总结归纳等方法，旨在探讨内蒙古城市族际居住互嵌的空间格局与影响因素这一科学问题。包含城市内部族际间居住互嵌的空间格局、演变过程、影响因素和作用机制。全文共分9个章节，可分成理论和实证两个主体部分。第1～3章在文献梳理的基础上，尝试构建族际居住互嵌的理论解释模型。第4～8章，以呼和浩特为研究区域，分析城市内部族际间居住互嵌的空间格局及演化过程，探究互嵌的影响因素与作用机制。第9章，总结相关启示，提出政策建议。

① 问题导入部分对应文章的绪论部分，主要涉及研究的背景、目的、意义，拟解决的核心问题，研究思路等内容。

② 理论建构部分对应文章的第1、2章。在梳理国际、国内相关的研究进展，族际居住互嵌相关理论的基础上，建立族际居住互嵌的概念性理论框架，包括居住互嵌的空间格局、演变过程、影响因素和作用机制。借助概念性理论框架指导后续的实证研究。

③ 实证部分包含第4～8章。首先，根据历史资料分析呼和浩特不同民族之间互嵌的基本背景和地方化条件，在此基础上分阶段探讨建城初期（1571年）至1999年，近四百余年的互嵌轨迹和居住空间格局，梳理城市内部从居住隔离、共居、互嵌演进的历史过程。

其次，依托于宏观统计数据，利用融合指数和局部融合指数，从城市、市辖区、街区三个空间尺度，分析2000—2015年间城市内部族际间居住互嵌的空间格局，从多尺度的空间视角对比城市、市辖区以及街区内部的融合演化。最后，与1571—1999年的空间格局相对应，全面探讨呼和浩特城市内部族际间居住互嵌的进程。

第三，鉴于社区尺度宏观统计数据的缺失，借助问卷和访谈，对呼和浩特城市内部居民进行调研，进一步从微观视角探讨互嵌的态度与意愿，并分析当前居住互嵌空间格局的作用因素，验证影响因素的解释框架。

第四，群体内部的异质性使得影响因素的探讨需进一步深入，根据社会表征理论，从移民来源地的视角，探讨群体内部的变化以及地区的异质性，即重点探讨呼和浩特城市移民是否存在来源地差异下的互嵌态度及影响因素差异，进一步验证影响因素解释框架。

第五，基于呼和浩特族际之间居住互嵌的空间格局演变以及影响因素，构建族际间居住互嵌的作用机制，并从文化认同、社会分层以及政策环境三个方面总结相应的启示，进而提出相关政策建议。

④ 结论及展望部分作为文章的总结，对应第9章。这一部分主要对全文进行总结性梳理，罗列文章主要的结论、可能的创新之处，同时纵观整个研究，指出存在的不足，并展望后续的相关研究。

1.3.3 技术路线

依据研究内容以及研究所需，结合地理学、社会学、社会心理学等各类理论与研究方法，进行呼和浩特城市的实证分析，深入理解内蒙古城市的族际居住空间互嵌问题，技术路线（如图1-1所示）：

遵循"问题导入—理论基础—理论框架—实证分析—研究结论"这一研究框架，用以达成分析并解决问题的最终目的。

① 借助研究背景导入研究目的及研究内容，在分析国内外研究综述的基础上，梳理研究所涉及的相关基础理论，构建族际间居住互嵌的概念性理论框架，包括空间互嵌的空间格局、演变过程，影响因素及其作用机制。

② 基于前述的理论解释框架，以内蒙古典型城市呼和浩特为例，分析该城市内部的族际之间居住互嵌空间格局的演变过程，探究其互嵌的影响

因素与作用机制。

③总结出相关的理论启示并提出合理化的对策建议。

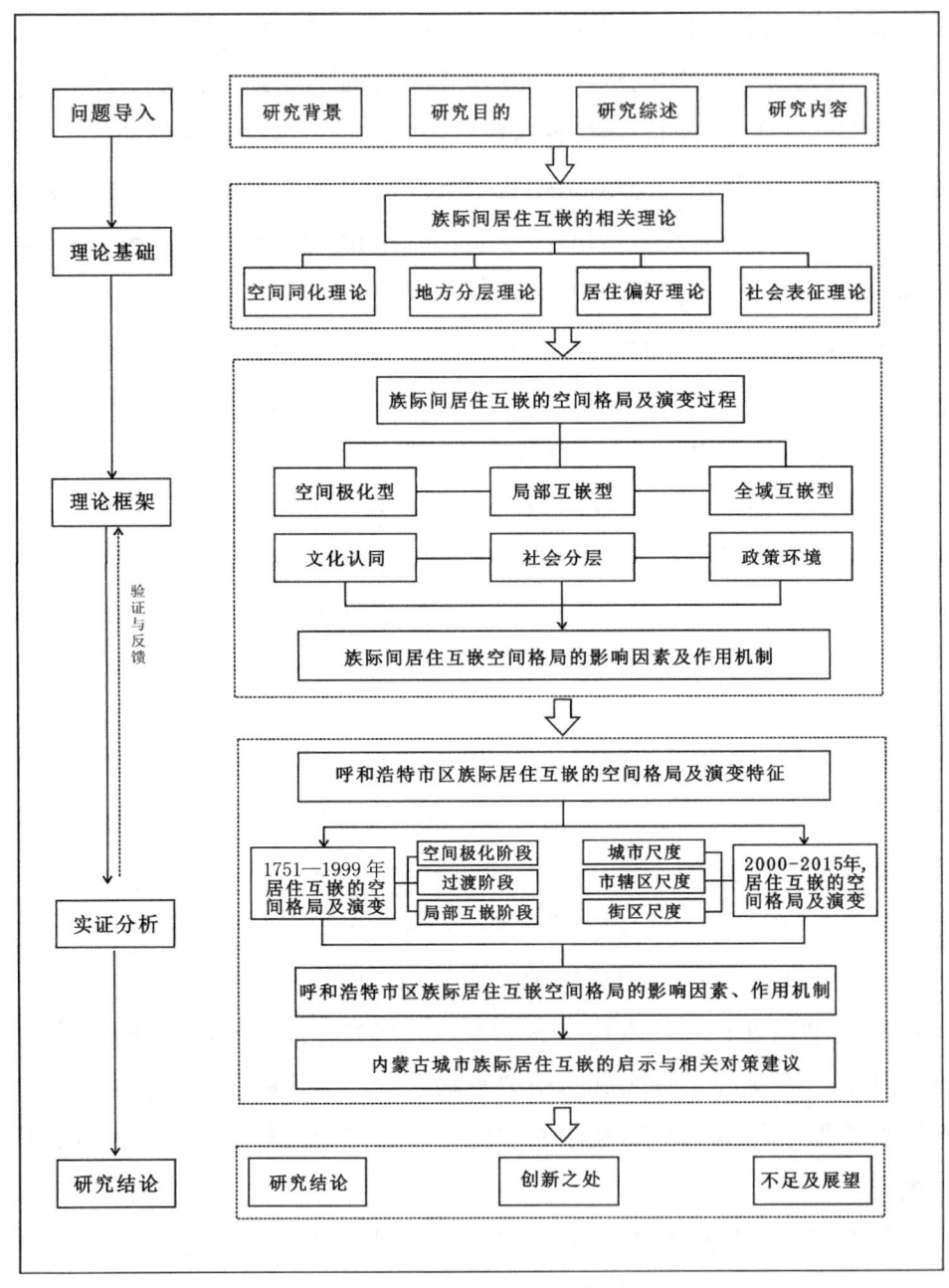

图 1-1 技术路线

1.3.4 研究方法

（1）文献分析法

首先，借助各类数据库平台，收集国内外关于族际居住互嵌的相关研究成果，并进行梳理和分类，总结国内外相关研究理论、研究方法、研究结果等，进行文献的总结和思考。

（2）经验总结和归纳法

在文献分析的基础上，基于相关的理论思想和经验总结，尝试构建族际间居住互嵌的概念性理论框架，包括城市族际间居住互嵌的空间结构、演变过程、影响因素及作用机制的理论框架模型。

（3）案例分析法

收集呼和浩特城市发展、民族关系、民族政策等相关文献，用以分析呼和浩特城市内部各民族间居住互嵌的历史轨迹及其特征。最后，在梳理居住互嵌各类影响因素相关的文献资料基础上，形成本文的因素量表。

（4）空间统计分析方法

基于 ArcGIS10.0 软件平台，利用矢量数据符号法，将城市内部各个街区不同年份的融合指数进行可视化划分。在此基础上，根据自然断点法将局部融合指数划分为若干个等级，获取居住互嵌的空间分布格局，探究族际间居住互嵌的时空演变特征。为了进一步提高研究结果的可视性，采用反距离空间插值法，以各街区融合指数作为基础数据，将面数据转化为点数据，分析居住互嵌冷、热点区变化趋势。

（5）数理分析方法

在居住互嵌时空演变研究中，首先，采用融合指数通过计算单元内不同民族人口占整个城市民族人口比例的平均绝对偏差，来测算居住均匀时民族人口数量比例的理论最高限度，即分析整个研究区域以及市辖区族际间居住互嵌的程度及状态；其次，采用局部融合指数，衡量城市内部各街区间的居住均匀性。另外，在居住互嵌影响因素研究中，通过构建结构方程模型,用以探索各类因子之间的潜在因果联系,以及因子对居住互嵌作用的路径。

(6)问卷调研法与访谈法

借助国内外族际间居住互嵌的研究成果,辅以实地调研,设计调研问卷,组建调研团队。通过控制式的测量,对族际间的居住互嵌影响因素进行度量。问卷主体部分主要包括社会经济地位、文化适应、文化留存、住房偏好、购房偏见以及互嵌认知六个部分。

在具体调研过程中,对城市内部长期工作和居住的居民采用随机发放问卷的方式,并考虑居民的个体属性,避免被调研对象在年龄、性别、工作单位等方面的集聚,从而进一步保证问卷的质量。为加深对呼和浩特城市居民的了解,文章写作期间,笔者利用工作、生活地的便利条件,对内蒙古地区各类专家、学者以及各行业从业者进行访谈,深入了解居民对居住互嵌的认知和意愿,探究影响因素背后深层次的原因,同时也有利于修正问卷的设计(见表1-1)。

表1-1 访谈对象基本信息

编号	姓名	性别	年龄	职业	访谈时间
1	ART	女	44	高校教师	2017年4月
2	AYS	女	34	自由职业者	2017年1月
3	BSGL	男	27	公司职员	2017年5月
4	BTL	男	45	公司职员	2018年1月
5	BTLGR	女	41	高校教师	2017年4月
6	BY	男	51	高校教师	2018年1月
7	BYL	女	40	公司职员	2017年4月
8	BYLG	男	37	餐馆服务员	2017年3月
9	CKT	男	27	公司职员	2017年2月
10	CX	女	42	保洁员	2017年3月
11	DL	男	53	地方特色纪念品店店主	2017年7月

续表

编号	姓名	性别	年龄	职业	访谈时间
12	ERD	男	25	餐馆服务员	2017年4月
13	GRD	女	59	家庭主妇	2018年3月
14	HGJL	男	26	西点店职员	2017年3月
15	HJL	男	34	电信员工	2017年6月
16	HRC	男	51	高校教师	2017年2月
17	HS	男	29	餐馆服务员	2017年4月
18	HY	女	46	保洁员	2017年3月
19	JL	女	53	家庭主妇	2017年7月
20	MJ	女	45	高校教师	2018年2月
21	NHY	女	39	银行职员	2017年3月
22	NRCKT	男	40	服装店店主	2017年7月
23	NRS	男	36	外卖员	2018年2月
24	RF	女	32	公务员	2017年3月
25	WF	男	39	厨师	2017年2月
26	WL	女	35	公务员	2017年3月
27	WNR	男	41	中学教师	2017年4月
28	WYH	女	33	公务员	2018年1月
29	YG	男	49	公司职员	2017年5月

1.4　研究区选择及其概况

1.4.1　研究区选择

① 呼和浩特作为我国内蒙古自治区的首府城市，集中体现了国家民族

政策在多民族地区的贯彻与落实，成为具有中国特色民族地区城市的代表。与国内其他省份的城市不同，呼和浩特充分体现了蒙古族、回族、满族、汉族以及其他民族的特征，在地方化条件及国家政策的影响下族际居住互嵌程度较高。明、清至民国时期，互市贸易、"走西口"及旅蒙商日渐兴盛，作为"草原茶叶之路"重要节点城市的呼和浩特，蒙、满、回、汉多民族混居态势业已形成，民族关系十分融洽。新中国成立以来，呼和浩特多次荣获"全国民族团结进步模范城市"称号，是中国民族和谐城市的代表。近年来随着城市化的发展，呼和浩特城市内部人口数量和结构变化迅速，大量农村、牧区的人口迁入呼和浩特，促使城市社会空间出现转型，城市族际间居住互嵌格局也随之发生变化。

② 呼和浩特族际人口比例的典型性。根据《内蒙古自治区第七次全国人口普查主要数据情况》结合《内蒙古自治区2010年人口普查资料》，呼和浩特占内蒙古自治区人口的1/7，几个主要民族的人口比例接近整个自治区的人口比例，能够较为全面地呈现当前内蒙古城市族际空间互嵌的现状。

③ 呼和浩特代表快速城市化发展的类型。呼和浩特处于自治区社会经济发展的前沿，城市化水平在全区位列前茅，人口集聚效应显著。近10年来，呼和浩特人口净流入57.94万人，增长百分比20.21%，位列全区第一。

④ 呼和浩特城市职能的特殊性。在现代城市建设发展过程中，呼和浩特作为首府城市，凭借独有的政策资源优势，是自治区经济、文化、交通、教育、科研中心，其城市规划设计理念、管理方式、人口迁移流动政策等政府职能与非首府城市存在差异，为多类型选择与比较提供可能。

⑤ 与伦敦、纽约等全球化城市不同，呼和浩特地处中国西部内陆地区，城市族际的多元化缺少国际移民元素和特征，而是历史条件下民族共存的延续。因此，相比于全球化城市的民族居住关系，呼和浩特体现的则是弱

全球化背景下原生民族间的居住特征。

因此,本文以呼和浩特为案例地,尝试系统分析内蒙古城市族际间的居住互嵌问题,即从空间视角展示民族交融进程,有利于理解我国多民族聚居城市民族交融的基本格局、演变规律和作用机制。

1.4.2 研究区概况

呼和浩特意为"青色的城",是内蒙古自治区首府,被誉为"中国乳都",荣膺国家森林城市、中国优秀旅游城市、国家历史文化名城、全国十大幸福城市、全国民族团结进步模范城市、全国双拥模范城市等称号。呼和浩特北拥草原、南临黄河,有着悠久的历史和光辉灿烂的文化,是中国文明的发祥地之一。全市总面积1.72万平方公里,其中建成区面积260平方公里。截至2019年底,全市常住人口313.7万人,是蒙古族、汉族、回族、满族、达斡尔族、鄂温克族等41个民族聚居的城市。2019年,全市生产总值2791.5亿元,位于内蒙古各盟市前列。

1571年,蒙古土默特部阿拉坦汗与明朝"通贡互市"建立友好关系,并在这里修建城池,命名为"归化",亦称为"库库和屯"(即"呼和浩特"),成为现代呼和浩特市的雏形。可以说,自明代开始,呼和浩特就是多民族世代居住的城市之一。

1954年,内蒙古自治区首府从乌兰浩特迁移至此,带动了大量外市不同民族居民的举家迁入。随着城市化进程的加速,呼和浩特已经成为当前内蒙古多民族集中居住的第一大城市。

本书的研究区域为呼和浩特市主城区,包括玉泉区、回民区、新城区和赛罕区,共37个街道和镇(简称街区)。由于历史原因,呼和浩特族际人口大多聚居在研究区内,这种居住格局已延续四百余年。多民族共居一城,在长期的交往过程中,形成了融洽的民族关系和高度的居住互嵌空间格局(张薇和杨永春等,2018)。

1.5 资料来源

1.5.1 统计资料

研究所需的宏观统计数据主要来源于 2000—2015 年全国人口普查资料，呼和浩特市相关社会经济统计资料，赛罕区、玉泉区、新城区、回民区四区相关的人口统计资料，民族统计数据等。

1.5.2 实地调研资料

研究所需的微观数据及相关资料主要来源于问卷调研和访谈。2016 年 10—11 月、2017 年 3—7 月、2018 年 4 月等时间段，笔者和调研团队多次对呼和浩特城市不同民族居民进行访谈和问卷调研工作，深入了解城市居民对族际间的居住选择、居住心理、居住偏好等方面的认知及互嵌的推动因素。

第2章 核心概念及研究进展

2.1 核心概念的阐释

（1）民族与族群

广义的族群（ethnic group）是指：民族和种族的集合体，基于语言、文化等的特殊性而聚居在一起的群体的总称。这种集合从群体内部而言具有无意识性，从群体外部而言则将其归属于同一体。族群也可以界定为土著居民内部不同的文化群体和社会群体（吴泽霖，1991）。民族（nation）的使用较为常见（马戎，2004），是综合政治、文化和经济等各类要素于一体的人类共同体（毕跃光等，2012）。但是在学术研究中，民族学、人类学领域也出现了民族概念的去政治化倾向，一些研究者认为民族应体现出文化特征而非政治特征（祁进玉，2005；马戎，2004）。基于此，本文的民族与族群是概念上的互替，民族即为族群，是具有共同文化认同、历史记忆和社会边界的人类群体（祁进玉，2004）。

（2）居住空间分异（Residential space differentiation）

分异主要是指从一个变化至多个，由简单向复杂、由同质性到异质性的发展过程。衍生至社会领域，则是指社会组织、社会文化或者任何部分从简单向复杂的变化过程。这种变化是由独特社会功能所生成，包含个体能力的发展、社会阶层的分化以及政治宗教结构的建立等。分异既体现了变化的结果，也体现了变化的过程（吴启焰，2016）。

居住空间分异是指具有特定特征和文化的人群在城市中居住在一起从而形成特色邻里的倾向（孙斌栋和吴雅菲，2008），即在同一个城市内部，具有同质性特征的群体在同一区域空间内部聚居，同质性群体具有相似的社会特性、风俗习惯以及价值观念。在此基础上，整个城市空间呈现出不连续、被分割的状态（吕露光，2005）。当前，在城市地理学研究领域，居住空间分异主要侧重于描述城市内部各社会阶层之间的居住空间分化、社会距离变化以及社会亚文化在社会分化中的作用（吴启焰，2016）。

（3）居住隔离（residential segregation）

隔离是指分离的过程或状态，既强调自主性的分离，也强调被迫性的分离过程和状态。如，个体或者群体基于共同特征前提下的自主结合的倾向，或通过强制手段，把个体或者群体从社会中分离孤立的过程（吴启焰，2016）。同时，隔离也是对两个及两个以上社会群体在城市环境中各自独立生活，不产生相互联系的程度的描绘（Denton and Massey，1988）。

当前较为流行的"居住隔离"的定义是：不同社会个体基于种族、财富、宗教、职业、教育、文化传统、生活习俗等方面的差异，选择与自身特征相似的群体在同一地理空间范围内聚居，而特征不一致的群体则彼此分离，甚至产生偏见和敌对的态度（黄怡，2001；袁媛和许学强，2008；陆超和庞平，2013；赵聚军，2014）。居住隔离可以看作是人口中群体的居住分离。当一个群体的成员在整个群体中均匀分布时，它被称为在空间意义上完全融合的。偏离均匀分散的程度越大，隔离程度越大（Johnston and Gregory et al，1986）。

在部分研究中，居住隔离可以等同于居住空间分异，两者之间可以互换（李志刚和薛德升，2008；陈杰和郝前进，2014；柳建文，2011）。而进一步细分，和居住空间分异相比，居住隔离则更为重视群体间分离原因及社会交往程度的探究，且居住隔离更聚焦于城市居住空间的社会经济特征和物质空间状态，更加契合城市空间的研究（黄怡，2004）。尽管阶级、阶层、年龄、宗教、文化等社会特征是促使居住隔离产生的基础（White，

1987),但是族际间的居住隔离更加体现出自主性隔离和被迫性隔离的特征,并以其普遍性特征和深刻的社会影响力,成为居住隔离研究的侧重点(Deborah,2010)。因此,族际间居住状态的研究中,西方国家主要使用居住隔离的概念(Clark,1986;Galster,1988;Akumu and Olima,2007;Eric and Rima,2003),中国研究者也多遵循此规律(李建新和常庆玲,2015;王华菊,2016;张凌华和王卓,2017)。

(4)居住融合(residential integration)

隔离偏重于社会群体排斥力研究(陆影,2015),而融合则偏重于社会群体凝聚力的探析(吴缚龙和宁越敏,2018)。融合的概念源于排斥的对立面(嘎日达和黄匡时,2009),因此融合与隔离相对,融合的反向方面则是隔离(杨菊华,2009)。

基于此,居住融合是与居住隔离相对应的一个概念(Bobo and Zubrinsky,1996;Richelle and Winkler et al,2016)。居住融合是指具有不同特征(民族、阶层、教育、文化、习俗等)的社会主体在互动、适应基础上相互渗透、相互接纳、相互认可,混合居住,在地理空间上表现出随机分布的状态与过程。它体现出非同质个体在居住空间上的和谐共处的特征(张祥智和李培娜等,2015)。根据Gordon的族际交融过程,居住融合归属于结构性融合,是族际交融的关键组成环节,起到承前启后的重要作用(Gordon,1964)。因此,居住融合可表征社会融合在居住层面的表达和映射,即种族间的社会融合水平一定程度上可在居住层面反映出来。同时,居住层面的相容程度也会影响或反映社会融合的水平。一般地,高水平的民族间居住融合的社会,其居住隔离程度应相应更低。

根据马克思主义民族理论,民族交融是不同民族在长期交往过程中形成的民族共同体,既包含区域性交融,又包含终结性交融,两者存在前后递进的关系,无论是何种民族交融,都是积极民族关系的体现,需对其持肯定和赞同的态度(杨须爱,2016)。终结性交融是预测性的交融,是实现共产主义社会之后民族界限消失的交融;而区域性交融则如马克思对古代雅典部落的论述"雅典的四个部落由于杂居在同一地域，彼此之间的地理界限已逐渐消失"（马克思，1985）。因此，民族间居住融合作为民族交融的组成部分，直观依据则是居住地理界限的消失，与民族交融相同，在人类社会发展过程中具有显著的积极意义，并且其实现途径和方式应该建立在自由、自愿接近的基础之上，而非任何强迫形式。

（5）居住互嵌（residential embeddedness）

"互嵌"即"相互嵌入"，最早是结构工程学的专业术语，后逐渐应用于社会科学领域，表现为人类行为活动与社会秩序的不断契合（曹爱军，2015）。它跳出了隔离与融合的二元对立，呈现出由此及彼的变化状态（郝亚明，2015）。因此，族际互嵌表现为族群之间掺杂交叉、相互接纳并形成共同体的过程，而非族群关系的最终结果（张凤娟，2016）。映射到居住空间层面，族际互嵌则表现为族群的空间互嵌，即族际空间关系由远及近、由隔离到交融的动态连续变化过程（周永华等，2018）。居住互嵌的本质是族际关系的空间生产实践，目的在于打破族际交往过程中族群与族群之间社会结构分割的现实，实现族群间的有机互动和良性交往（吴月刚等，2015）。结合马克思"生产关系的再生产与新生产实际上发挥着比物质的生产更为重要的作用"的观点，城市化背景下族群的迁移和聚集，不仅构造出不同于传统时期的居住空间结构，也包含着族群间新的社会行为（赵景来，2012；郝亚明，2015）。据此，居住互嵌既具有地理空间属性，又具有社会交往意义（王世靓等，2017）。同时，也是民族互嵌格局的重要维度和基础。

2.2　国外研究

族际居住互嵌因其普遍性及深刻的社会影响成为全球性关注的社会议题。引起地理学、社会学、民族学、管理学等相关学科的重视，演变为多层次、多学科交叉的研究领域。

在欧美城市社会学与社会地理学中，人口的居住空间分布是研究的热点，尤其是民族或种族人口聚居或散居的空间形态是研究的一个极为重要的层面（柳建文，2011）。这是因为欧美学界普遍将以民族或种族为界限的族际间居住空间非互嵌分布视为社会问题，具有普遍及顽固的社会影响力和严重的负面社会效应（郝亚明，2012）。为此，欧美等国研究者以其作为研究对象，主要围绕居住分异或隔离的空间结构、形成原因、测度方法、社会效应、政策评价等方面形成了规范且系统的研究，为这一领域研究的不断拓展和持续深入奠定了理论基础和实证经验。

（1）空间格局及其演化研究

尽管族际间的居住隔离至少可以追溯至公元前2000年前，但是对这一空间现象的分布研究却始于20世纪初期，其中芝加哥学派的相关研究影响较为深远（Kempen and Ozuekren，1998）。该学派的代表人物Park提出了社会生态学理论，借鉴生态学研究中的进化论、族群竞争、淘汰等相关概念，用于分析族际居民在空间上的分布结构与演替过程。该理论将不同群体对空间的竞争类比为不同生物种群对空间的追求，各群体都希望占据最有价值的空间或是领地，但由于支付能力、社会地位强弱而产生了优胜劣汰，这种竞争产生了群体在空间上的隔离。其理论核心包含两方面内容，一是群体的空间分布受经济基础影响，土地价值与各阶层支付水平决定了群体空间分布差异；二是由于竞争的存在，群体在空间上存在入侵与演替机制。

Burgess、Hoyt、Harris和Ullman等研究者在Park论断的基础上先后构建了城市内部居住隔离的空间解释模型。Burgess（1925）从城市土地利用着手，指出城市内部功能分区源于人口增长对城市资源所产生的压力，最终形成以CBD为核心，不同功能区环状分布的同心圆结构的城市居住空间结构（concentric zone theory）（如图2-1所示）。其中居于第2层级，紧邻CBD的过渡带是族群聚居区所在，在城市中形成了飞地（enclave）

状的族群分布空间结构。Hoyt（1943）在同心圆模式的基础上，融入高速公路空间布局对城市居住空间结构的影响，构建出扇形模式（sector theory）（如图2-2所示）。该模式显示交通线路对城市空间结构的影响作用，大量移民群体由于收入低下，受制于交通支出，其居住空间选择趋向于紧邻中心商业区和工业区，无法沿交通线路向城市外围迁移。随着工业化的发展和推进，Harris和Ullman（1945）依据城市居住空间多核心化过程的结构调整，提出城市功能布局的多核心模型（Multiple Nuclei Theroy）（如图2-3所示），进一步反映出工业化过程中城市不同阶层居民的居住空间格局。尽管未刻意描述族际间的居住，但是由于少数民族群体所处的社会经济地位，决定其居住空间格局局限于低收入阶层之中，间接反映出城市内部族际间的居住空间模式。芝加哥学派的早期相关研究都属于市场极化型城市内部居住空间隔离模式。Murdie（1969）则基于社会空间的结构分化，将种族状况、家庭状况、经济状况和物质空间融入至社会空间中，提出社会空间结构分异的解释模型（如图2-4所示），城市内部居住空间格局不仅仅只体现为土地利用视角下的功能区划分，也是社会空间分化的结果，其中族群因素的作用进一步显现。不同社会经济地位的群体在城市中呈现出分散隔离的居住形态，加之社会阶层的居住格局以及城市物质空间中道路和土地利用的分布相叠加，构成城市居住空间的实际形态。

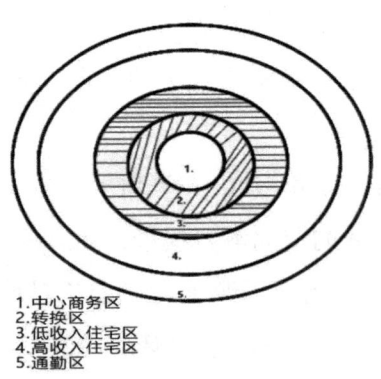

1. 中心商务区
2. 转换区
3. 低收入住宅区
4. 高收入住宅区
5. 通勤区

图 2-1　Burgess 同心圆模式

（资料来源：Burgess，1925）

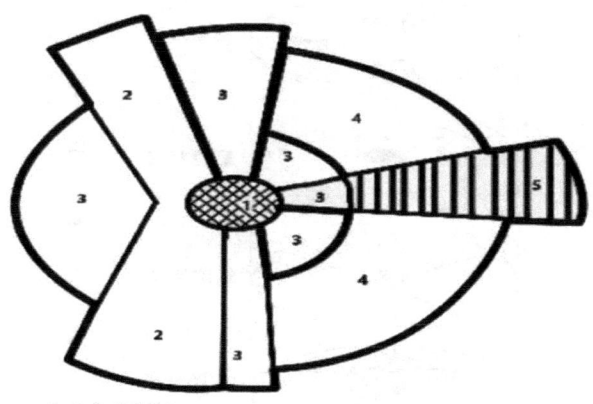

1. 中心商务区
2. 批发、轻工业区
3. 低收入住宅区
4. 中等收入住宅区
5. 高收入住宅区

图 2-2 Hoyt 扇形模式

（资料来源：Hoyt，1943）

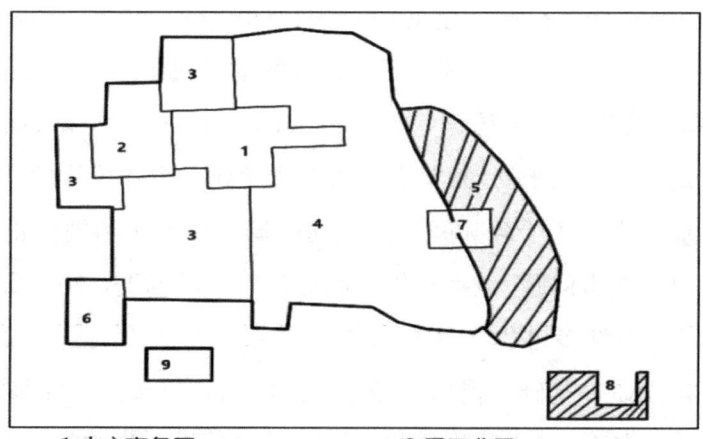

1. 中心商务区　　6. 重工业区
2. 批发、轻工业区　7. 外围工业区
3. 低收入住宅区　　8. 远郊居住区
4. 中等收入住宅区　9. 远郊工业区
5. 高收入住宅区

图 2-3 Harris 和 Ullman 多核心模式

（资料来源：Harris and Ullman，1945）

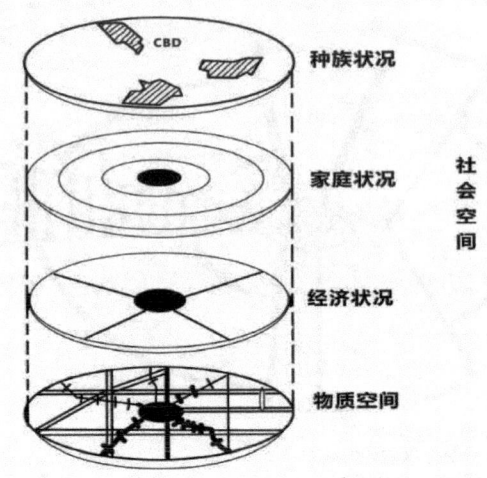

图 2-4 Murdie 社会空间结构分异模式

（资料来源：Murdie，1969）

芝加哥学派将城市作为独立的实体进行分析，城市通过空间竞争发展，形成同心圆模型、扇形模型、多核心模型、Murdie 模型等，拥有不同资源和特征的群体在城市空间中有规律的分布。城市中心在移民迁入过程中，发生连锁反应，由最近的、较贫困的移民群占据（Park，1925）。族际居住隔离演化成社会马赛克状（the mosaic of social worlds）（Timms，1971）。这是一种自然平衡，其背后是族群飞地融入主体民族的过渡（Clark，1996）。芝加哥学派关于族际间居住空间格局的研究不断被修正，Sarre 等（1989）指出"城市问题，包括与族群和住房有关的问题，不应孤立地对待，而应将其理解为许多过程之间复杂相互关系的结果"。据此，Kempen 等（1998）在前人研究基础上提出，城市族际间居住格局的形成是家庭状况、个体选择以及国家、城市政治体制发展的叠加结果。为弥补研究仅立足于探讨空间分布的结果，缺少空间形态的过程演示这一缺陷，Itzhak（1998）以时空资源作为分析工具，构建空间扩散模型（如图 2-5 所示），阐明城市族际间居住格局的演化过程。该模型展示了 3 个地理单元中族际群体扩散居住的 3 种理想形式，a 至 c 表示出城市内部民族间由隔离向融合的变化过程。同时也表明,族际居民选择定居的地理单元范围越小,隔离变化的速度越快。反之,隔离变化速度减缓,族际间居住隔离的程度也相应变小。

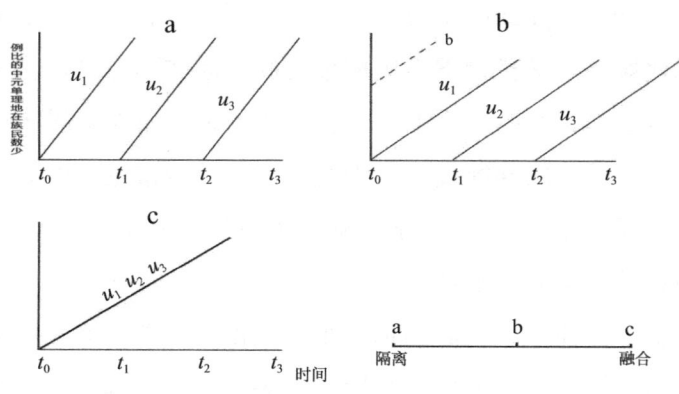

图 2-5 Itzhak 居住互嵌的空间扩散模型

(资料来源:Itzhak,1998)

但是以芝加哥学派为代表的城市主义和城市理论,其特征是工业城市的现代城市主义观点,其研究的核心在于族际间的极端隔离(Nijman,2000),即族际间居住隔离表现为"白人城堡"和"少数族裔飞地"(Jencks,1993)的空间形态。随着后现代城市主义的兴起,族群社会空间行为和动态发展进入后现代阶段(Roseman and Laux et al,1996;Grillo,2000)。Michael Dear 及其洛杉矶城市主义学派相关研究者提出"后现代城市主义"的概念,并提出了一系列具有挑战性的观点,认为从现代主义到后现代主义的转变导致了城市形态的变化,其中城市的族群多样性和居住区隔离是后现代主义的重要特征之一(Dear and Flusty,1998;Dear and Flusty,2001;Dear,2002;Dear,2003)。后现代城市与现代城市的区别表现在,人口数量和规模不断增加,导致族群多样性、异质性,并形成异质"城邦文化"(culture of heteropolis),即全球化推动作用下的城市内部社会空间的异质性和零散性,体现在族群中则是族群的多样性以及族群文化的多元性(Logan,2000)。在此基础上,城市内部族际间居住空间形态是同质性-异质性的连续体(Peach,1999)。后现代城市同样具有现代城市的族际居住隔离，但是这种隔离并非体现在街区层面，而是范围更小的地理单元之中，族际间居住空间格局并不局限于极端的隔离状态，而是被更多的混合区所取代（Johnston，Poulsen，et al，2003）。无独有偶，Marcuse（1997）在研究后现代城市主义背景下美国城市的族际居住形态时，尝试采用同质性－异质性连续体的思路，证实了居住空间形态从白人聚居区至混合聚居区到少数族群贫民区的连续过程。为此，洛杉矶城市主义学派构建了后现代城市内部族际间居住隔离的分类模式（如图2-6所示）。该模式基于可获得人口数据的城市最小地理单元，根据族群人口构成比例，探索居住空间形态的特征。居住空间格局的划分主要依据人口普查区域中的白人所占百分比、非白人少数民族人口百分比以及来自单一族群的非白人少数民族百分比3个变量。根据变量的不同，将城市各区域划分为主体民族孤立型、主体民族非孤立型、同化多元型、少数民族混合型、两级分化型和单一少数民族聚居型6个组成部分。其中主体民族孤立型、少数民族混合型、两级分化型和单一少数民族聚居型代表了族际间居住隔离的极端状态，而主体民族非孤立型和同化多元型则表现出族际交融的空间形态（Poulsen and Forrest，2002；Johnston and Poulsen et al，2003；Johnston and Poulsen et al，2006）。

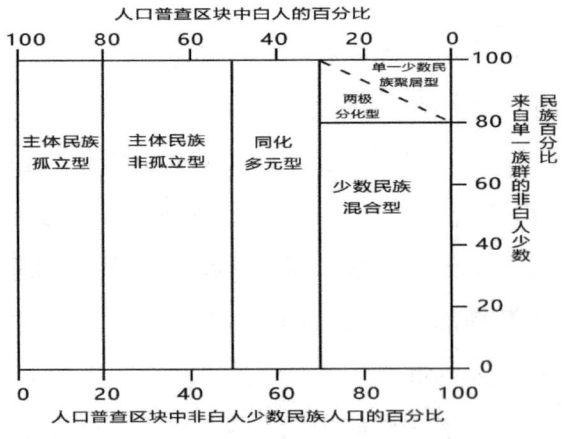

图 2-6 后现代城市族际间居住隔离的分类模式
（资料来源：Johnston and Poulsen et al，2006）

（2）居住互嵌的测度研究

基于欧美族际关系的重视及计量革命的发展，族际间居住分异或隔离的测度研究成为一种急需（Duncan，1961）。20 世纪 50 年代至 70 年代是分异测度的萌芽时期，尤其是 Duncan 和 Beverly（1955）在《分异指数方法分析（A Methodological Analysis of Segregation Indices）》一文中提出的差异指数（the dissimilarity index），奠定了居住空间互嵌的数理表达基础，成为众多研究者采用的重要指标（Clark，1986；Massey and Nancy，1988；Massey，2012）。除差异性指数外，这一时期还涌现出大量测量指数，如基尼指数（the Gini index）（Jahn and Schmid et al，1947；Allison，1978；Schwartz and Winship，1980）、熵指数或信息指数（the entropy index 或 the information index）（Theil and Finizza，1971；Theil，1972）、阿特金森指数（the Atkinson index）（Atkinson，1970）等。这些指数为居住互嵌的测度提供了定量的支持，并成为后续研究的基础和支撑。如 Iceland 和 Wilkes（2006）采用差异指数探究 1990—2000 年间美国所有大都市地区非裔、西班牙裔、亚裔与非西班牙裔白人的居住互嵌程度。Pamela（2011）运用这些指数测量非裔、亚裔、印度裔等群体和白人群体在单位空间内居住分布的不均匀性。

20 世纪 80 年代，研究者开始重视各类指数间的对比和归类研究（White，1986）。其中，较为著名的是 Massey 和 Denton（1988）的研究，他们采用多变量分析方法，将 20 个指数归为 5 个维度，分别为：均匀度（evenness）、接触度（exposure）、集中度（concentration）、中心度（centralization）和集群度（clustering）。均匀性是指两个社会群体在城市区域单元间的分布差异，包含差异指数、基尼指数、熵指数、阿特金森指数等；接触性是指某一区域内两个群体成员之间潜在的接触程度，包括交互指数（the interaction index）（Lieberson and Carter，1982）、相关比率（The correlation ratio）（White，1986；Steams and Logan，1986）等；集中度是指少数族群在一城市内部所占据的物理空间的相对数量，仅包含德尔塔指数（the deltaindex）；中心度是指民族群体在空间上距离市中心的程度，包含集中指数（或 PCC 指数）（Grebler and Leo et al，1970；Massey，1979）、相对集中指数（relative centralization index）（Duncan and Duncan，1955）；集群度是指成员居住的区域单元在空间上相互毗邻或聚集的程度，包含相对集群指数（White，1983）等。但是这 5 个维度的划分由于不能很好地解释所谓的棋盘问题 MAUP 以及局部不均匀问题，使得人们在研究中无法很好地把握各维度之间的区别和联系。为此，研究者一直尝试对其进行优化，这一努力直到 20 世纪 90 年代 GIS 等空间技术工具的广泛使用才有实质性进展。Sean F. Reardon 等基于（MAUP）的实质对均匀性和接触性进行空间修正过程中发现，均匀性和集群性在空间概念上存在相似性，空间集聚较大必然导致空间不均。同理，接触性亦是如此。因此，他们将原有的五个维度简化为接触性和均匀性两大维度，自此以后，描述居住互嵌性的指标化研究日臻完善（周永华，武永超等，2018）。

20 世纪 90 年代居住互嵌测度研究开始空间转向。在这个阶段，基于 50 年代到 80 年代近 40 年的各类测量指数研究，加之城市地理学和城市研究的发展，居住互嵌研究的分析技术和工具愈加丰富，打破了前期研究中数据处理环境的束缚。地理信息系统等空间分析工具和技术被广泛使用，为空间分析提供了灵活且强大的技术环境，使居住互嵌研究向可视化、空间化等方向发展。研究者利用差异指数、多群测度 $D(m)$ 指数、多样性指数等指标，借助 GIS 工具，证明地理信息系统技术对城市内部民族间居住互嵌研究的有益之处，并将其推广至其他城市问题的研究中（David，1996）。案例实证方面，如 Wei（1998）以华人为研究对象，借助 1990 年洛杉矶圣加布里埃尔山谷的人口统计数据，通过空间可视化技术，分析民族聚居区的人口及社会经济特征。Roger（1998）则对瑞典的不同民族流动和居住的社会空间动态进行可视化研究，直观地描述了 1980—1995 年间民族人口的融合状况。同时，由于族际间居住互嵌涉及到城市规划等方面的研究，空间转向也为城市设计和空间规划注入了新的活力，采用更具空间相关性的方法，处理城市规划和设计中涉及的居住互嵌的问题（Legeby，

2009)。例如 Itzhak 和 Itzhak（2002）在修正 Getis 指数、Geary 指数、莫兰指数的基础上，借助 GIS 技术评估特拉维夫亚福地区的犹太人和阿拉伯人居住互嵌状况，立足于地理参考数据，为该区域的城市规划提出相应的对策。

进入 21 世纪，族际间居住互嵌测度研究进入多模型阶段，各类新的方法和视角被引入，并借助计算机技术进行模拟。如 Schelling 模型的模拟（Schelling，1971；Pancs and Vriend，2007）、互嵌的核密度估算（Buhai and Van，2008）、修正差异指数估算（Jeffrey and Nancy，2017）等。由于居住研究主要涉及族际分布的地理位置差异，研究者认为，隔离不仅因时而异，更因地而异，因此需要重视多尺度的实证分析（Christopher and Fowler et al，2016）。在这一时期，一些研究者开始重视多尺度、不同地理层次研究的重要性，并形成了丰富的研究成果。如，Fischer 等（2004）使用泰尔指数（Theil index），从民族、阶级、生命周期等维度，追踪 40 年内美国民族间居住隔离在不同地理层次上的变化。Doherty 和 Michael（1997）利用 20 年间的人口统计数据，分析北爱尔兰贝尔法斯特地区不同空间尺度下的隔离演变过程，并将其归因于民族间暴力的空间分异。Moshe 和 Anya（2009）采用多层次回归模型，对欧洲 21 个国家的民族数据进行分析，从跨国尺度验证欧洲民族间居住分布与其社会关系以及民族态度之间的联系性。Richelle 和 Winkler1 等（2016）将 1990—2000 和 2000—2010 这两个 10 年的数据进行对比，分析美国县域及都市间族际隔离的时空发展演变过程，探讨人口流动和自然变化对隔离的影响。这些多尺度研究成果，展示了欧美等国族际居住隔离的时空演变的全面景象，便于后续研究者进行借鉴和对比。

（3）影响因素及形成原因

在全球化和城市化的进程中，围绕"族际"作为空间分隔的问题已经成为世界性的社会现象，并引起各界的重点关注，致使研究者开始审视验证民族间居住空间从隔离走向融合的原因及机制。现有的研究表明，民族间居住隔离的影响因素具有多样性，既受到社会经济地位的影响，又受到文化适应的作用,更不能脱离群体的能动选择(Bobo and Zubrinsky,1996;Wilkes and Iceland,2004)。对欧美民族间居住隔离形成原因的研究成果进行归纳,可将其概括为社会经济因素、文化因素、主体民族偏见因素三个方面(Peach,1996;Boal,1999)。其中社会经济最为重要,文化因素次之,但这种认知具有鲜明的辩论色彩(Jennifer and Ade,2009)。

社会经济因素是居民居住隔离的约束条件。较为著名的社会经济因素解释源于城市贫困理论,Wilson(1987)指出,随着服务型经济的发展,低技能制造业中吸纳的大量民族群体面临大规模失业的困境。经济上的拮据,使这些群体在住房市场上的自由选择受到限制,加剧了城市贫民区的恶化,造成城市居住的两极分化。在城市贫困理论的基础上,后续的欧美研究者认为族际间的经济差异主要表现为社会地位的层级差异和与此相关的生活方式差异的逻辑结果(Zubrinsky,2003)。改善经济条件可为民族群体提升其社会地位创造途径(Gideon and Ronald,2010;Iceland and Wilkes,2006)。这是一种获取资源进行转换的过程,即居民的经济收益可转换成社会资源,帮助其离开民族聚居区,进入主体民族居住较多的且质量更高的社区(Denton and Massey,1988)。因此,提升居民的职业声望、社会地位、教育水平和收入能有效降低族际间的居住隔离(Oliver and Shapiro,1995;Farley,1996;Frey,1985;)。经济因素的解释虽受到研究者们的赞同,但也受到诟病,因为它强化了社会阶层结构的作用,而忽视了民族或种族结构的作用(Massey and Fischer,1999)。如,部分研究者指出族际间居住隔离只是阶层分异在空间上的反映(Thernstrom and Thernstrom,1997),民族群体都可以通过改变阶层地位来实现居住格局从隔离向融合过渡(Patterson,1997)。

文化因素与经济因素不同,是居民自我能动性的选择条件。基于Schelling的假设,即使微弱的族群偏好也会产生极端的民族间居住隔离(Schelling,1971/1978)。研究者认为,在城市内部自由流动的前提下,族际居民对同质性文化的偏好会阻碍居住互嵌的发展(Schnare,1977)。甚至有研究者论断非洲裔中产阶级的兴起，族际间社会经济地位差距的减小，会带来美国城市内部族际间居住隔离程度的上升（Bayer and Fang et al，2014）。这进一步证明，同质文化偏好的影响作用也不容忽视（Ellen，2000；Havekes and Bader，2016）。文化因素来源于"族群自我偏好"和对其他民族的"文化适应"，人们倾向于相信、接近自己所属的族群，住房选择出现明显的族群偏好特色，导致不同民族群体的居住空间在欧美许多城市都保持独立（Clark，2002；Zubrinsky and Bobo，1996）。

主体民族的偏见因素也被称为民族"刻板印象"（Zubrinsky，2003），在主体民族印象中其他民族一般与负面形象相联系（Timberlake，2000），在居住中多数表现为主体民族对其他民族在购房市场上存在偏见，他们通过提升房产价格、紧缩贷款渠道等手段，阻止其他民族成员进入主体民族居住的社区（Galster，1990；Meyer，2000；Massey and Lundy，2001；Elvin and Wyly，1999）。对比主体民族的偏见因素发现，邻里社区间的偏见程度要远高于社会其他方面的偏见（Lotte and Marijtje et al，2009）。因此，族际间居住空间分异/隔离格局是社会偏见的重要体现。尽管主体民族的偏见因素也较为重要，但一些研究者认为主体民族的偏见是经济因素和文化因素共同作用下的结果（Clark，1986），即便偏见因素彻底消失，城市内族际间的居住互嵌也无法完全实现（Frey，1978）。

在单个因素的研究基础上，研究者指出多因素构成了民族间居住分异解释的基础（如图2-7所示）。而且，各个因素间有相互的联系，即任何将互嵌归因于单一因素都是过于简单且毫无根据的（Clark，1986）。因此，后续的研究都围绕多因素的对比展开。如，Bobo等运用访谈法，从洛杉矶不同族群的感知视角，探讨族际居住隔离或分异的影响因素。结果表明，相比其他几种因素，偏见作用最大（Bobo and Zubrinsky，1996）。Wilkes等使用2000年美国人口普查数据，分析白人和非洲裔、西班牙裔、亚裔、印第安人之间的居住隔离状况，发现经济和偏见是影响居住隔离的两大主要因素（Wilkes and Iceland，2004）。Marois等对蒙特利尔主要移民社区的居住隔离进行测量，结果表明相比于其他因素，居住更多地受到经济因素的影响（Marois and Lord，2017）。众多的对比研究表明，全球不同国家和地区的居住隔离各有不同，需引入"时空要素"，对互嵌的原因探究在时间和空间两个维度上进行区分（Jennifer and Ade，2009）。

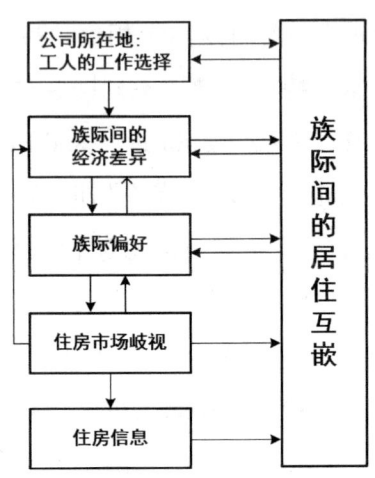

图 2-7 Clark 族际间居住隔离的影响因素

（资料来源：Clark，1986）

（5）社会效应研究

社会效应研究是继影响因素和测量方法之后较为重要的方向，是欧美研究者关注的重点。空间不仅仅是地理属性的表现，更是社会的产物以及社会的生产过程（Lefebvre，1991），其社会属性受到城市社会学和社会地理学研究者的重视。族际间居住隔离作为居住空间的地理分布状态和发展程度，同样具有深刻的社会属性和意义。隔离会影响民族间信息的沟通和交流，阻碍人们对优质教育资源、良好工作氛围、安全居住环境的追求（Wilson，1987；Jargowsky，1996），最终导致社会治安状况的下降（Kent，2014），破坏社会经济的良性运行（Massey and Denton，1993）。

随着研究的持续及深入，欧美研究者对居住隔离所产生的社会效应看作正反两个方面的功能性变量。持积极功能态度的研究者认为，族际间的居住隔离能保持民族特性，满足民族情感需求（Gans，1979）。居住分异则是民族的自然和自我选择,是对本民族文化的认同需要以及传承民族文化的所需(Bolt and Kempen,2003;Mcgarrigle and Kearns,2009),有利于维护民族的文化传统(Dunn,1998)。在此基础上,同民族的聚居能维持民族社会网络,使民族居民相互支持,进而获得生活、工作等方面的利益(Bolt and Burgers et al,1998)。此外,民族间的居住隔离能在敌对环境中发挥安全避风港的作用(Boal,1976),也可能为社会流动提供替代渠道(Portes and Zhou,1993)。尽管如此,从国家和社会发展而言,族际间的居住隔离是民族分裂的前提和因素,易于加剧族际间的社会距离,引起信任危机(Peach,1996),并致使国家认同的消失(Huntington,2004)。因此当前研究的主流依然是对负面效应的认定。

族际间居住隔离的负面社会效应主要通过邻里效应途径产生,负面的社区溢出和公共资源空间不匹配(Taeuber and Taeuber,1965),使得民族群体与主流社会相隔绝,其社会经济福祉被损害(Galster,1987),造成族际邻里关系的紧张局面,阻碍和谐邻里关系的发展。社会经济福祉的损害,邻里间的影响直观表现为民族群体不断攀升的贫困率。以美国为例,研究者通过实证表明,城市内部的族际隔离程度和居民群体的贫困率呈现正相关,而贫困率的上升则导致贫困集中度的急剧上涨(Massey,1990)。西方社会"贫民窟"是贫困集中度的地理表现,来自于盎格鲁-萨克逊族群对其他族群的"限制和控制",表现为盎格鲁-萨克逊族群对其他群体的污名化(Ryan,2013)。贫困的集聚会造成地区就业、治安、教育、公共卫生等方面的恶化。例如,自1970年以来,美国大都市产业结构调整提升了族际间的居住隔离,并加剧了非盎格鲁-萨克逊群体的失业,在空间上表现为居住隔离和失业的强烈重叠和隔离(Robert and Wagmiller,2007),于此同时,失业群体在再就业时面临的有限选择困境(Klaauw and Ours,2003)。Ruth and Lauren(1999)利用美国城市人口普查和联邦调查局的凶案记录,证实了居住隔离所产生的致命暴力行为效应。同样,居住于贫困集中区域的非盎格鲁-萨克逊群体由于经济限制,对子女教育投入和支付意愿处于低水平状态，导致辍学率居高不下（Overman，2003）。另外，社会排斥（Buck，2001）、早婚（Sampson and Morenoff et al，2002）、未婚先孕（Anderson，1999）、代际影响（Jeremy，2017；Casey，2005）等方面的效应都受到研究者的关注。

近年来，邻里效应的公共服务质量受到研究者的关注。研究者认为，族际间的居住隔离是造成群体间健康差异的根本原因，这源于隔离导致的社会经济地位在族际间的差异。社会经济地位低下的群体，对自身及家人的健康支付能力较弱，同时隔离带来的恶劣的社会和物质环境共同促成了不利于健康的条件（Williams and Chiquita，2001）。美国死亡率数据显示，与盎格鲁-萨克逊群体相比，非裔群体的死亡率普遍较高，且随着时间的推移，这一差距并未减小（National Center for Health Statistics，2000）。为此，美国政府开展了2010健康计划（Healthy People 2010），旨在消除民族间的健康差异。研究人员持续强调推进居住互嵌对缩小民族间健康差距的重要性，并通过实证数据进行阐述。Michael等（2010）通过对比分析美国231个大都市区非裔群体及早产儿的风险变化，探究隔离与及早产儿之间的相关性，明确隔离对生育的影响。Greer等（2014）按照民族差异检验了隔离水平与心脏病和中风死亡率之间的关系，发现两者间呈现正相关。Kershaw和Albrech（2014）利用2003—2008年美国行为风险因素监测系统的数据，检验了民族身份以及居住隔离对美国西班牙裔体质指数（BMI）的联系，结果表明隔离程度越高，西班牙裔黑人的平均BMI就越低。Emily（2009）则指出，隔离对亚裔美国人婴儿体重有负面影响。因此有必要在多民族国家实行消除居住隔离，提升非盎格鲁-萨克逊群体健康状况的各类努力及措施（Williams and Chiquita，2001）。

（6）相关的政策研究

尽管研究者认为，族际间居住隔离存在积极和消极两方面的社会效应，但是在多数欧美国家和城市中，居住空间的隔离被政策界普遍认为是社会反常现象，能导致社会碎片化，引发各类社会危机（Jennifer and Ade，

2009），需对此进行政策的干预与调整。据此，各国都推行各类社会干预政策，旨在消除居住隔离所带来的民族群体的空间集聚问题（Kleinhans，2004；Musterd，2003；Veldboer and Kleinhans et al，2002），培养全社会共同意识，实现国家的统一和维护社会的稳定。

尽管政策干预已成为欧美国家应对隔离的共同选择，但由于历史背景、现实因素等方面的不同，各国的政策实践存在差异。例如，英国从20世纪50年代开始，政府将民族混合社区建设作为一项重要的政策目标（Goodchild and Cole，2001）；与英国的直接影响不同，法国则通过降低社会租赁住房的价格门槛以及扩大租赁住房建设规模等措施，间接刺激并影响民族间的居住互嵌（Veldboer and Kleinhans et al，2002）；荷兰从20世纪90年代开始意识到民族居住互嵌的重要性，交融政策开始由阶层结构调整向民族结构调整转化（Bolt and Van，2008）。纵观各类相关文献，可将欧美等国促进互嵌的住房政策分为五种类型：分散居住政策（scattered-site programmes）、住房补贴政策（Rental subsidies）、住房分配政策（Housing allocation policy）、人口流动政策（Mobility programmes）以及住房多元化政策（Housing diversification）。

分散居住政策极具美国特色，主要针对公共住房而言，提倡将公共住房的建设选址分散在盎格鲁-萨克逊群体居住区域和非贫困区域。这是因为过去公共住房主要集中在城市"贫民窟"区域，这种选址阻碍族际群体社会融合的途径（Goetz，2003）。因此，分散居住政策是对过去公共住房加剧民族偏见和隔离的反应（Gideon，2009）。政策研究者认为，这项政策在推广过程中规划的公共住房规模和数量较小，对整个社会的融合影响非常有限（Galster and Zobel，1998）。尽管如此，分散居住政策并非不可取，如Briggs等（1999）通过纽约公共住房案例实证，否认了市政当局以及非公共住房的群体所担忧的公共住房政策推广所带来的负面影响。

美国、荷兰、瑞典等国将族际间空间隔离视作社会经济分层的结果，族际间的居住隔离是社会阶层隔离的表现。因此，住房补贴政策的目的在于扩大低收入家庭的住房选择，同时也间接帮助不同民族群体摆脱无力购置优质社区住房的困境（Kirk，2005）。Goetz（2003）研究表明，这项政策不仅增加了居民家庭住房选择的范围，也加深了族际间居住互嵌的程度。尽管住房分配政策目的也在于帮助低收入家庭获得生存所需的住房条件，但是和住房补贴政策相比，这种配额制度更加直接地禁止群体选择聚居区域定居的可能性（Bolt，2004）。以荷兰鹿特丹地区为例，住房分配制度尽管促进了族际间的互嵌，但是限制了人们自由选择的权利，引起研究者们的激烈辩论（Gijsberts，2007）。

　　Gautreaux 项目和 MTO 项目（move to Opportunity）是两个较为知名的人口流动政策，Gautreaux 项目是将非裔群体迁移至白人为主的中等收入社区，而 MTO 项目则是将低收入家庭迁移至较为富裕的社区。一些研究人员预测，这些家庭将无法融入他们的新社区，因为他们会感到不舒服，或不受新邻居的欢迎，因为每个民族都更喜欢居住在本民族成员占比大的社区（Clark，1992），从而获得社会支持（Patterson,1997；Themstrom and Themstrom，1997；Boisjoly and Duncan et al,1995）。但是 Keels 等（2005）等考察了 Gautreaux 项目推行 15 年后参与者对迁移社区环境适应的状况，发现该项目在消除族际隔离方面获得了长期收益。同时，参与项目的家庭在社区质量方面获得了巨大而持久的改善。研究者对 MTO 项目也进行了测度和评价，项目的参与者在迁移至新社区后获得了更高的自我成就感，但是流动并未对其就业和教育水平产生积极影响（Orr and Feins et al，2003）。在消除族际隔离方面，项目也未能起到应有的作用（Clark，2008）。除 Gautreaux 项目和 MTO 项目外，一些研究者对群体区域法(the Group Areas Act)、住房偏见补救计划（housing discrimination remediation program）等人口流动政策进行了研究和评价，其结果和 MTO 项目类似（Ralph and Gustav，2009；Daniel，2006）。

　　住房多元化政策主要在荷兰、瑞典、丹麦、英国、法国等国推行（Veldboer and Kleinhans et al，2002）。政策制定者认为，住房多元化目的在于满足不同族际群体的多样性居住需求，消除居住互嵌障碍，实现社会多元化和多样性共存发展，是包容性社会的表现（Ratcliffe，2004）。但是研究者认为，这类政策尽管能实现民族混合居住，但是预期的社会效益可能无法实现，这是因为民族群体缺乏在一体化混合社区中的社会交往与互动（Kleinhans，2004），而社会互动则来自于个体社会经济地位的一致性。研究者指出，政策措施可以鼓励邻里之间的社会接触，但是背景的同质性或价值观的相似性是"这种联系发展成一种礼貌问候之外的必要条件"。如果没有这种同质性，就不可能发展出更为密集的社会关系（Herbert，1961）。

2.3　国内研究

（1）空间格局及其演化

梳理当前中国已有的文献成果，国内研究者对族际居住空间格局的研究主要体现在三个方面。首先，基于历史、文化地理等视角，以某个具体的族群为研究对象，分析其聚居区的形成和发展。如，胡积德（1984）梳理了清代初期以来贵州、滇南、广西和湘西仡佬族居住格局、行政建制的变化。艾菊红（2016）基于人类学的研究视角，从傣泐家空间的居住结构延伸至村寨和勐空间，分析傣泐层级结构式空间秩序。同时，研究者对回族的居住空间结构进行了大量的关注，成为当下十多年来民族聚居区研究的热点，研究案例地广泛分布于各个区域。如，研究者以北京牛街为案例地，从政治、经济、文化等视角总结民族集聚区的形成、生长的空间规律和演变过程，并探讨其在大都市的延续方式（周尚意，1997；良警宇，2003；周传斌和马雪峰，2004）。又如，研究者从城市化的影响背景下探讨成都、云南等地回族居住格局的变迁（李云轩和马宗保，2017；王东蕾，2018）。另外，马晓翠（2018）则基于"上新疆"这一历史背景，探讨伊犁地区离散回族的边疆根植性。

其次，部分民族学和社会学研究者也尝试借鉴欧美的理论和实践成果，对族际间的居住模式展开相应探讨，进而论证民族关系的发展。研究者认为，同化理论在中国民族关系研究中具有借鉴意义，并对赤峰和拉萨的族际居住关系进行了研究。同时，对同化理论在中国的应用进行完善，指出民族间广泛且长久的社会交往和互动可以消除误会，促进融洽民族关系的建立（马戎，2013；马戎和潘乃谷，1989；马戎，1996）。王俊敏（1997）立足于多民族城市呼和浩特，开展满族、回族、蒙古族和汉族之间的居住互嵌研究，开创了我国多民族城市社区史系统研究的先河。马宗宝等（1997）以银川市为个案，采用民族社会学研究方法，分析了1982—1995年间城市内部回汉民族间的居住格局变迁过程。梁茂春（2001）通过分离指数测度南宁中心城区和郊区农村汉壮居民的居住互嵌程度，有利于了解汉壮居民间的交往状况。张利（2012）、雷军（2014）等研究发现乌鲁木齐市族际间居住互嵌程度偏低，部分区域民族聚居程度较高。张凌云等（2014）运用空间自相关指数分析乌鲁木齐市族际间的居住格局，发现各个民族有各自的高度聚居区。张薇等（2018）借助人口统计数据，分析2000—2015年呼和浩特族际之间的居住互嵌演变格局，发现与其他案例城市不同，呼和浩特市族际居住互嵌程度较高。

最后，除国内族际间的研究外，当前，跨国族裔作为一种外源性的族群，其在中国的居住格局也受到关注。就全国尺度而言，迁移至中国的跨国族裔主要分布在沿海以及边境地区，以北京、上海、广东、山东、云南等直辖市和省份为主，表现出停留时间短，受教育程度高的个体特征（刘云刚和陈跃，2015）。在特定族裔群体研究中，根据跨国族裔群体的身份属性，主要将其划分为高端移民（日裔）、低端移民（非洲裔）和多元移民（韩裔）三类（周雯婷和刘云刚等，2016），而这三类群体在民族认同的文化条件下，居住空间都呈现出聚居的特征。具体而言，日裔群体在广州和上海的居住分布分别体现出"主动集聚，被动隔离"和"主动集聚，主动隔离"的空间形态（刘云刚和覃宇文等，2010；周雯婷和刘云刚，2015）。韩裔群体在北京望京的分布呈现出集聚程度高，圈层结构显著的空间特征（何波，2008），并在韩裔群体持续迁入中不断向外扩张（周雯婷和刘云刚等，2016）。非洲裔群体多来自西非无业人士，其在广州的分布呈现出商居合一、主动聚居、被动隔离的特性（李志刚和薛德升，2008）。

（2）测度及其方法

长期以来，由于相关统计数据的缺失，研究者对中国族际间居住互嵌的测度主要停留在定性分析上。通过文献分析法、田野调查法和访谈法，定性描述族群或族际间居住格局的演变。如，研究者依据《乌鲁木齐政略》《乌鲁木齐都统恭镗奏》《军机处录副奏折》《乌鲁木齐市志》等历史文献，测度乌鲁木齐城市族际互嵌状态（王建基，2000）。胡积德（1984）借助《贵州通志·地理志·苗蛮篇》《黔南识略》等史料，定性测度仡佬族居住空间演变。董洪杰等（2020）借助访谈数据，对西安坊上回族的居住空间进行表征。李晓霞（2011）采用田野调查的方式，对新疆阿克苏、喀什、和田等地的多个村落的汉族居民进行入户调研，根据调研数据测度当地汉族群体聚居程度。

近年来，随着人口统计数据库的建立以及多尺度人口数据的细分，研究者开始引入分异指数、隔离指数、区位熵等对族际间居住互嵌进行定量测度。同时，还借助地理信息系统等空间分析工具和技术，使用 Moran's I 指数、GetisOrd Gi 指数对居住互嵌进行可视化和空间化分析（张凌华和王卓，2017；柳雨杉和董晔，2019；董晔和柳雨杉，2020）。研究结论表明，整体而言族际间居住互嵌保持稳定发展的态势，但区域之间存在差异，随着时间的推移，族际间的居住互嵌程度不断加深。另外，因子生态分析法（徐学强和胡华颖等，1989；郑静和徐学强等，1995；李志刚和吴缚龙，2006；宋伟轩和吴启焰，2010）和社会地图法（刘云刚和苏海宇，2016）在社会阶层分异中的成熟应用，也为族际间融合的测度提供了可能。

（3）影响因素及其动力机制

居住互嵌的影响因素和动力机制也是研究者较为关注的方面。和西方研究不同，国内研究者更为关注国家政策、城市化进程以及经济体制转型等宏观因素的作用。城市内部族际间居住互嵌作为居民居住选择的一种形态，是计划经济向市场经济转型过程中，随着住房私有化和个体支付能力及选择能力变化后影响下的发展过程（如图 2-8 所示）（穆晓燕和王扬，2013）。细化具体民族或跨国族裔，则是人口流动、国家政策、宗教活动等各类因素的综合体（王建基，2000；黄嘉玲和何深静，2014）。同时，经济活动的影响作用也不容忽视。如，李志刚等（2012）在实地调研的基础上，揭示了"跨国商贸"这类经济活动对广州非洲裔群体经济区的形成作用。回族作为中国著名的擅长商业贸易的族群，其居住结构同其经济－职业结构密切相关，同家庭－婚姻结构、宗教－教育结构相叠加，共同对其居住空间产生影响（如图 2-9 所示）（周传斌和马雪峰，2004）。除此之外，不同族群间的原有印象，居民个体因素（职业、教育、收入、家庭规模、家庭结构、代际等）也被研究者所关注。如，李志刚等（2009）采用多种研究方式和方法，对小北地区的非洲裔群体进行地方响应研究，发现本地居民的排斥心理对跨国族裔聚居区的形成产生了较为重要的作用。安宁等（2019）从报业舆论的视角，探讨广州当地群体对非洲裔群体的偏见，发现媒体的污名化对非洲裔群体族裔社区的影响作用。张凌云（2003）和张薇（2018）利用统计数据，分析民族群体职业、教育、家庭结构等因素对乌鲁木齐天山区和呼和浩特城市四区族际间居住互嵌的影响。

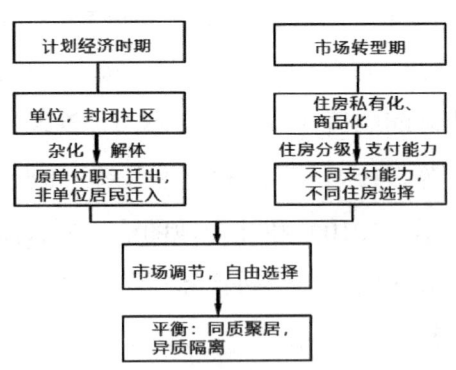

图 2-8 居住互嵌的经济转型机制

（资料来源：穆晓燕和王扬，2013）

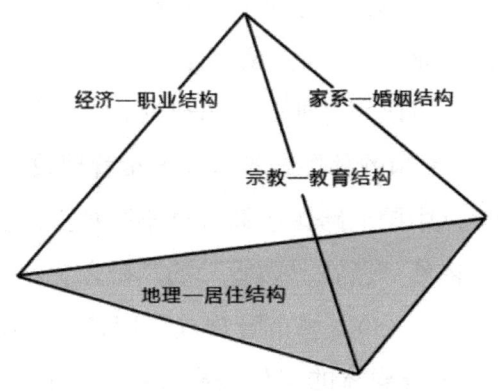

图 2-9 回族居住格局生成机制

（资料来源：周传斌和马雪峰，2004）

（4）社会效应与政策研究

社会效应方面，对族际间居住互嵌空间格局、融合程度、影响因素等的研究，根源于融合的社会效应。同西方研究相类似，族际间居住互嵌是民族间社会关系及社会距离的直观表现，互嵌的滞后会产生系列社会效应（柳建文，2009）。当代，国内研究主要集中阐释互嵌对族际关系的影响效应。较早对其开展的研究以马戎、马宗保等研究者为代表。马戎（1988，1989）根据田野调查，分析了赤峰农区和牧区蒙古族、汉族等族际间的居住形式，并考察居住形式对族际间交友、通婚等民族关系的影响作用。结果显示，族际间混居程度越高交友和通婚意愿也越强烈。马宗保等（1997）在回顾历史的基础上，分析20世纪80年代到90年代银川市区回族、汉族等族际间居住互嵌的变迁，考察居住互嵌对族际间社会交往、族内交往的影响效应，得出互嵌对族际交往的推动作用以及对族内交往的抑制作用。当前，族际间居住互嵌对民族关系的促进作用依然被证实，研究者通过不同案例地、不同族际间的研究，对居住互嵌的这一效应进行了验证（徐向阳和闵文义，2009；赵月梅，2018）。另外，族际间居住的教育、就业等社会效应也被研究者所探讨。王华菊（2016）以新疆的"三地州"为例，分析族际间居住隔离会导致教育发展滞后，形成教育隔离的后果。王朋岗

（2016）同样以新疆"三地州"为例，分析族际间居住隔离不仅会导致教育隔离，而且对居民就业产生严重的影响。

政策研究方面，政策研究并非是国内研究者关注的重点领域，部分研究者针对跨国族裔，对中国的移民政策以及城市管理政策进行梳理和评价，认为在全球化背景下，中国的跨国族裔群体不断扩大，但是移民政策并不符合当前现实所需，依然停留在"防管"的基础之上，需对此进行相应的调整（刘云刚和陈跃，2105）。城市管理政策应该注重服务促进管理，通过疏导政策，防止非洲裔群体的居住隔离（赵聚军和安园园，2017）。而国内族际间居住互嵌相关政策分析，主要集中在城市民族管理工作的调试以及社区管理的强化之上（魏新春，2013）。

2.4 研究述评

中国历史上，各民族在不同区域内繁衍生息，形成了极具特色的传统居住区域。同时，随着民族间的交往交流及迁徙，民族交融程度不断加深，自然形成了当前的族际居住格局。因此，和欧美等国族际间居住格局的外生性不同，中国的族际居住格局体现了内生性质。在此基础上，中国研究者并未将族际间的居住格局视作社会问题，也缺乏关注的动力（郝亚明，2016）。关于中国的族际间居住互嵌，虽然中国在长期的历史过程中形成了稳定的"大杂居，小聚居"的民族居住格局，但是随着全球化、城市化的发展，尤其是城市化进程，伴随着人口快速流动对原有族际居住格局产生强烈冲击，带来了族际间居住分异现象。这虽是多民族国家走向现代化的必经之路（杨鹍飞，2019），但现有的此类表述已经无法支撑理论和实践的现实需求。

相比于欧美等国的系统研究，当前中国的族际间居住互嵌研究总体上存在以下问题：

第一，缺乏跨学科的特性。居住互嵌是族际关系在地理空间的反映，涉及社会学、民族学、心理学、地理学等多个学科领域，体现了跨学科的特色。这一研究领域在欧美等国吸引了多种学科研究者对其开展深入探讨，从空间、经济、社会、文化、管理等多方面作系统研究。但是国内以民族学和社会学研究者为主，少有地理学研究者参与其中，因此研究方法、研究视角明显匮乏。

第二，国内研究重现状描述，轻机制探讨和理论凝练。与欧美研究重视理论概括和实践检验不同，国内研究主要集中在对族际间居住格局的时空分布格局的现状描述中，但是现象背后的机制是什么？欧美研究者探讨的经济因素、文化因素、固有认知因素等是否也同样存在，并产生相应的作用？另外，欧美在研究过程中形成的系列相关理论，如空间同化理论、地方分层理论等，在国内研究中并未被借鉴和检验。同时，国内研究者多着眼于现象描绘，缺乏适合中国国情的理论提炼。

第三，国内研究方法以定性研究为主，缺乏量化支撑。跨国族裔由于缺少相应的不同地理空间尺度的人口迁移数据，对微观调研依赖性较大。但是国内族群间的人口统计数据，尤其是全国人口普查数据已经向细致化方向发展，而研究中量化方法的使用依然匮乏，尤其是计算机技术模拟应用更为缺失，因此无法开展国际间的对比。

第四，国内研究未能全面深入探究互嵌的社会效应。族际间居住互嵌作为居住空间的地理分布状态和发展程度，具有深刻的社会属性和意义，因此其社会效应研究是欧美研究者关注的重点，形成了邻里效应、公共服务质量等方面诸多成果的总结和探讨。而国内仅从民族关系方面进行宏观探讨，缺乏深入细致地剖析，使得成果缺乏针对性。

第五，缺乏政策评估，导致现实指导意义薄弱。欧美研究者对本国内部推行的族际间分散居住政策、住房补贴政策、住房分配政策、人口流动政策以及住房多元化政策进行调研和评估，具有重要的现实指导意义。但是国内这方面的研究匮乏，多数只对城市管理提出宏观上的建议，而无政策的评估，因此现实指导意义较为薄弱。

第六，需考虑将后现代主义思潮背景下产生的质性研究方法，与实证主义推崇的量化研究方法进行合理地结合，共同应用于城市族际空间互嵌研究，科学描述互嵌空间的生产过程，从而揭示互嵌的作用机理。

第七，研究工作主要关注发达国家/地区以及发展中国家核心的少数城市（如中国的经济发达地区），缺乏发展相对较为落后的多民族城市的研究案例。另外，在中国，相比于社会阶层，空间映射中的族群关系研究尤为罕见。新时代，面对"民族互嵌式社会结构建设"民族事务治理转向，学界研究亟需从内涵、路径等的学理阐述向案例实证过渡，突破阐释主义认识论的束缚，才能推动研究的进一步发展。

第3章 城市族际间居住互嵌的理论建构

3.1 相关的理论基础

3.1.1 空间同化理论

空间同化等同于居住互嵌，是居住分异/隔离的对立面，在族际互嵌交融过程中具有举足轻重的地位（Massey，1985），也是族际间社会经济和文化互嵌过程的进一步演化（Gordon，1964）。近一百年来，族际间居住互嵌一直是城市地理学和城市社会学研究的重要领域。20世纪20年代，以 Park 和 Burgess 为代表的芝加哥学派是族际居住互嵌研究的先驱（Gideon and Kempen et al，2008）。芝加哥学派创立的城市人类生态学理论运用生态学术语描述了芝加哥市移民群体在城市中居住空间格局的形成过程。当一个新的物种入侵至现有生态系统，会使该系统中原有的其他物种感到不安，最终迁移他处。这种过程同样适合族际间的迁移，即随着新的族群人口的涌入，当地社区的居民会离开他们的居住环境，该环境会被新成员所继承。这便是城市人类生态学所描绘的"侵入—继承—统治"过程（Park，1925）。芝加哥学派把城市描绘成巨大的分类机器，吸引人们进入同质自然区域，每个自然区域都是"一种有选择的或者有吸引力的力量，吸引适当的人口要素，排斥不协调的单位，从而形成城市人口的生物和文化细分"（McKenzie，1925）。这种生态分类的过程是基于社会经济地位、族群以及生命周期的居住隔离。由于城市人类生态学只是对城市内部族际间居住互嵌进行描绘性研究，并未进行深入探讨，因此，20世纪80年代Massey等学者在芝加哥学派研究的基础上正式提出空间同化理论，成为欧美研究城市族际间居住互嵌领域的主导性理论。

空间理论延续了城市人类生态学理论关于城市内部族际间居住格局是族际群体竞争与合作的映射这一观点（Park，1915），同时借鉴新古典经济学的理论视角，认为城市内部族际间居住格局由隔离走向互嵌是群体获取社会资源并转化的自然生态过程。群体在迁入之初，通常会选择自身群体聚居的方式，因为这种方式可以帮助他们快速获取来自于本群体的社会网络和社会支持，以助于他们解决语言、习俗、文化等方面的障碍以及社会经济基础低下的问题。但是由于聚居所造成的居住隔离会使族际间缺乏必要的联系或产生"错误的联系（wrong contacts）"（Massey and Fong，1990；South and Crowder，1998；South and Crowder et al，2005），将产生众多不利的影响（Massey and Denton，1993；Wilson，1987）。各个族群只有适应主流社会文化、积累丰富的社会经济基础，才能构建自身独立的社会网络，脱离居住隔离的环境，进入主流社区，实现与其他民族的居住互嵌（Zubrinsky，2003）。文化适应是指对主流社会语言、规范和价值观等的学习（Gordon，1964），适应主流文化是实现居住互嵌的前提，提升社会经济地位则是实现居住互嵌的途径（Bolt，2010）。因此，互嵌的当务之急在于：居民亟需提高自身的教育水平、适应主流社会的语言、获得职业声望、增加收入（Miller and Quigley，1990；Bayer and McMillan et al，2003）。对比文化适应和社会经济地位对居住互嵌的影响，研究者更加强调后者的作用，即居民社会经济地位提升可以最大程度地促进居住互嵌，而文化适应则只起适量的作用（Clark，1988；Massey and Denton，1987；Li，2009；Wagmiller Rand Elizabeth，2017）。总体而言，空间同化理论的观点可以梳理为：第一，族际间的居住互嵌是族际互嵌交融的组成部分，并能有效地促进民族交融。第二，族际间居住互嵌本质是社会群体的阶层交融与民族交融两者的叠加。第三，社会经济地位和文化适应是居住互嵌最为关键的影响因素，其中，社会经济地位占主导作用。第四，族际间的居住隔离只是一种暂时的社会经济现象，不会永久存在，随着时间的推移，族际间的居住互嵌必然会实现（Lieberson，1961）。

空间同化理论的重要性主要表现在两个方面：一是它将个体的社会经济地位和文化适应能力同居住空间相联系，更加直观地展示了群体社会经济和文化资源的转化。二是通过族际居住空间分析，可以展示区域内各类群体社会地位与族群分布的关系（Massey and Mullan，1984）。据此，该理论成为族际互嵌交融研究的重要补充，为研究者在居住互嵌领域的探索提供了重要的支撑，同时鉴于其显著的解释效力，在很长一段时间内成为这一研究领域的基准模型（benchmark model）（Myles，2004）。

但是，空间同化理论也存在较大的争议，如族际互嵌评价方式较为简化（Wright and Parks，2005）；缺乏从社会变迁的视角考量文化因素，使其过度符号化（周博，2019）。另外，空间同化研究立足的空间尺度过大，且未结合区域的文化表征进行分析（Longan，2002）。同时，该理论设定的假设条件过多，也使其理论根基受到质疑。为了解决这些争议，后续的研究者对空间同化理论进行了修正，提出当代空间同化（contemporary spatial assimilation）（Alba and Victor，2003）、延迟空间同化（delayed spatial assimilation）（Susan，2007）、分段同化（segmented assimilation）（Portes and Zhou，1993）等修正理论。尽管这些修正使空间同化理论的解释性得以提升，但是随着时间的推移，一些研究者对比多个族群与美国盎格鲁-萨克逊群体间的居住互嵌，发现亚裔和拉美裔的居住互嵌演化在一定程度上符合空间同化理论的解释，而非洲裔的居住互嵌演化则相反（Iceland and Scopilliti，2008；Friedman and Tsao，2013）。甚至有研究者论断非洲裔中产阶级的兴起，族际间社会经济地位差距的减小，会带来美国城市内部族际间居住互嵌程度的下降（Bayer and Fang，2014）。这是因为同化理论过于草率地建立了互嵌的假设前提：即盎格鲁-萨克逊群体欢迎其他族群融入自身群体的居住空间，且其他族群群体都希望融入盎格鲁－萨克逊群体的居住空间。但是现实社会中却存在一部分排斥互嵌的群体（朱荟和郝亚明，2016）。

3.1.2 地方分层理论

为了弥补同化理论的局限性，进一步探索居住互嵌的影响因素，地方分层理论应运而生。20 世纪 90 年代，以 Alba、Logan、South、Crowder 等为代表的研究者在空间同化理论的基础上提出地方分层理论。

地方分层理论承认空间同化理论，认可社会经济地位、文化适应对族际间居住互嵌的影响作用，这两类影响因素对消除居住隔离具有一定的作用。但是族际间偏见和偏好是阻碍族际居住互嵌的主要因素，偏见和偏好导致即使群体适应了主流社会的文化并取得了较高的社会经济地位，但是依然处于居住隔离之中（Iceland and Wilkes，2006）。

地方分层理论强调族际交往中民族间的偏见束缚了居民群体居住选择的权利，限制了他们的居住流动性（尤其是向主流社区迁移的流动性），阻碍了族际间居住互嵌的发展（Bennett，2011）。研究者以非洲裔美国人为研究对象，发现即使在后公民权利时代（the post-Civil Rights era），来自社会经济地位和文化适应的影响障碍已经减少，但是历史上长期形成的对非洲裔美国人的偏见依然存在且持续，成为当代非洲裔美国人和盎格鲁－萨克逊群体间居住互嵌难以实现的合理解释（Cutler and David，1999）。

盎格鲁－萨克逊群体对其他群体的偏见已经深刻地嵌入政府和市场之中，尤其是房地产市场。他们通过提升房产价格、紧缩贷款渠道等手段，阻止其他民族成员进入盎格鲁－萨克逊群体居住的社区（Galster，1990；Meyer，2000；Massey and Lundy，2001），最终导致已经实现社会经济地位提升和文化适应的居民群体依然遭受隔离的待遇。盎格鲁－萨克逊群体的偏见并不会随着时间的推移而消失，据此族际间的居住互嵌也终将难以实现（朱荟和郝亚明，2016）。当前，研究者对住房市场上的偏见做法所造成的族际居住模式展开广泛论证（Ross and Turner，2005；Turner and Ross，2003 年），发现这些偏见性做法包括房地产经纪人将非盎格鲁-萨克逊群体引导到某些特定社区，银行抵押贷款的不平等，地方政府的偏见或不作为，以及非本民族邻居的敌意态度等（Alba and Logan，1991；Galster，1988；Goering and Ron，1996；Breebaart and Musterd et al，1996；Van and Idamir，2003）。尽管随着各类反偏见法律的颁布，住房市场、邻里以及政府部门的偏见有所降低，但是负面刻板印象还未完全消除，继续在阻碍居住互嵌中发挥作用（Williams，2005；Friedman and Squires，2005）。

地方分层理论强调的民族偏见和偏好从深层次上而言是社会等级的表现，即族际居住互嵌的实现取决于族群在社会等级中的地位（Zubrinsky，2003；White and Glick，2009）。一些研究者以美国为案例地，研究社会等级制度，以及在该制度下民族偏见所产生的负面刻板印象，以此透视居住互嵌的解释因素，论证地方分层理论（Adelman，2004；Fainstein，1993；Charles，2001）。这种以族群特征作为社会等级地位分类标准的等级制度一旦建立，将会持久存在。即便这种制度最终被取消，但是在社会群体中的影响依然存在（彭庆军，2018）。这是因为社会偏见的本质在于群体获取优越感的需要。Blumer 指出，族际间的偏见来源于群体的地位感（Blumer，1958），意味着族际的偏见和排斥目的在于利用空间隔离保持社会距离，继而维护本民族的社会地位并从中获得自身优越感。以美国为例，盎格鲁-萨克逊群体通过对其他居民的"污名化"形成负面的刻板印象，将各类负面形象如犯罪、贫困等和民族联系在一起，阻碍这些居民进入盎格鲁-萨克逊群体社区，形成区域内的居住隔离，从而达到获取自身社会地位优越感的目的。

3.1.3 居住偏好理论

研究者发现，即便相关因素（如社会经济地位、文化适应等）得以控制，但是群体对象不同，居住互嵌的程度也不一致。一种可能的解释在于不同群体的刻板印象造成互嵌交融不一致。但也存在另外的解释，即一些群体更喜欢选择同民族聚居，居住隔离是他们自我选择的结果，本质则是主动隔离，而非被动隔离（Bolt and Van，2003）。因而对于地方分层理论所提倡的民族偏见因素对居住互嵌的影响，部分研究者认为这种判断过于简单且缺乏事实根据（Clark，1986），在空间同化理论和地方分层理论之外，族际间居住互嵌表现出更多的可选择性（Wilson，1978）。居住偏好理论便是在此背景下产生，该理论主要源自 Schelling（1971）的邻里关系偏好论断，即"族群居住选择上细小微弱的偏好或选择也可能产生严重的居住隔离"。在 Schelling 研究的基础上，Robinson、Clark、Charles、Emerson 等人进一步深化并推广了该理论（彭庆军，2018）。

居住偏好理论认为一些群体表现出以族群和文化相似性为基础的偏好，个体的居住选择是基于族群和文化背景而做出的理性判断，即使个体的社会经济地位得以提升、族际偏见和偏好得以消除，依然选择与同族群的居民一同聚居。住房偏好来源于群体的"民族自我偏好"和对其他民族的"刻板印象"，人们倾向于相信、接近自己所属的族群，住房选择出现明显的民族偏好特色。群外排斥（out-group avoidance）和群内的凝聚力（in-group affinity）（Crowder，2016）使族群个体在居住选择过程中表现出基于族群文化的自主选择性（Ballard and Ballard，1977；Dayha，1974；Lewis，1994），导致不同民族群体的居住空间在欧美许多城市都保持独立（Clark，2002；Zubrinsky and Bobo，1996）。由于该理论将当前族际间的居住隔离模式视作族群成员由于偏好而产生的自我隔离的结果，而偏好又以文化为基础，因此这一理论也被称为"文化偏好理论"（郝亚明，2013）。

尽管居住偏好理论将"民族自我偏好"作为族际间居住模式的的主要解释，但在偏好形成的动力机制分析中存在不同的理解，形成三种相互联系的理论分支（郝亚明，2013）：族群资源理论（ethnic resourcetheory）、族群认同理论（ethnic identity theory）和庇护所理论（safe haven theory）。族群资源理论认为族际间的居住隔离能够产生正向效应，认为族群的聚居能帮助个体快速建立社会网络，增加个体的社会发展机会。这是因为族群聚居区域能够为个体提供丰富的族群资源，帮助族群内部个体解决来自工作、生活等方面的困难。鉴于族群聚居的这一优势，民族群体倾向于选择族群内部的聚居，从而造成与其他民族的居住隔离。族群认同理论则更偏重文化视角的解释，它将居住隔离视为族群内部文化认同的空间表现。该理论强调"群内偏好"，保持社区民族的相似性是人类一种自然的群体中心主义（Clark，1992），与地方分层理论不同，族群认同是一种正向的情感，而非建立在对其他民族偏见的基础之上。庇护所理论则是对族际偏见的应对，由于外界的偏见，族群聚居区能为其居民提供庇护的场所。隔离既是民族居民的自我选择，也是其自我保护的一种措施。这三种分支理论从不同的角度解释了基于"自主选择"下居住隔离产生的原因，为居住偏好理论成为公众认可的解释范式提供了基础。

3.1.4 社会表征理论

以上这些研究都基于同一群体同质化的前提，缺乏对同一群体异质性的分析。一些研究者指出："对特定群体居住选择进行更为详细地研究是必要的，因为群体内部存在历史背景、自身特征等多方面的变化"（Guillaume and Sebastien，2017）。近年来，随着社会表征理论应用的兴起，群体内部异质性的分析成为研究者关注的重点。根据社会表征理论，来源地不同，同一群体的选择也存在差异；且来源地作为文化载体，对群体的选择具有影响作用。

社会表征理论是当今社会心理学领域一个重要的新理论、新研究范式，和社会认同理论、话语分析理论共同构成欧洲社会心理学的重要基础（管健和乐国安，2007）。但也有研究者认为，后两类理论可看成是社会表征的理论路径（Elcheroth and Reicher，2011），是表征社会成因过程中的组成部分（Wagner and Duveen et al，1999）。据此，社会表征理论的重要性不言而喻。1961年，社会表征理论（social representations theory）由法国社会心理学家塞尔日·莫斯科维奇（Serge Moscovici）在其《精神分析：意象与受众》(Psychoanalysis: Its Image and Its Public）一文中提出，并在《社会表征：社会心理学探索》（Social Representations: Explorations in Social Psychology）这部著作中进行了详细地阐释。社会表征理论以社会知识为核心，强调群体内部视角，突显认知在社会文化群体中的共享，并通过社会互动、群内对话表现出来（Jodelet，2006）。该理论试图克服现代社会心理学尤其是北美社会心理学界面临的个人主义方法论倾向和主客体分开研究的认识论误区，并在欧美学界逐渐形成共识（Farr，1996）。

表征是指人们的心理活动（Prendergast，2000），即人们对于外界事物的心理加工和再现。个体表征从根本上而言，是个体心理的社会创始过程（sociogenesis），即个体认知的产生主要来源于社会群体因素的影响作用（赵蜜，2017）。社会表征理论认为，个体的心理现象和过程研究必须根植于历史、文化等宏观社会条件，而不是依赖实验室环境（脱离社会因素），只有这样才能正确理解个体表征（Wagner and Duveen et al，1999）。群体内部个体认知通过沟通交流等互动而产生的共识性表征构成了社会表征，后者和前者可以描述成属与种的联系（赵蜜，2017），避免了以往社会心理学研究的二分法危机。

社会表征理论的建构并非一蹴而就，而是来源于心理学、社会学等研究领域的经典理论和思想。首先，该理论萌芽于冯特（Wilhelm Wundt）的"集体心智"。其次，涂尔干（Emile Durkheim）的"集体表征"则在一定程度上为该理论的兴起奠定了基础（管健和乐国安，2007）。涂尔干关于集体仪式对群体心理状态的重塑作用（即个体心理的社会起源）假设（涂尔干，1999），被社会表征理论所继承。同时，社会表征理论还将群体作为研究对象，强调个体认知的群体内部视角，揭示宏大社会背景因素对人们认知发生和发展的基础作用（管健，2009）。同时，社会表征理论还融入了列维－

布留尔（Lvy-Bruhl）的"集体表象"理念，即群体内部每一位成员的心理认知都受到集体表象的深刻影响，该表象的存在不受个体影响，在集体中世代传承（列维－布留尔，1981）。另外，Piaget、Vygotsky 等学者的理论对社会表征理论的形成也产生重要的借鉴和影响。因此，社会表征理论是综合社会学、心理学和人类学等研究成果的跨学科新理论。

关于"社会表征"的定义，不同的研究者从其学科背景出发，给出了不同的侧重（Moscovici，1984；Harre，1984；Billig，1988；Flick，1998；Duveen，1998）。归纳而言社会表征是个体在日常言行活动等互动过程中，基于集体描述（Wagner and Duveen et al，19999）而共同构建的认知，是一种集体现象，存在于拥有共同行为的个体头脑之中（Harre´,1984），是群体内部成员为了实现交流共享而对社会现象的集体阐述（Moscovici，1963）。中国研究者将其概括为：特定时空背景下社会成员所共享的观念、意象、社会共识，继而通过具有全社会意义的符号系统表现出来（管健和乐国安，2007）。据此，社会表征是一种活动过程，具有可以直观观察的结果（Martin and Gaskell，1999）。如：一个想法，一个设计的物体，一种价值观等。该活动过程主要包含锚定（anchoring）和具化（objectifying）两种具有承接关系的部分。锚定是表征的第一个过程，是人们用已有的认知库存对不熟悉事物进行命名，以到达解释理解的过程（张曙光，2008）。新异事物的出现让人们发现自身认知上的盲区，产生紧张不安的情绪（Martin and Bauer，1999）。为缓解这种情绪，人们用已熟悉的知识库存给新异事物以解释，让自身认识和了解这种事物。而具化则是锚定的继续，将锚定后的抽象的观念转化成具体可知、可见、可触、可感的现实的过程。锚定的过程也是联想、隐喻、类比的过程（Martin and Gaskell，2008），用以解决认知的冲突，即新事物对群体造成的刺激；具化则是形象和物化的过程，用以解决抽象概念、观念等的转化。社会表征正是通过锚定将新异事物变得有意义、可认知，而后通过具化将抽象的观念转化成具体形象的过程（Deaux and Philogene，2000）。除锚定和具化外，社会表征的核心便是基耦，即社会共识。社会共识源于群内的历史、文化等宏观社会条件（Liu，2004）。多元化和多相性的认知说明不同群体间的认知存在差异性（Moscovivi，1984）。差异性原因的探讨必须根植于历史、文化、社会条件。阶层不同，文化背景不一致，民族不同等社会条件不一致，会使群体的认知内容和表现形式也不一致，即便是科学知识的表征过程也会产生群体的差异（Jodelet，1991；Kitzinger，1998；Bird and Bogart，2005；Liu，2008）。

"社会"作为"表征"的限定词汇，其含义主要体现为：第一，表征的内容受社会、历史、文化等背景的影响。第二，表征是在群内互动中产生。第三，不同群体的表征间具有符号边界。概括而言，不同的群体具有不同的社会文化背景和认知的边界，群内互动产生的表征构成了群内成员的认知框架。社会表征研究的主体主要包括个体和群体两类，但这两类的研究并不是对立的，两者的结合点在于社会互动，人们通过互动调整自己的认知，根据群内标准做出自身的行为反应，形成群内共识，使个体认知与社会表征一致。个体通过群内沟通交流互动产生认知，而这种认知深受群内认知的影响。在同一群内，人们拥有共同的社会共识和统一的社会表征，这些共同的表征帮助人们相互理解，并构建便于互动的共享环境。在不同的群体之间，社会表征呈现出不同的状态。

据此，Martin 和 Gaskell 在对话发生模型（The Representational Triad）（如图 3-1 所示）和托伯龙模型（The "Toblerone" Model）（如图 3-2 所示）的基础上，扩展构建了多重托伯龙模型，并将其进行切片展示，形成社会表征生成机制的风玫瑰模型（The "wind rose" model of social representation），或称之为"不规则风向"模型。对话发生模型和托伯龙模型只体现了单个表征的发生发展机制，而忽视了群际间的差异和作用关系。风玫瑰模型则将两者结合起来，对社会表征的群内及群际生成过程进行了阐释（如图 3-3 所示）。

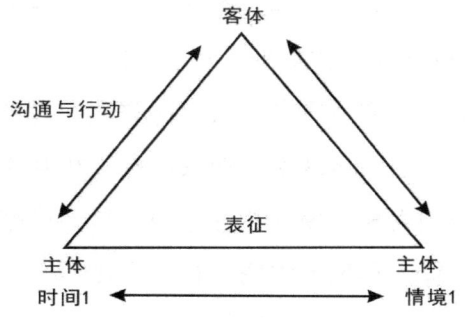

图 3-1 对话发生模型

（资料来源：Marková，2003）

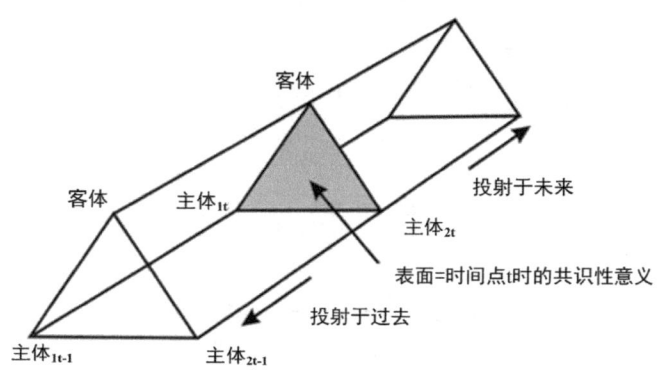

图 3-2 托伯龙模型

（资料来源：Martin and Gaskell，1999）

该模型表明社会表征是包含主体、客体、投射、时间、媒介和群际关系等参数的函数（Martin and Gaskell，2008）。三角形代表某个特定时间节点社会表征的内容，表征是在特定的时间情境下，通过主客体之间以及主体之间的沟通互动作用而产生。表征并非一成不变，在社会变迁以及时间（主体生命历程）的作用下，即使客体未发生变化，原有这一特定时间节点的社会表征会随着主体的变化投射出新的表征，使单个表征发生历时性演变。而不同群体间的表征具有多元性的特征，因此在同一时间段、同一时空中，对同一客体，由于群体所处的社会文化环境不同会存在多个表征。

图中三角形便是代表针对同一客体，不同群体所表现出来的表征。三角形形状大小不一致，与群体间人数多少以及群体间的社会影响力的强弱有关。不同的表征构成了多个对立或重叠的具有冲突性的群体间语境关系。这些表征通过中心共同的参照点被现实所约束，产生相互连接。未来的形态则取决于表征的社会影响力和环境的相互作用。这一模型作为社会表征理论群际间竞争的理论解释，形象地说明了社会文化等因素作用下的群际间不同表征及相互作用，突显了表征的群际差异。

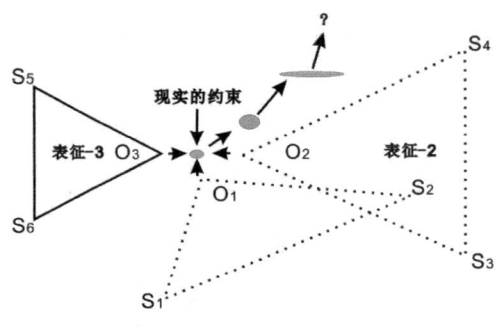

图 3-3　风玫瑰模型

（资料来源：Martin and Gaskell，2008）

3.1.5　理论评价

空间同化理论偏重于从社会经济地位和文化适应的视角对族际间居住互嵌做出解释，但是该理论过于草率地建立了交融的假设前提：即族际间都希望和接纳其他群体融入自身群体的居住空间。但是现实社会中却存在一部分排斥的群体（朱荟和郝亚明，2016）。为了弥补空间同化理论的局限性，进一步探索居住互嵌的影响因素，地方分层理论和居住偏好理论应运而生。这两个理论分别从族际间的排斥作用和自我隔离两个方面对居住互嵌做进一步地解释。综合而言，空间同化偏向于强调社会分层困境，地方分层理论则倾向于社会结构性压迫，而居住偏好理论突显个体与群体的文化认同（彭庆军，2018）。尽管有所偏重，但是三者之间呈现相互补充的关系。个体与群体的文化认同背后是社会结构性压力和社会分层困境。居住偏好既是对自我文化的认同，同时也体现了对偏见的应对策略，是群外回避和群内亲和力在居住选择上的体现，为了寻求自身的心理安全而实施的自我保护（Charles，2006；Clark，2008；Krysan and Farley，2009）。同时，群体产生的本群体偏好来自于这些群体缺乏进入"更好社区"（"better neighborhoods"）所需要的资源（Kyle and Krysan，2016），也印证了社会分层困境促使群体产生强烈居住偏好的论断。而社会结构性压力背后也是社会分层困境的反映。有研究者指出，西方主体民族由于社会经济地位及文化的优越感而选择的聚居倾向要高于其他民族（Clark，1992）。

社会表征理论作为社会心理学的重要理论，关注特定时空背景对个体心理认知形成的重要作用，认为个体的认知是"集体阐述"下的结果，同一时空背景下的个体认知具有共通性和相似性，即个体对某一现象或事物的认知是一种集体共享观念。族际间居住互嵌既是一种空间现象，也是居民个体认知选择的过程，根据社会表征理论，个体的认知建构在集体之上，弥补了当前学界在互嵌交融研究中个人主义方法论倾向和主客体分开研究的认识论误区。

3.2 城市族际间居住互嵌的概念性理论框架

3.2.1 族际间居住互嵌的空间格局

（1）城市内部族际间居住互嵌的空间格局

在漫长的社会制度、历史文化等变迁过程中，族际关系不断发生着改变。根据芝加哥学派的研究范式，当不同群体在同一城市地域空间初始相遇，由于相互间文化的差异和空间特有的生态分类力量（McKenzie，

1925），群体间并无任何社会接触（胡锦山，2008），城市空间表征为"分裂的城市""平行社会""双重城市"等隔离形态（Boal，1999；Marcuse and van，2000；Massey and Denton，1993；Phillips，2006）。尽管无社会接触，但是"相遇"为群体间的"竞争"和"适应"提供了条件。"竞争"和"适应"核心在于不同群体对城市稀缺资源的竞争与妥协，该过程促使群体间文化差异发生变化（于长江，2006），或使差异在同一空间范围内达成保持群体存续的共识（Gordon，1964），实现群体分界在心理和空间上的相互渗透（John，1975）。随着时间的推移，群体间共享记忆和情感，实现最终的同化与交融（Duncan and Lieberson，1959；Lieberson，1963）。Itzhak的空间扩散模型（Itzhak，1998）展示了族际关系从隔离向互嵌交融的空间演化过程，尽管"后现代城市主义"族际关系呈现出多样性和异质性（Marcuse，1997；Johnston and Poulsen et al，2006），但是族际关系依然是隔离、交融及两者中间态势的表征。

综上，理论上族群关系的基本形态可以分为完全隔离、相互交往、完全互嵌三类（马戎，2003）。基于社会过程与空间模式的密切关系（Park，1926；Duncan and Lieberson，1959；Kantrowitz，1969；Peach and Mitchell，1988），作为族群关系的空间反映，族际间居住互嵌的空间格局（限定于A、B两个群体间）在理论上或逻辑上可大致归纳为空间极化型、局部互嵌型和全域互嵌型三类（如图3-4所示）。概括而言，假设A、B两个群体在特定的极端环境或限制因素的作用下，在城市尺度内，进行无限制自由择居或强烈限制的择居行动。对于前者，如果居住选择是绝对自由且两个群体没有任何的芥蒂或阻碍，那么会产生完全互嵌的空间分布状态。反之，对于后者，可能存在绝对的缺乏自由居住选择的能力，如果两个群体缺乏任何和睦居住的基础环境，那么会产生居住隔离的极端状态。实际上，前述两种状态是人类历史上出现的族群之间居住的极端状态，更多的是两者之间的中间状态。

第 3 章　城市族际间居住互嵌的理论建构

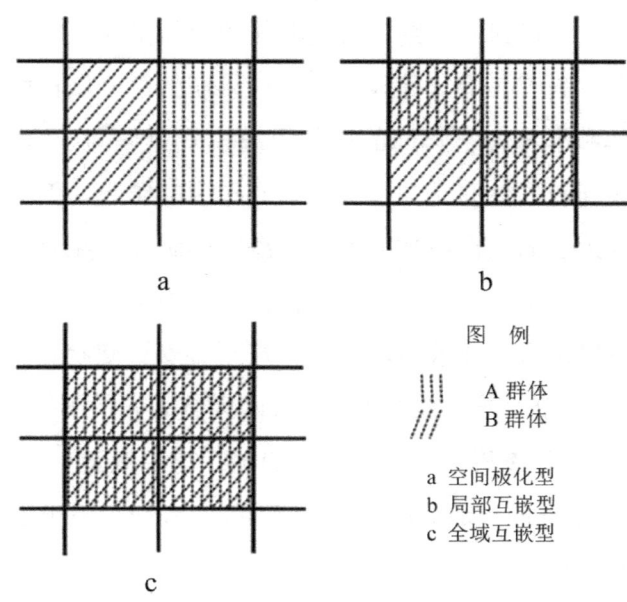

图 3-4　三类居住互嵌的空间格局

具体而言，城市内部民族间居住互嵌的三类空间格局表现为：

① A 模式：空间极化型。

空间极化型对应群体结构极化现象下的居住形式，与人文生态环境、社会空间资源分配有着密切的联系（王建基，2000）。居住空间作为群体交往的场域（马宗保和金英花，1997），其极化状态是族际关系在空间上的极端表现形式。空间极化型居住模式表现为，在特定的区域内，以族群身份作为居住选择的主要标准，同群体所有成员无论年龄、教育、职业等个体属性在区域内特定地点聚居，而不同群体间则无居住空间相接触的隔离状态。

空间极化型居住模式，一方面源于政策限制，另一方面源于族际间认同的缺失。从分离学说而言，隔离政策以其独有的强制推行力及执行力，对族际间的居住选择、自由迁徙和族际交流进行限制，推进并强化了族际隔离与偏见体系。如此，族际间认同的缺失意味着群体间的不信任、排斥的情绪以及对其他群体文化的否定，在此基础上将认同囿于对本群体和文化的极度推崇和固步自封，拒绝和其他群体的交往交流，空间上则表现为居住极化的状态。美国、南非等国家近现代早期或部分城市所呈现的盎格鲁－萨克逊群体和非洲裔群体间的居住隔离模式更偏向于这个极化模式，并明显是政策限制和群体间认同两方面共同作用的结果。例如，虽然美国系统化的隔离政策表面上已经被取消，当潜在的制度偏见以及白人种族等对黑人的文化认同的缺失，依然限制了群体之间的居住互嵌。再以清代南疆为例，清朝政府出台隔离政策，要求修筑新城安置满族和汉族的官兵及百姓，而回部人员则统一居住在"回城"，且两区域间人员不得随意往来（古力孜拉·克孜尔别克和杰恩斯·玉素甫，2010）。这一政策尽管在稳定疆域、发展地方经济等方面有一定的成效（丁万录，2013），但也造成了族际间居住空间极化的事实。

②B模式：局部互嵌型。

局部互嵌型是空间极化向全域互嵌过渡的阶段，是族际社会结构关联程度趋向深入，民族关系张力趋于缓和的空间表现形式。局部互嵌型模式主要表现为：在同一空间内部，部分区域同一群体的聚居程度下降，群体散居现象出现并蔓延，族际间呈现相互交融混合居住的态势。

局部互嵌建立在族际间同质性或相似性追求的基础之上，或建立在族际间多元异质性相互依赖的基础之上。族际间同质性或相似性追求意味着不同群体的居民在宗教信仰、价值观念、生产生活方式上的趋同性。这种群体共性一般通过外力的作用来实现，如政策的强制推行，由于这类方式抹杀了族际间的差异性，只能在小范围区域推行居住互嵌，形不成全域的趋势。而族际间多元异质性的相互依赖则顺应各民族发展的需求，随着社会自由流动频率的增加以及范围的扩大，族际居民择居的自主性也不断加强。族际间以及群体内部文化认同在异质性交往过程中被激发而出现变化，一部分居民在居住选择时不将族群因素作为择居标准，而部分居民则可能强化族群因素，最终形成局部融合的状态。而且，政策的作用也会显现出来，如政策中对主体民族的认定，同样会影响居民的居住选择。

③C模式：全域互嵌型。

全域互嵌型是族际间居住互嵌的最终且最佳状态，也是一种人类命运共同体下多民族互嵌交融发展的理想状态。其表现为：居民的居住选择不再以民族身份、民族指标作为衡量标准，在全域范围内不论街道、社区亦或邻里等单位，即在不同空间尺度上各族群居民共同居住、共同生产和根据自身意愿的自由流动。

全域互嵌型族际间居住互嵌模式，是全民族共同体、国家核心文化和社会凝聚力的集中体现，即在不区分多数民族，不认定任何民族作为主体民族的前提下，实现民族间在居住环境和区域的相互融入，最终形成族际间情感互通、互惠互利的情感共同体和利益共同体。

互嵌交融既可以是盎格鲁遵从，也可以是族际间双向或多向适应（Gordon，1964）。因此，马戎（2003）指出互嵌还可以分为两类情况（如图3-5所示）：单向同化和相互交融。单向同化是一个民族对另一民族的盎格鲁遵从，这种状况主要出现在西方国家。而相互交融则是民族间相互学习相互交融过程中形成的情感、利益共同体。

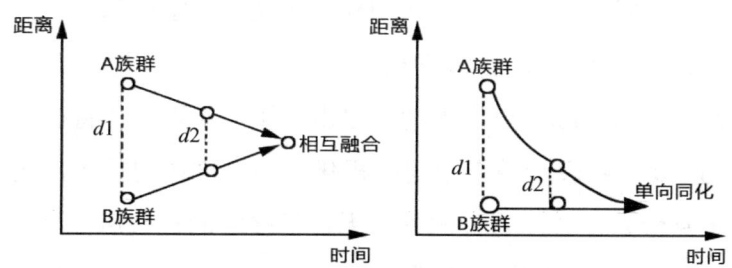

图3-5 城市族群的单向同化与互相交融

（资料来源：马戎，2003）

（2）城市内部多尺度互嵌格局

族际间居住互嵌表现为族群人口在地理空间上的随机分布状态与过程，是人口空间分布的一种类型（杨振，雷军等，2016），理论上具有空间尺度的依赖性（王静，杨小唤等，2012）。现实中，"大杂居，小聚居"或"总体分居，部分混居"的族际间居住格局（马戎，潘乃谷，1989），也说明居住互嵌的程度和空间形态对地理单元具有尺度依赖性，地理单元不同，互嵌的程度也不一致。因此，不同空间尺度所体现的互嵌特征并非完全一致，族际间居住互嵌的空间格局需要进一步从多重地理空间尺度进行刻画，以便于更为合理准确地掌握互嵌的空间规律。但是，当前多数研究只关注一个空间尺度的互嵌状态（Christopher and Fowler et al，2016），缺乏多尺度的深入探究，因此有必要尝试建构多尺度互嵌格局。

　　族际间的居住互嵌因地理位置而异（Ron and Michael et al，2004），城市内部某一空间尺度上的互嵌态势并不具有代表性，即，城市宏观尺度和微观尺度之间互嵌程度存在差异（Ronald and Sule，1998），其原因在于空间尺度内部的异质性掩盖或凸显其互嵌形态（Ron and Michael et al，2006）。鉴于此，理论上城市内部多尺度互嵌格局表征为宏观与微观尺度上的不同形态（如图3-6所示）。

　　Y 轴表示城市内部宏观尺度互嵌变化过程，X 轴表示城市内部微观尺度互嵌变化过程，箭头所指方向则表示互嵌程度不断提升的过程。城市内部多尺度互嵌模式表现为 A-D 点所构成的平面，当宏观和微观尺度都达到高度互嵌状态时（A 点），全域互嵌在城市内部真正实现，表明不同尺度城市空间都呈现出族际间自由流动、自由择居，不以群体特征为限制条件的居住行为。B 点则表示城市空间的极化状态，群体的择居，无论任何尺度都以群体身份为核心，族群间处于无任何接触的社会居住环境中。C 点意味着城市内部宏观尺度的高互嵌状态，而微观尺度的极化状态，一般而言，在城市化的影响下，多民族群体在城市内部混合杂居，实现了宏观尺度的居住互嵌。但是，由于文化传统、风俗习惯等的差异以及保持群体内部稳定性的需求，族际群体会在城市内部微观空间内保持聚居的状态，从而形成宏观尺度互嵌而微观尺度极化的空间形态。D 点表示城市宏观尺度极化而微观尺度互嵌的状态，这主要源于政策、族群意识等因素，极化的政策通过国家强制手段对族际间互嵌进行限制,但是族群间小范围的社会交往和认同会促使微观尺度的互嵌。另外,通过强制性政策实现微观程度的居住互嵌,但是基于"融而不合"(living together apart),在宏观尺度上互嵌依然难以推进(Ghazi,1996)。

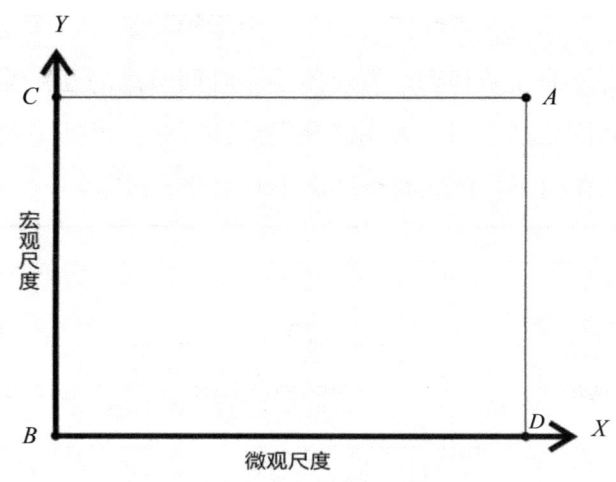

图 3-6　城市多尺度空间的族际居住互嵌演化

(3) 演化过程与趋势

地理学和社会学的传统观点认为,时间和空间不仅是社会过程发生的被动框架或表现,而且也是内在的动力(Benno,1993)。在理论框架解释中,时间和空间是极其重要的组成部分,构成了个体或群体行为和结果产生的环境(Giddens,1984)。族际间居住互嵌作为地理学与社会学的研究范畴,其演化过程和趋势同样依托于时间和空间。空间和时间不仅是界定居住分布(人在空间和时间上的位置)的手段,而且也是其演变的手段(Itzhak,1999),互嵌随时空的变化而发生改变。这也契合当前相关研究中对"时空要素"关注的趋势(Drooglever and Fortuijin et al,1998;Musterd and Fullaondo,2008),从时间和空间两个维度探讨互嵌的演化进程(Jennifer and Ade,2009)。

城市族际间居住互嵌模式的演化,理论上可以从 Simpson 的族际关系互动模式中加以引用。Simpson（1968）将隔离、互嵌及中间态势放在统一的系统中加以解释和考虑，认为族际关系互动过程中空间极化和全域互嵌分别居于系统的两端，在两端间则是程度不同的互嵌状态，是不同族际间社会结构的部分适应和整合（Simpson，1968）（如图3-7所示）。族际互嵌关系的状态体现在连续统一的直线坐标轴的某一坐标点，且该状态会随着时间的变化而左右移动，表现出不同时间节点的互嵌差异。从空间极化、局部互嵌到全域互嵌，表明族际间居住互嵌程度的不断加深，也说明在各类因素的作用下，模式间呈现出不断演化的过程。

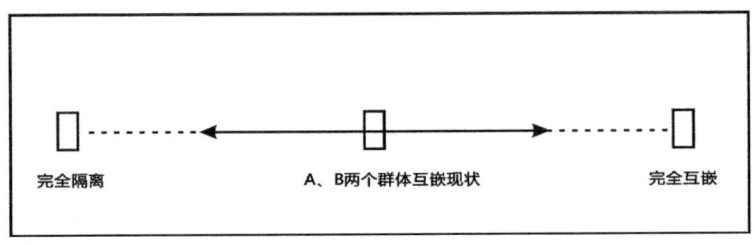

图3-7　Simpson城市族际间互嵌演化趋势

（资料来源：Simpson，1968）

但是，研究者指出族际间的居住互嵌并非是直线不可逆的发展过程（Alba and Nee，1997），空间极化、局部互嵌、全域互嵌以及不同尺度的互嵌模式既可以连续推进，并且在不同状态间可以相互转化，体现了互嵌的多样性、非线性（Rumbaut，1997）和多元性（Johnston and Poulsen et al，2003）。在外界环境和族群内部环境的双重影响下，族际间的居住互嵌会呈现出波动的趋势。尽管族际间居住互嵌态势会出现反复波动的趋势，但是随着族际间社会障碍不断地被消除，互嵌持续推进，群体在双向互动、适应、交融中，最终的全域互嵌不可避免，因为族际间的居住隔离只是人类历史上暂时的一种社会现象，不会永久存在，随着时间的推移，族际间的居住隔离必然会减少（Lieberson，1963）。因此，互嵌的演化过程最终表现为从隔离到互嵌，从局部互嵌到全域互嵌的波动上升变化过程（如图3-8所示）。

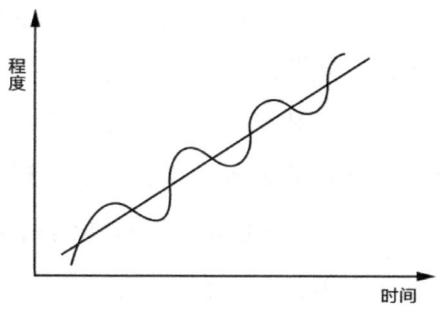

图 3-8　城市族际间居住互嵌演化趋势

3.2.2　族际间居住互嵌的影响因素

马戎根据 Simpson 族群关系的动态变化以及 Yinger（1986）族群关系变量体系，将族际间互嵌或隔离状态的影响因素归纳为内因和外因两大类。他指出，在实际作用过程中，部分因素对族际关系具有正向促进作用，而部分因素则具有反向阻碍作用，且各因素间对互嵌的作用程度存在差异。同时，一些因素不仅对互嵌产生直接影响作用，而且还能通过作用于其他因素间接影响族际关系。最终族际互嵌的程度与速度取决于内、外因素的共同合力（如图 3-9 所示）。族际间居住格局是民族关系的空间反映，因此该研究所展示出的影响路径与影响方式都有一定的借鉴意义。族际间居住互嵌同样是内外因素相结合下的共同产物，是各类因素直接作用或间接作用之和，任何将互嵌归因于单一因素的说法都是过于简单且毫无根据的（Clark，1986）。

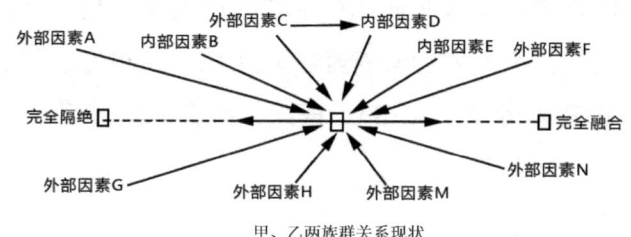

图 3-9　族群关系影响因素作用分析

（资料来源：马戎，2003）

当前，几乎所有关于族际间居住互嵌的影响因素解释，无论是分析性的还是描述性的，都承认互嵌背后的多重因果结构（Clark，1986）。由此，在现当代社会背景下，空间同化理论、地方分层理论和居住偏好理论共同构成了族际间居住互嵌影响因素的理论探讨。这些理论中所分别提及和关注的社会经济地位、文化适应、居住偏好、群体偏见和政策制度五类因素，构成了居住互嵌的内部和外部影响因素。

（1）社会经济地位因素

基于欧美民族间的现状，族际居住隔离是阶级差异与族群差异的叠加，本质上体现的是族际之间的经济水平差异。由于住房环境与住房价格相关，良好的住房环境将经济水平处于劣势地位的群体隔离在外，贫民窟、贫困街区等成为该群体迁入城市的首选栖身之处。随着其社会经济地位的提升，对住房价格的敏感性也会随之降低，自由择居才能成为现实（Denton and Massey，1988；Bolt and Ronald，2010）。这类因素的作用，在中国的城市族群新移民中也有所体现（孙九霞，2001）。社会经济地位是收入因素、职业因素、受教育程度因素协同作用的结果（Duncan，1961；Clark，1986；Zubrinsky，2003）。群体收入的提升，意味着其同主流社会的居民在购买和租赁住房能力上差距的消除（Grebler and Joan et al，1970），收入因素也是住房负担能力的主要表现。而职业因素则意味着就业机会以及就业层次，是对族际间获取工作的相对机会的比量（Pascal，1967）。社会学家布劳和邓肯指出，影响社会流动的因素，包括先赋性因素和后致性因素。在后致性因素中对个人职业地位影响的重大因素是其受教育程度，以教育为主要特征的人力资本因素对维护职业稳定性和促进职业晋升都有重要作用（田志鹏和刘爱玉，2015）。据此，教育成为提升个体社会经济地位的途径之一。

（2）文化适应因素

文化适应视角主要是指群体对主流社会文化适应，主要体现为族际居民对通用语言的学习和掌握程度。根据欧美学者的研究结论，文化适应是社会经济地位提升的前提，族际居民只有掌握社会通用语言，才能提升自身的教育水平以及获得社会认可的职业。Gordon（1964）在理论中提及，文化适应主要表现在接受主流群体的语言、意识形态、服饰、饮食文化等符号系统的过程。

（3）居住偏好因素

任何个体和群体都有一个共同的潜在动力，即他们希望能够生活在一个稳定的社区，维持自身相类似的文化和行为标准（Leven et al，1976）。因此，居住偏好是影响城市族际间居住互嵌的解释视角之一。特定类型的邻里结构的偏好，包括邻里间的民族比例、分布状况等，成为居住偏好的构成因素（Clark，1986）。除此之外，城市各类设施的布局为不同群体在城市内部的短距离迁居提供了解释。以非洲裔群体为例，研究者指出该群体重视教堂、教会在其日常生活中的重要性，促使这部分群体向这类设施集中，最终导致族际间融合程度的下降（Fischer et al，1977）。但是，居住偏好不仅来源于群体的"自我偏好"，而且还来源于对其他群体的"刻板印象"。因此，族际间的社会距离也成为其构成因素，因为社会距离是"刻板印象"的社会表现。

（4）群体偏见因素

"刻板印象"在群体中是双向的过程，某一群体对其他群体的"刻板印象"会形成群体内部的居住偏好，而"刻板印象"则表现为群体偏见。根据西方国家研究结果，群体偏见的核心在于社会等级制度中将人口占多数的民族（如盎格鲁-萨克逊群体）和人口占少数的民族（如非洲裔、亚裔、西班牙裔等）分属于不同社会等级（Zubrinsky，2003；White and Glick，2009），并以此产生对族群的负面刻板印象（Adelman，2004），形塑这些群体的居住模式，而通过针对这些族群的偏见性住房市场进一步维持并深化了族际间的居住隔离。群体偏见因素主要包括群外偏见（out-group avoidance）（Crowder，2016）、价格偏见（同等质量住房是否存在族际间价格差异）、不平等的获取抵押贷款的机会、社区群体的敌意等（Elvin and Wyly，1999；Zubrinsky，2003）。

（5）政策制度因素

制度因素对族际间居住互嵌的影响虽然被多数研究者所忽略（郝亚明，2012），但是 Lefebver 在其《空间的生产》（The Production of Space）中指出，空间的生产不仅是自然的过程，而且更是社会的产物，是基于人类价值观和意义的社会生产（吴宁，2007；）。"社会 - 空间"的辩证统一（Lefebvre，2002），也意味着人为制造的空间环境是制度和意识形态的混合体（包亚明，2003）。与族际间居住互嵌相关的制度因素主要包括：国家主流意识形态对居民的态度、社会福利制度涉及的群体范围、住房市场、劳动力市场、医疗体系、教育体系对族际居民的开放和接纳程度、住房补贴/分配政策对族际居民是否公平合理等方面（郝亚明，2012）。

根据空间同化理论、地方分层理论和居住偏好理论所涉及的族际间居住互嵌影响因素，Andersson 将其囊括为社会 - 经济解释模式（socio-economic explanations）和文化 - 族群解释模式（cultural-ethnic explanations）（Andersson，1998），两类解释模式虽各有偏重，但是社会 - 经济解释在欧美研究中占主流地位，因为文化 - 族群解释模式是居民社会分层中处于劣势的产物（Frey，1978；Kyle，2016）。社会 - 经济解释是社会分层及社会流动的体现，文化 - 族群是各民族对"我者"和"他者"文化的认同和偏见，据此，有学者将这些因素综合成社会分层、社会排斥和文化认同三类（彭庆军，2018）。本文在分析社会分层、文化认同、政策环境基础上，将各类因素进行归类，建构三个维度下的民族间居住互嵌的解释框架。

社会分层是指"社会成员、社会群体因社会资源占有不同而产生的层化或差异现象"（冷炳荣和杨永春等，2013；李强，2008），建立在生产关系和社会关系基础之上（李怀，2020），是个体或群体占有社会资源，获取社会经济地位的反映（李春玲，2019）。社会分层最基本的指标包含个体的职业、收入、教育、权利等主要资源，其中职业声望是最基础的分层指标，与教育和收入息息相关。同时，社会分层包含静态结果和动态过程两个方面。静态结果即社会分层形态,是指个体或群体在社会分层体系中的位置,而动态过程则是社会流动及社会地位的获取。静态结果和动态过程两者相辅相成,社会流动产生社会分层形态,而社会分层形态则作为社会流动的动力,促进流动的发展(罗教讲,1998)。根据空间同化理论,族际差异会影响到两者在市场经济上的竞争力(马丁,2007;Yinger and Galster et al,1979;Streitweiser and Goodman,1983)。因此,族际间居住互嵌研究离不开社会分层的探讨。分层是长期历史发展的结果,不易以个体的能动性而改变,可以将其归属于外部因素。

政策环境,包括政策制度因素和群体偏见因素。由于族际间的"刻板印象"核心在于社会等级制度的不公(Zubrinsky,2003;White and Glick,2009),因此本文将群体偏见归属于政策环境。政策制度,本文特指公共政策体系,包含民族政策和一般公共政策,关系到国家治理、产业发展、环境整治、民族团结、公民幸福感等方面(安德森,2009)。多民族国家,由于民族群体多样,若将所有民族都纳入同一公共政策体系而不加区分,不利于维护居民的权利以及平等发展。因此,民族政策是指面向少数民族的政策(赵志远和刘澜波,2020),也是政府针对少数民族在政治、经济、文化、宗教、教育等方面所制定的制度性安排,即在这个领域所采取的公共政策(关凯,2003)。一般公共政策,指除民族政策以外的一系列条例、办法、措施、意见、细则、规章制度等的总称(陈振明,1998)。根据"制定主体政府论",公共政策由政府制定和颁布(伍启元,1989),即为实现公共利益对社会公共资源进行配置的过程(刘昌雄,2003),和民族政策一样,具有权威性(朱水成,2001)。

文化认同是指个体或群体进行文化观念、态度的决策和自我定位(董莉和李庆安等,2014)。它不仅包含对"他者"文化的适应,也包含对自身所属群体的情感及认同,而居住偏好是基于群体为维持自身相类似的文化和行为标准而产生的居住选择,是认同的体现。因此,文化认同包含文化适应和居住偏好两个因素。文化适应的主体体现在群体和个体两个层面

（Berry，2005；Berry and Poortinga et al，2011）。当两种文化相遇接触时，文化对应的个体或群体在心理层面上的文化改变和适应，表现为行为和认知的转变（Berry，1990；Berry，2009）。适应并不是单方面的变迁和同化（Gans，1997），而是双方文化相互借鉴、相互影响、取长补短的持续变化。就两种文化中的一方群体/个体而言，适应既可以是寻求与其他文化群体/个体的互动，也包含保持自身原有文化的价值，两者之间并不存在矛盾。认同是指个体对其所属的群体的认可与赞同，是依托于文化而产生的归属感（俞水香和娄淑华，2020）。这种归属感主要源于情感，但也不能忽视利益的成分（王俊敏，2001）。认同与适应类似，都是持续变化的动态过程。在文化适应的前提下，文化的多元化认知，能消除文化的偏见与隔阂，进而改变认同的内容和层次。而认同的变化同样会影响群体/个体对其他文化的适应程度。

三类维度尽管有所偏重，但是三者之间呈现相互补充的关系（彭庆军，2018）。文化认同背后是政策环境和社会分层的推动作用，而政策环境也是社会分层的反映（Clark，1992）。具体而言：

社会分层对文化认同的作用表现为：个体或群体归属的社会分层形态是影响其文化认同的重要因素。归属于同一社会分层形态的群体所拥有的价值观是个体构建认同的重要社会支持。文化认同具有强烈的"情境依赖性"，会随着个体所处的情境发生改变，不同的社会分层状态构成了个体建构文化认同所依赖的重要情境之一。社会流动改变了个体的生存环境，城乡之间不同的人际交往环境、文化环境对个体的认同建构发挥着重要的作用。文化适应和认同在族际间交往扩大的过程中不断变化，在异质性交往中被激发和强化（王俊敏，2001）。而且，社会流动增加了族际交流交往频率，帮助居民产生新的民族关系认知，进而影响其对本民族的情感以及对其他民族的情感。人口的跨区域流动，也会使群体产生新的发展性诉求。

政策环境对文化认同作用主要表现为：政策环境为文化认同的发展创

造了条件。公共政策体系为居民在区域自治、财政补贴、教育、就业、生育等方面给予政策保障,既维护了民族间平等发展的需求,又保障了族际的各项权益。平等的民族关系是和谐文化交流交融的前提,有利于促进文化群体间相互有效地认知和学习,增进双方文化的认同。同时,民族政策和各类一般公共政策(如现代学校制度、单位制等)也会增强情感认同和利益认同。

社会分层对政策环境的作用表现为:社会分层是生产关系和社会关系的体现,生产关系和社会关系的改变必将带动政策环境的调整,使其适应新的社会需求。以城市化工业化为例,城市作为工商业中心,对人口产生显著的虹吸效应,农村牧区的居民大量涌向城市,给城市带来诸多压力,产生新的城市困境,冲击原有的城市居民的互嵌格局或状态。原有的公共政策体系无法应对人口流动集聚产生的问题,需要作出相应的改变,以改变或达成城市族际之间的居住互嵌格局。

综上所述,空间同化理论、地方分层理论和居住偏好理论共同支撑了族际间居住互嵌的解释基础。这些理论中所涉及的社会经济地位、文化适应、居住偏好、群体偏见和政策制度,构成了居住互嵌主要的内部和外部影响因素。可将其提炼为社会分层、文化认同和政策环境三个维度,共同作用于民族间居住互嵌空间格局的状态(如图3-10所示)。

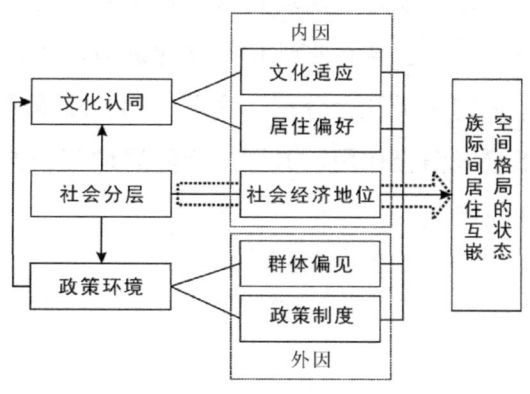

图3-10 城市族际间居住互嵌空间格局的影响因素及其作用机制

3.3　小结

当前，西方族际互嵌研究的相关理论，为族际居住空间研究提供了理论基础，并由此衍生出空间同化理论、地方分层理论和居住偏好理论，这些理论共同构成了互嵌的空间理论模型及影响因素解释范式。社会表征理论则弥补了族际间居住互嵌研究中个人主义方法论倾向和主客体分开研究的认识论误区，为居住互嵌的地方文化差异研究提供理论依据。

基于社会过程与空间格局的密切关系，结合族群关系的基本形态，族际间居住互嵌的空间格局主要分为空间极化型、局部互嵌型和全域互嵌型三类。世界范围而言，根据盎格鲁遵从和相互适应，全域互嵌型可分为单向同化型和相互互嵌型两类。但是，族际间的居住互嵌具有空间尺度依赖性，城市内部某一空间尺度上的互嵌态势并不具备完全的代表性。鉴于此，理论上城市内部多尺度族际互嵌的空间格局表征为宏观与微观尺度上的不同形态。在外界环境和族群内部环境的双重影响下，族际间的居住空间最终表现为从隔离到互嵌，从局部互嵌到全域互嵌的波动变化过程。

根据空间同化理论、地方分层理论和居住偏好理论，提炼出族际间居住互嵌的五类影响因素：社会经济地位、文化适应、居住偏好、群体偏见和政策制度，并分别归属于社会分层、文化认同和政策环境三个维度。这些影响因素通过积极或消极作用，共同对族际居住互嵌的空间格局产生合力，推动其正向或负向发展。

第 4 章　全域互嵌前呼和浩特市族际居住空间格局演化

"以史为鉴，可知兴替"。对呼和浩特建城以来族际间居住互嵌发展的历史轨迹进行分析，可以更为全面地反映当前呼和浩特城市内部互嵌发展的背景、地方化条件，同时也是对前述概念化理论框架的验证。

4.1　基本背景和地方化条件

4.1.1　基本背景

呼和浩特城市内部族际间居住互嵌的历史与呼和浩特建城及发展史密不可分。呼和浩特的建城具有特定的历史背景。明隆庆五年（1571年），明朝政府和蒙古政权缔结"隆庆和议"，结束了两大政权长期以来闭关绝贡的状态，并且开启了互市贸易、民族交往的新局面。"隆庆和议"促成的和平环境，为呼和浩特城市的建立提供了政治基础（张威，2009）。明隆庆六年（1572年），为实现蒙古集政治、经济、军事、文化等一体的统治中心的需要，阿拉坦汗（亦称俺答汗、谙达汗或阿勒坦汗）在土默川平原丰州滩上召集匠人，大兴土木，以元大都为参考，兴建城市（荣赓麟，1983）。明万历三年（1575年），城市得以竣工建成，始称"库库和屯",汉语意思为"青色之城",后译作呼和浩特(珠荣嘎,1984;张威,2009)。明万历九年(1581年),明朝政府派遣工匠并辅以各类物资帮助阿拉坦汗实现"库库和屯"的扩建(薄音湖,1985),并于1586年,赐城名为"归化城"(含有归顺教化之意)(明神宗实录,1962),成为当前呼和浩特的城市前身。

清朝至民国时期,为扩大对漠北地区的贸易发展,政府对归化城进行了大规模翻修。同时,为实现对漠北地区统治的需要以及征伐准格尔部的军事需求(张威,2010),于1737至1739年间,在归化城东北5里处修建绥远城(与被称为旧城的归化城相对,也称其为新城,是当前呼和浩特新城区的由来)。后与归化城两城合一,成为当前呼和浩特城市空间格局的雏形。两城合一促进了城区的扩大和族际人口的增长,随着互市贸易、民族交往的发展,呼和浩特经济迅速增长,成为塞外经济中心(顾士明,1987)。

4.1.2 地方化条件

呼和浩特族际间的居住空间互嵌有其自身的地方化条件。首先敕勒川平原半农半牧的生计环境,为族际间的经济互补、社会交融、文化交流提供了条件。15世纪末,在达延汗的治理之下,蒙古地区经济生产得以快速恢复。随着战乱的停止和生存环境的改善,草原人口增长迅速,使得传统游牧经济的产出已无法适应人口增长的需求,粮食供给压力剧增(陈华普,2019)。而土默特平原自古以来便有"腴田沃壤,千里郁苍"的美誉(薄音湖,2006),这种适宜农作物生长的自然环境为农业生产的开展提供了条件。同时,历史上中原政权和游牧民族政权在此交替统治,也在一定程度上奠定了农耕与游牧经济的融合基础。在此背景下,当时驻牧于此的阿拉坦汗招募内地汉族居民"开云田丰州地万顷……反资虏用"(瞿九思,1962),并在丰州地允许修建板升,这种有别于游牧生产生活的特殊形式的农耕聚落作为汉族居民集聚生活所需,推动了土默特平原的农业生产发展。随着汉族招募居民的迁入，农业生产的兴起，改变了土默特平原原有的游牧生产方式，推动了土默特平原对农耕文明的吸纳和适应的进程，形成了半农半牧的生产传统。根据《清实录》记载：清代时期，土默特地区拥有的农耕土地数量和游牧土地数量比约为5:1。由此可见，在农业生产影响下，该地区的居民已经形成农牧混合的生产生活方式（云惠群，1987）。游牧生产方式和农业生产方式的长期融合互补，形成了良性互动、相得益彰的有利局面，既解决了草原人口的粮食问题，同时促进了族际间在经济和文化上的相互交流。

其次，历史上，呼和浩特作为族际贸易的重要互市场所，历来是民族交流的重要平台。明朝时期，为满足各族之间特色商品的相互需求，"马市""民市""口市"等场所发展迅速，但是限于中原商人不得进入蒙古腹地进行交易的政策规定，呼和浩特作为当时塞外和中原地区的对外贸易窗口，成为各族商贾云集的重要交易场所（荣盛，1993）。清朝时期，为了平定蒙古各部叛乱的需要，呼和浩特军需贸易发展迅速。同时，清政府打破了明代的贸易政策限制，允许汉族商贾深入草原腹地进行商贸活动。随着内地到外蒙古以及俄国贸易通道的开辟，以及经贸活动的合法化，巩固了呼和浩特作为中国北方贸易中心的基础，进一步促使呼和浩特成为族际聚居交流的重要场所。民国时期，随着京绥铁路的修建和通车，作为铁路沿线的重要站点，呼和浩特和北京的联系不断加强，发达便捷的交通条件进一步促进了族际贸易的发展，随之而来的则是族际间混居的加强。新中国成立后，为缩小区域发展差距，促进多民族城市的工业化和现代化，中央政府先后制定并推行一系列区域发展政策，包括内迁企业、建立工业基地、发展交通基础设施、增加财政拨款、对口支援等，加快多边民族城市的发展进程（王垚，2020）。在国家力量的支持下，呼和浩特从封闭走向有计划地开放环境，奠定了其和谐民族关系发展的基础，使呼和浩特多次荣获"全国民族团结进步模范城市"称号，成为中国民族和谐城市的代表。

4.2　空间极化阶段：明清时期

随着归化城的建城及扩大，至明万历九年（1581年）归化城已经形成"周长两华里，城池高约两丈四尺，南北城墙处各有一城门，中央一条居于中轴线的大通道贯穿城市南北"的空间布局（王俊敏，1997；顾士明，1987）。归化城内部的建筑布局以顺义王府为核心，辅以部分行政设施（土默特议事厅、都统府等）。除此之外，城内只有较少的住房分布，大部分区域为空地。这些空地主要用来搭建毡帐，目的在于让不适应定居生活的部落首领得以宿营（张威，2009），体现出游牧城市的特征。各类市场则集中在城市南门外部，用以族际之间的互市贸易（陈华普，2019；王俊敏，2001），使归化城具有典型的半农半牧草原城市特色。

明代归化城的城市布局，更多体现出王府家城的特征和模式，因此，城市内部主要居民以王公大臣及其家属、喇嘛教僧人等为主。该时期，土默特平原上定居的汉族居民主要来源有三：第一，是被迫出塞的群体。第二，为躲避明廷法律制裁的群体。第三，则是明朝帮助阿拉坦汗修筑归化城的汉族工匠（王俊敏，2001）。这些汉族居民在归化城开荒种地，通过修建板升这种农业聚落形式进行定居，和归化城内的蒙古族居民形成鲜明的对比，在居住格局上体现出显著的隔离特征。同时，根据当时蒙古政策规定"每年春秋二季，（明）军民出边，在我城内交易粮食"（杜晓黎，1995），参与互市贸易的汉族商贾并无在归化城内居住的权利，而是集中在城市南门以外暂居。因此，这一时期的归化城对于汉族居民而言更多的是交易场所，而非居住场所。在这种极端的城市环境下，城市作为族际间居住的分界线，将汉族居民排斥在外，且限制居民在居住空间上的择居与流动自由，使族际间居住互嵌呈现出空间极化的特征（如图4-1所示）。

第4章 全域互嵌前呼和浩特市族际居住空间格局演化 >>>

另外，明代归化城内的族际居住格局还包括回族居民的定居选择。根据古籍文献整理的结果显示，归化城建立至明朝末年，这段时间内有一定数量的回族居民选择在此定居，这些居民的来源经过研究者考证主要源于从军和经商。和汉族居民类似，这些居民也被限制择居和自由流动。

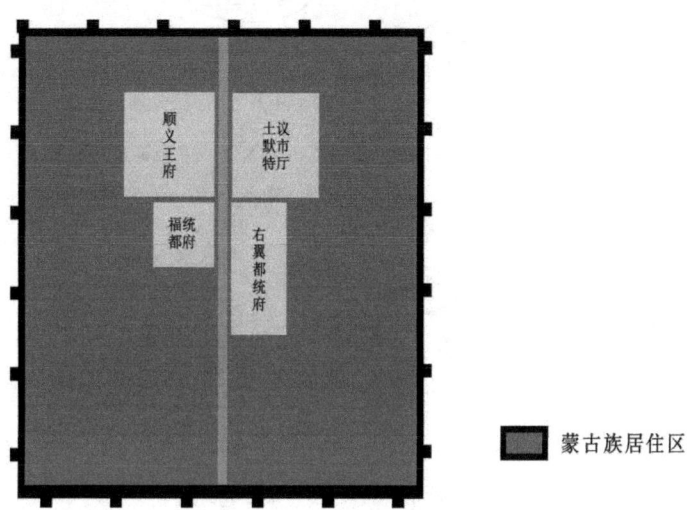

图 4-1　明代呼和浩特市（归化城）族际居住互嵌的空间极化状态（示意图）
[资料来源：根据（玉泉区编撰委员会，1993；王俊敏，2001）资料绘制]

清康熙三十五年（1696年），归化城进行大规模修建。扩建的归化城在明代城池的基础上，增加了外墙，形成内外城，犹如"凸"字形结构的模式。原旧南门改为鼓楼，并在旧北门的基础上新增三门，将原北门重新命名为建威门，其余三门分别是承恩、柔远和归化（绥远通志馆，2007）。通过归化城的扩建，原先汉族商贾和工匠在城外的居所被划入城内，形成了蒙古族居中、汉族居外的居住格局（王俊敏，2001）。尽管，此时归化城已经成为长城沿线重要的贸易节点，城内不同民族商贾云集，货物流通中转繁盛（包慕萍，2015）（如图4-2所示）。但是，由于清朝时期实行民族隔离政策（荣盛，1993），城市内部的族际间居住空间有明确的规划，在政策制约下，居民的择居行为受到强烈限制。体现出在城市特定区域范围内，以民族身份作为居住选择的主要特征，因此，归化城族际间居住空间极化的状态依然未曾改变（如图 4-3 所示）。

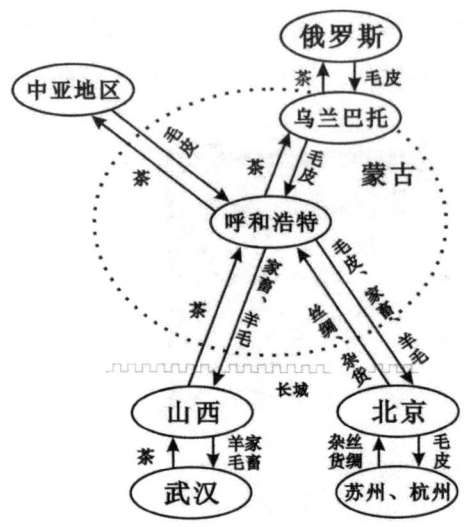

图 4-2　清代呼和浩特贸易流通示意图

（资料来源：包慕萍，2005）

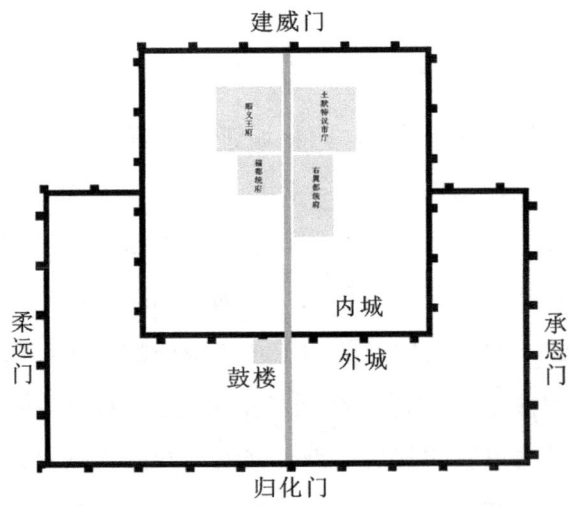

图 4-3　清代呼和浩特市（归化城）族际间居住互嵌的空间极化状态（示意图）

[资料来源：根据（玉泉区编撰委员会，1993；王俊敏，2001）资料绘制]

第 4 章　全域互嵌前呼和浩特市族际居住空间格局演化 >>>

清雍正十三年（1735 年），归化城东北约五里的绥远城开始修筑，并于 1737（清乾隆二年）竣工，"周围九里余，高二丈九尺五寸，门四（东为迎旭，南为承熏，西为阜安，北为镇宁）"（绥远通志馆，2007），与归化城形成掎角之势。绥远城的建立主要目的在于军事驻防，维护北疆治安，巩固清政府对蒙古地区的统治，也能缓解归化城在军事防务上的压力。随着绥远城的建立，中国东北、京津冀一带的居民被清政府调拨至这座新城进行驻防（王俊敏，2001）。这是各民族第一期有规模地迁移至呼和浩特的过程，为清末至民国时期的族际互嵌奠定了基础。

绥远城建立初期，其内部族际间的居住格局根据驻防需要有严格的安排（李艳洁和周格红，2011）。城内按方位进行八旗驻防排列，分属不同旗色的官兵及其家属按照驻防方位进行居住，各旗之间不允许混住。例如蒙古驻防军民被安排在城内四角；满族八旗按甲分片居住在城中；汉族主要构成为随军吏役，集中居住在将军衙署、文昌庙及江南馆巷（佟靖仁，1992；王俊敏，2001）（如图 4-4 所示）；另外还有少量回族居民也定居于绥远城。为保持族际间的分异，基于清王朝"满蒙联盟"的国策，保持满族、蒙古族的政治地位，避免族际间的同化作用，清朝政府对绥远城内的八旗婚姻进行严格限制，实行"旗民分治"制度（李艳洁和周格红，2011；赵金辉，2008），八旗官兵只能内部联姻，或满蒙联姻，从而进一步限制了族际之间的居住互嵌。因军事驻防所需的政策限制了族际间居住空间及社会交往，造成了城市的分裂（Marcuse and van，2000；），形成了民族间"平行社会"（Massey and Denton，1993），表现出"双重城市"的空间极化特征（Phillips，2006）。

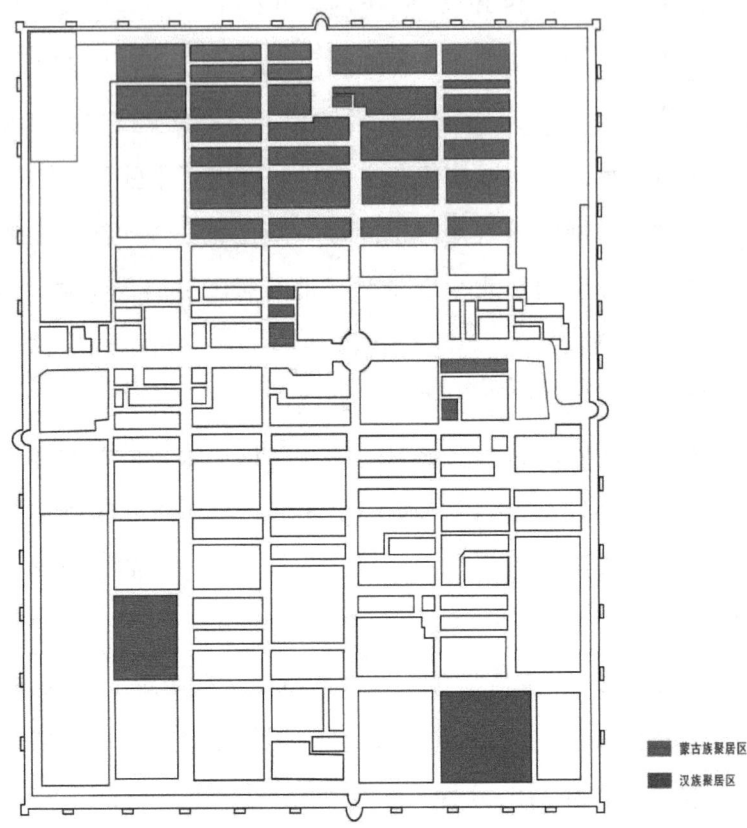

图 4-4 清代呼和浩特市（绥远城）族际居住互嵌的空间极化状态（示意图）
［资料来源：参考（包慕萍，2005；王俊敏 2001）中图和资料绘制］

4.3 过渡阶段：民国时期

尽管清朝延续明朝的制度，采取"封禁政策"，对边民私自逾越长城进行严格控制（王俊敏，2001），如清乾隆十四年、清嘉庆十一年、清道光十九年（1749 年、1806 年、1839 年），政府连续颁布诏令，对进入塞外垦荒的居民以及召垦的地方官员和土地拥有者进行"从重治罪""永远革职""发往南方当苦差"等重罚（云惠群，1987）。但是，依然有大批群体不顾政府的政策限制，进入土默特平原。这主要是由于清朝初期八旗贵族对土地的圈占，使得大量长城以南地区的居民由于失地加之连年自然灾害，而被迫冒险跨越长城，进入塞外垦荒谋生（庄虔文，1999）。后因军粮问题和流民问题，清政府为缓和社会矛盾，对"封禁政策"的执行力度有所减弱。之后，为满足社会发展需求，清政府取消"封禁政策"，以"移民实边"政策加以替代（王俊敏，1997），成为居民大规模迁入塞外的直接促成因素，由此引发了当时"走西口""去桂花"的移民潮。民国时期，迁移政策愈加宽松，各族居民可以自由往来于长城沿线，大量移民的迁入，改变了归化城和绥远城的民族数量和民族结构。除了移民政策的变化，族际间的通婚政策也在清朝末年被改变。光绪年间，"旗民不通婚"的政策被废除。随着民国时期"五族共和"政策的推行，民族平等成为人们的共识，汉族、蒙古族、满族、回族之间"应许互相通婚"（绥远通志馆，2007），形成族际间"戚友往来"之状（李艳洁和周格红，2011），使归化城和绥远城的族际通婚比例大幅度提升，民族交融实现跨越。

另外，清王朝统治的结束，也改变了绥远城的居住格局。旗制的取消使城内八旗官兵卸甲另谋生计，原先以军事驻防为主要目的的绥远城驻军局面被打破。同时，城市的军事驻守目的也随之消失，各民族在绥远城内可以自由流动和居住。这一时期，大量居民迁入绥远城市内部，绥远城原有的兵营都被拆除，折价给各族居民，用以改建居住。同时，由于绥远城房价较为低廉，也吸引归化城以及城外其他民族居民的入住（绥远通志馆，2007）。随着绥远城作为绥远县政府驻地的确立，各类行政部门工作人员及其家属的迁入，进一步改变了城市原有的居住格局。清末民初这些政策的变化，推动了归化城和绥远城族际间的流动和交融，形成了汉族、蒙古族、满族以及回族等民族之间平等共居的局面（李艳洁和周格红，2011），促进了族际间从居住空间极化向局部融合的过渡。

呼和浩特民族间的居住互嵌发展也受益于城市的扩张和基础设施的改进。归化城和绥远城两城并列持续百年之久,至清末,两城间的联系愈发紧密,"不异一城"(王轩,1990)。这种两城并置的城市空间格局在民国时期发生改变。1913年,随着绥远特别行政区的成立,时任绥远将军开辟了连接归化城和绥远城的大通道(今中山路前身),正式将两城贯通,并于1928年实现两城合一。随着京绥铁路通车,呼和浩特城市内部车站片区的建立,城市出现新城、旧城和车站"三足鼎立"之势。城市的合并扩大以及交通条件的改善,进一步促进了周边民族的城市迁移,尤其是汉族、蒙古族、满族和回族从周围农村牧区向呼和浩特城市内部的迁移(王俊敏,2001),带动了城市内部居住格局的变化。这一时期,城市内部流动移居从政府干预型向自由放任型转变,明清时期所形成的按民族分布的居住空间模式被打破,向族际间混合居住模式转变(王俊敏,1997)。同时,基于族际间长期以来在土默特平原上的经济文化的相互依存与联系(云惠群,1987),族际间较为融洽的关系也在城市内部延续,并促进居住互嵌的发展。

综上,民国时期,历史上呼和浩特所形成的族际间居住的空间极化状态逐步瓦解,尤其是原归化城区域,蒙古族、汉族和回族之间的空间极化状态被分解,出现多区域的分散居住格局,族际间居住极化向局部融合过渡(如图4-5所示)。总之,开放的政策促进了归化城和绥远城功能的合并及城市的扩张,并造就了自由的社会流动环境,为族际间的相互"适应"提供了条件,而族际通婚则促使族际间文化差异发生变化(于长江,2006),并在同一空间范围内达成保持民族存续的共识(Gordon,1964),实现了呼和浩特城市内部不同民族在心理和空间上的相互渗透(John,1975),使居住互嵌从极化向局部融合过渡,也为后续的进一步发展奠定了基础。

第4章 全域互嵌前呼和浩特市族际居住空间格局演化 >>>

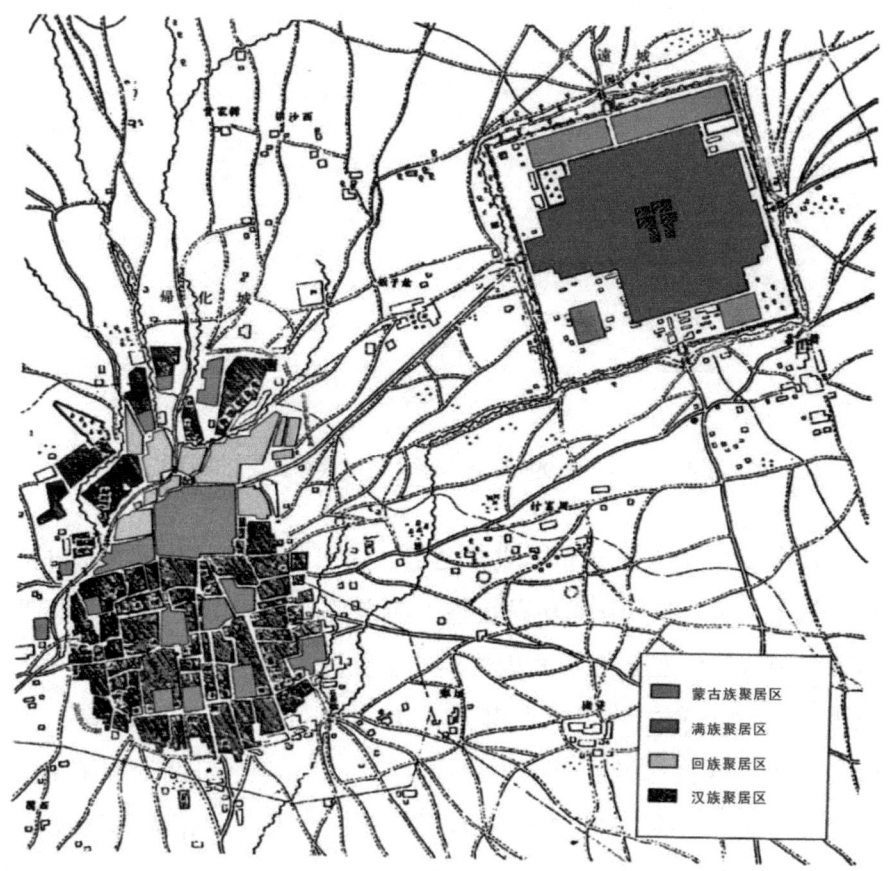

图 4-5 民国时期呼和浩特市族际居住格局（示意图）

[资料来源：参考借鉴（包慕萍，2005；王俊敏，2001）图和资料绘制]

4.4 局部互嵌阶段：1949—改革开放初期

王俊敏（2001）在其著作《青城民族——一个边疆城市民族关系的历史演变》中罗列了1949、1954、1982和1990年四个时间段，呼和浩特市城区四个市辖区（新城区、回民区、玉泉区和赛罕区）各民族人口的数据。本文根据该数据进行城市融合指数计算出最终结果（如图4-6所示）。

085

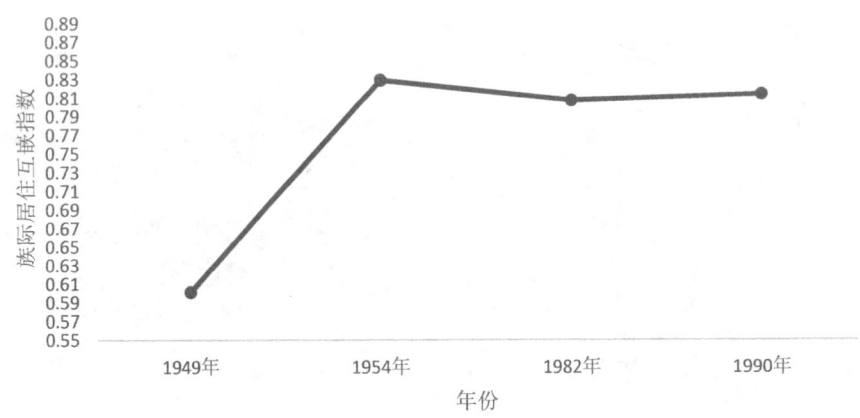

图 4-6　1949—1999 年呼和浩特城市族际互嵌指数变化

1949 年，中华人民共和国成立之初，呼和浩特城市内部族际间居住互嵌指数低于 0.6，处于中度互嵌状态。该指数从侧面验证了民国末期，呼和浩特已经从居住互嵌的空间极化模式中脱离。随着时间的推移，互嵌指数呈现出波动上升的趋势，尤其是 1949 年至 1954 年，互嵌指数上升速度极为迅速。这些都得益于新中国成立后，呼和浩特工业化的持续推进。1949 年起，呼和浩特城市建设用地不断外扩，工商业相关的建设项目陆续得以落地推进，城市规模以及功能结构发生改观。1951 年、1964 年等不同时间段的城市规划从宏观上改变了城市内部原有的族际空间分布格局（王俊敏，2001）。城市空间布局在延续民国时期旧城、新城和车站片区三足鼎立之势的基础上，不断向南部、东部和西部扩展，尤其是将新城的南部地区也囊括进城市内部，扩大了城市的市域范围（杨佳杰和程磊，2018），也带来了市郊民族人口的城市化进程。

另外，远距离人口迁移同样改变了呼和浩特城市内部的民族分布格局。1954 年，呼和浩特被确定为内蒙古自治区的新首府城市，随之而来的便是自治区政府机关和大批企事业单位从内蒙古东部地区向呼和浩特迁移，以及各族机关干部、知识分子、专业技术人员及其家庭成员的流入（王俊敏，

2002)。与清代中国东北部和京津冀地区人口迁入绥远城驻防相比，此次的东部人口迁移数量要远超于彼时。由于政府机关单位以及住宅社区多选址于新城区，因此这部分迁入的人口多居住在该区域。之后，随着这部分群体的调动、上学以及投亲靠友，呼和浩特各民族人口比例不断上升（王俊敏，2001）。以蒙古族人口为例，根据《呼和浩特市历年人口资料汇编》及《呼和浩特市第四次人口普查资料》可得：1949 年，新中国成立之初，呼和浩特城市内部（四区包含之后并入的赛罕区）蒙古族人口仅占总人口的 3.4%，1954 年上升至 5.3%，到 1990 年则达到 10.4%（王俊敏，2001）。同时，各族人口在城市四区的比重也明显上升，尤其在新城区更为突出。随着民族人口的增加，城市内部族际混居杂居的空间格局愈发显著。

计划经济时期，"单位制"对族际间居住互嵌的促进作用同样深远。"单位制"强化了城市居民对自身工作单位的依附关系（边燕杰和约翰等，1996），在住房上则表现为居民无法自主选择住房。工作单位作为中介对居民的住宅选择产生影响。长期以来，中国的城市住房改革措施都围绕单位这一中介展开，体现了国家统筹的性质。这种统筹方式，加之计划经济时期单位的终身任职现象，使呼和浩特城市居民的居住分布除特殊性质的街道社区（如民族院校单位社区、民族艺术团体单位社区等所在街道）外，其他街道一般较少有民族聚居的现象。"单位制"政策具有强执行力的特点，限制居民的择居自由，但是其目的不在于促进空间极化，而是推进互嵌。因为，将居民根据其工作单位进行居住分布，意味着将历史时期空间极化的族际居住模式进行切割，借助单位进行重新组合，促进了族际间居住互嵌的进一步深化。"单位制"降低了居民生活中的族群属性，将居民生活纳入至单位，和城市化、人口增长等因素一起推动族际间的居住向局部互嵌的方向发展。

1979 年，随着改革开放政策的实施，呼和浩特停滞已久的城市规划工作得以恢复，呼和浩特城市建设用地进一步扩展（杨佳杰和程磊，2018），带动人口的就地城市化，在一定程度上改变了城市单位制下的民族居住格局，影响到1982年互嵌指数的变化。

从空间格局而言，20世纪90年代，呼和浩特城市内部族际间互嵌状态除部分街道外都较为均匀。其中新城区大学路街道、巧报街道、小黑河乡等地少数民族人口较为聚集，而部分汉族人口集中在玉泉区的一些街道（王俊敏，2001）（如图4-7所示）。相比于民国时期，这个阶段，族际间聚居分布不断减少，空间上呈现出局部互嵌的态势。

图 4-7 20世纪90年代呼和浩特市族际居住格局（示意图）
[资料来源：根据（王俊敏，2001；杨佳杰和程磊，2018）资料绘制]

4.5 小结

本章在分析呼和浩特建城背景和半农半牧生计、互市贸易等地方化条件的基础上，描述了建城至改革开放初期（1571—1999年），呼和浩特城市内部族际居住互嵌的历史轨迹及其特征,展示了呼和浩特族际间居住互嵌模式从空间极化到局部互嵌的过程。总体而言,明清时期,城市内部族际间居住格局呈现按族群分区居住的状态,空间极化特征明显。其中,归化城内部主要呈现出蒙古族居于城市中心,汉族、回族则主要分布在城市周边的格局;而绥远城则展现出蒙古族居于城内四角,满族居于城中,汉族则围绕将军衙署、文昌庙及江南馆巷的居住格局。这体现出明清时期的民族政策以及军事、商贸所需影响下的极化模式。清末至民国时期,则是呼和浩特族际间居住互嵌由空间极化向局部互嵌的过渡时期。随着政策的变化以及城市功能的变迁,民族间交往交流扩大,族际通婚成为可能,归化城和绥远城内部的族际间极端的隔离状态被打破,族际间出现混合居住的状态。1949年至改革开放初期是局部互嵌阶段,这一时期除部分街道是集聚区域外,大部分地区不同民族的居民分布均匀,体现出城市化、人口增长以及"单位制度"的特征。

第 5 章 全域互嵌后呼和浩特市族际居住空间格局演化

进入新世纪以来，在政策和经济推动下，人口迁移的速度达到历史的新高度，大量农村、牧区人口迁入呼和浩特，促使城市族际人口比例发生变化，也促使城市的社会空间发生了转型。本章依据数据可获取原则，借助人口统计数据，对 2000 年以来，呼和浩特族际间居住互嵌的演变进行探究，包括现状特征、互嵌变化，试图揭示呼和浩特城市内部族际间居住互嵌的时空规律。尤其是，由于不同空间尺度所体现的互嵌特征并非完全一致，为合理准确地掌握互嵌的空间规律，本章尝试从多重地理空间尺度对呼和浩特进行居住互嵌的探究。

5.1 数据来源与研究方法

5.1.1 数据来源

数据来源于《呼和浩特市社会经济统计年鉴（2001—2015）》中的人口数据，呼和浩特市 2000 年和 2010 年全国人口普查资料，第五次、第六次全国人口普查资料，辅以部分民族统计数据。鉴于统计年鉴的人口数据获取主要依据人口普查数据和抽样调查数据的推算（杨贵军和孟杰等，2016）。尽管抽样数据与普查数据相比存在误差，但是当前的人口抽样调查制度较为完善（胡英，2005），主要人口指标的抽样误差在允许误差和相对误差范畴内（胡英，1994），因此具有一定的可比性。ArcGIS 矢量化底图来源于 2015 年《呼和浩特市行政区划图》，考虑到呼和浩特市区街区行政区划调整，因而以 2015 年街区数据为准，同时获取并修正 2000—2014 年街区数据。

5.1.2 研究方法

（1）融合指数

本文中的融合指数 =1- 分异指数。根据已有的研究划分标准：融合指数值在 0.7～1 之间，为高度互嵌；融合指数值在 0.3～0.7 之间，为中度互嵌；融合指数值在 0～0.3 之间，为低度互嵌（陈杰和郝前进，2014）。

融合指数计算源于分异指数。分异指数（Dissimilarity Index）是当前最为常见的衡量居住均匀性的方法（李志刚和吴缚龙，2006），因此也被称为居住分异指数。它是从均质性维度出发，为达到整个城市人群居住均匀分布的目的，而对群体的比例进行重新空间定位的方法（陈杰和郝前进，2014）。具体做法为：通过计算单元内群体占整个城市群体比例的平均绝对偏差，来测算居住均匀时群体人口数量比例的理论最高限度（James and Taeuber，1985）。居住分异指数的数学公式为（Massey and Denton，1988）：

$$D = \sum_{i=1}^{n} \left[t_i |p_i - p| / 2TP(1-P) \right]$$

公式中，t_i 为单元空间 i 总人口数，p_i 为单元空间 i 内研究对象人口数量占单元空间总人口的比例，T 为城市内研究对象总人口，P 为研究对象人口数量占研究对象总人口比例。D 值在 0～1 之间，当 D 值为 0 时，表示研究对象人口在研究区域内完全均匀分布；当 D 值为 1 时，表示研究对象人口在研究区域内完全隔离居住，他们的居住空间同其他群体没有交集。

（2）局部融合指数

融合指数只能分析整个研究区域而无法分析各单元空间的互嵌状况，因此引入局部融合指数，用以衡量城市内部各街区间的居住均匀性。局部融合指数来源于局部分异指数（Local Dissimilarity Index），局部分异指数的数学公式为（Wong，1996）：

$$LD = 100 \times \left| \frac{x_i}{X} - \frac{y_i}{Y} \right|$$

公式中 x_i 和 y_i 分别代表单元空间 i 的两类研究对象数量，而 X 和 Y 则分别代表研究区域内研究对象的人口总数。LD 的取值在 0～100 之间，当 LD 值为 0 时，表示族际群体在单元空间内分布均匀；当 LD 值为 100 时，表示单元空间内族际群体在单元空间内聚集。根据局部分异指数可以推导出：局部融合指数 =100-LD。根据已有的研究划分标准：局部融合指数为 75～100，意味着族际间居住高度互嵌，局部融合指数为 60～75，意味着中度互嵌，局部融合指数为 0～60，意味着低度互嵌（李松和张小雷等，2015）。

（3）反距离加权插值法

为了提高可视性，揭示居住互嵌变化特征，借助 ArcGIS10.0 软件平台，将街区面数据转化为点数据，利用反距离空间插值法进行分析。数学公式为：

$$Z(S_0) = \sum_{i=1}^{n} \lambda_i Z(S_i)$$

公式中，$Z(S_0)$ 是 S_0 处局部融合指数的预测值，n 是样本点的数量，λ_i 为各个样本点的权重值，$Z(S_i)$ 是 S_i 处局部融合指数值。权重的确定公式为：

$$\lambda_i = d_{io}^{-p} / \sum_{i=1}^{n} d_{io}^{-p}, \quad \sum_{i=1}^{n} \lambda_i = 1$$

公式中，$-p$ 为指数值，用以降低权重值，通常 p 取值为 2；d_{io} 是 S_0 到 S_i 的距离。

第 5 章　全域互嵌后呼和浩特市族际居住空间格局演化 >>>

5.2　居住互嵌及演变

地理学研究对象的时空格局依赖于尺度（李双成和蔡云龙，2005），族际间居住互嵌的时空格局同样具有尺度依存特性，不同尺度居住互嵌的时空特征并不一致。因此，若要准确真实地揭示呼和浩特城市内部族际间居住互嵌的时空规律，需要从城市、市辖区和街区三个尺度衡量居住互嵌特征，揭示居住互嵌的差异性。同时，对街区尺度进行细致分析，更能精确反映城市内部族际间居住互嵌程度以及居民居住选择的自由化程度。因此，在对国内不同异质性的城市进行居住互嵌研究时，既要关注宏观特征，也要把握微观规律，进而从居住空间视角衡量民族关系在不同尺度上的融洽度，为城市民族管理工作提供必要的引导和支持。

5.2.1　城市尺度居住互嵌及其演变

将 2000—2015 年市辖区范围内人口数量作为基础资料，利用融合指数测度呼和浩特市区近 16 年来族际居住互嵌变化趋势（如图 5-1 所示）。结果表明，呼和浩特市区居住互嵌指数值在 0.9 以上，接近 1，说明以城市作为分析单位,族际间居住呈现全域高度互嵌状态。同时,在研究时段内，2004 年城市内部族际间居住互嵌指数波动相对较大，主要原因在于：一方面，根据内蒙古统计年鉴数据显示，2003—2004 年间呼和浩特进行大规模城市居住社区建设，2003 年城市实有住宅面积是 1865 万平方米，而 2004 年上升至 2314 万平方米，上升幅度达 24%，住宅销售面积上升幅度更高，达 34%。2005 年城市住房供给量和销售量趋向稳定，上升幅度都显著小于 2004 年，维持在 5% 和 27% 左右。因为这种大量新房销售时，居民可公平自由购买, 实际上大幅提升了城市的居住互嵌度，形成了 2004 年的异常高值。另一方面，随着城市南部居住区的大范围开发，2004年新城区蒙古族、回族、满族等人口数量比上年减少11009人，下降16.6%，而城市南部赛罕区和玉泉区则快速上升。而2005年之后这些趋势减缓。因此，两者共同对城市居民居住选择和居住迁移产生影响，最终使城市尺度族际间居住互嵌指数发生变化。除2004年之外，其余年份波动程度较小，整体上呈现显著的上升趋势，表明城市族际间互嵌程度不断加深。

为进一步探究呼和浩特城市内部主要民族之间的居住互嵌，利用融合指数测度市区人口占多数的4个主要民族（蒙古族、满族、回族、汉族等）的居住互嵌变化趋势（如图5-1所示）。结果表明，研究时段内，这几大民族在城市的居住互嵌指数值高于0.9，介于0.927～0.945之间。这与上述族际间居住互嵌指数值相接近，说明这些民族之间在城市尺度上的居住同样处于高度互嵌状态。在研究时段内，这些族际间的居住互嵌呈现同上述族际间居住互嵌大致相同的波动上升趋势，表明城市内部这些主要民族的混居程度不断加深。由于所有族群和几大族群两者居住互嵌演变区间接近，且演变趋势大致相同，说明呼和浩特市区内部这些主要民族间的居住互嵌是市区族际居住互嵌的主要体现。然而值得关注的是，主要族际间的居住互嵌指数自2012年开始相对略有下降，具体原因尚不明朗。

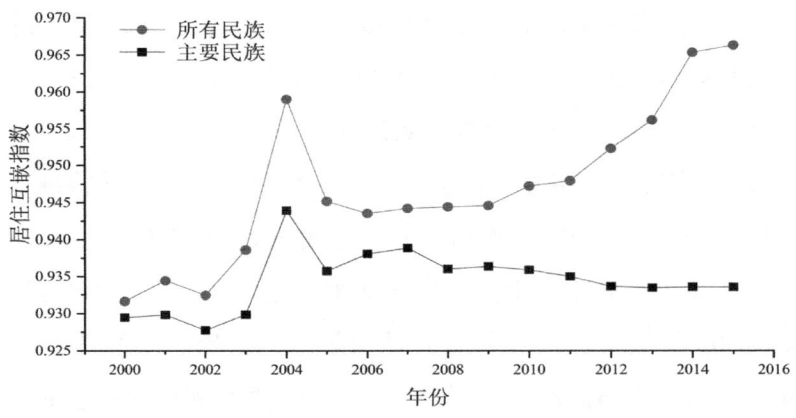

图5-1 2000—2015年呼和浩特城市族际间居住互嵌指数变化

5.2.2 市辖区尺度

为进一步定量分析呼和浩特市辖区族际居住互嵌的现状，以 2000—2015 年市辖区各乡镇街道的总人口数量同不同民族人口数量为基础信息，利用居住互嵌指数测度呼和浩特市辖区近 16 年来族际间居住互嵌变化的趋势（如图 5-2 所示）。结果表明：

①玉泉区居住互嵌指数由 2000 年的 0.853 波动上升到 2015 年的 0.884，上升 0.031，互嵌程度在研究的时间段内呈现高度互嵌状态。

②新城区居住互嵌指数由 2000 年的 0.782 波动上升到 2015 年的 0.838，上升 0.056，亦呈现出高度互嵌状态，但是互嵌程度略低于玉泉区，略高于赛罕区和回民区；以 2007 年为分界点，2007 年前，互嵌指数波动明显，之后呈现持续上升趋势。

③回民区居住互嵌指数由 2000 年的 0.73 波动上升至 2015 年的 0.746，上升 0.016，上升幅度在市辖区中处于最低水平，说明回民区居住互嵌变化趋势不明显，居住格局稳定。以 2007 年为分界点，回民区居住互嵌指数低于赛罕区，成为 4 个市辖区中居住互嵌程度最低的区域（但亦是高度互嵌状态）。

④赛罕区居住互嵌指数由 2000 年的 0.695 波动上升到 2015 年的 0.788，上升 0.093，成为上升速度最快的区域，族际间居住互嵌程度显著加深。以 2007 年为分界点，赛罕区居住互嵌指数由末位上升至第三位，且与回民区互嵌值的差距逐年拉大。由此表明，当前呼和浩特市 4 个市辖区都处于高度互嵌状态，进一步排序可得族际居住互嵌程度玉泉区居首，新城区、赛罕区次之，回民区最低；赛罕区互嵌指数上升速度最快，新城区次之，而玉泉区和回民区则变化较平稳。

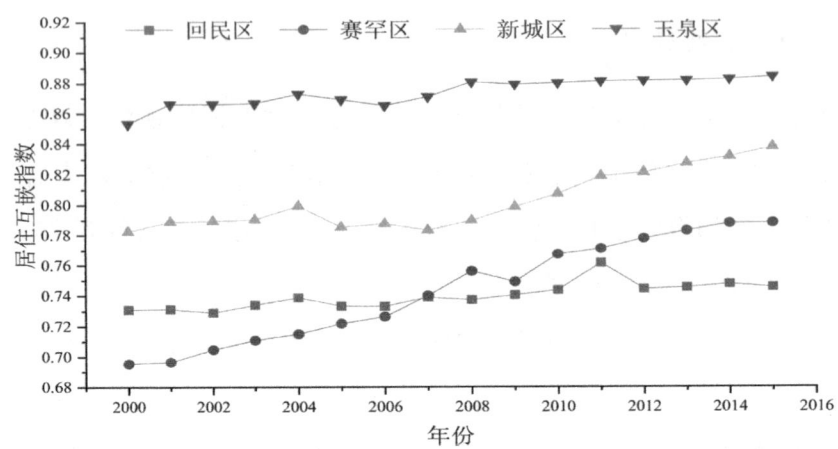

图 5-2　2000—2015 年呼和浩特市辖区族际居住互嵌指数变化

为探究呼和浩特市主要民族之间的居住互嵌的现状，以 2000—2015 年市辖区各乡镇街道的总人口数量与人口数量占多数的 4 个民族为基础信息，利用居住互嵌指数测度呼和浩特市辖区（玉泉区、回民区、新城区、赛罕区）近 16 年来主要民族居住互嵌变化的趋势（如图 5-3 所示）。结果表明：

①研究时段内，四个市辖区主要民族间的居住互嵌指数都高于 0.7，介于 0.747～0.908 之间，处于高度居住互嵌状态。但是，与城市尺度的互嵌指数值（0.927～0.945）相比，市辖区尺度的互嵌指数值略微偏低。这也印证了理论上城市内部多尺度互嵌模式表征为宏观与微观尺度上的不同形态，即城市内部某一空间尺度上的互嵌态势并不具有代表性，城市宏观尺度和微观尺度之间互嵌程度存在差异（Ronald and Sule, 1998）。呼和浩特城市内部族际间居住互嵌随着空间尺度的缩小，互嵌的程度会随之下降。从侧面表明，在大的空间尺度范围内，族际间互嵌趋势显著。但是，随着尺度向微观方向发展，族际间居住空间格局会发生变化，由此更能细致、精确反映城市内部族际间居住互嵌程度以及居民居住选择的自由化程度。这种宏观互嵌程度高于微观互嵌程度的空间模式，意味着在城市化的

影响下，各民族居民在城市内部混合杂居，实现了宏观尺度的居住互嵌。但是，由于文化传统、风俗习惯等的差异以及保持群体内部稳定性的需求，群体会在城市内部部分微观空间内保持一定的聚居状态。

②玉泉区互嵌指数介于 0.847～0.889 之间，随着时间的推移，2007 年达到最高值 0.889，之后有所下降，但下降幅度较小，且呈现出小幅上升的趋势。总体而言，玉泉区互嵌程度在研究的时间段内呈现高度互嵌状态。

③回民区互嵌指数变化幅度最小，2000—2015 年，互嵌指数值从 0.876 上升至 0.909，变化幅度为 0.033，呈现出平缓上升的趋势。以 2011 年为分界点，2011 年后互嵌指数上升趋势略有提升。

④新城区的互嵌指数在 0.818～0.828 之间波动，说明新城区居住互嵌变化趋势不明显，居住格局较为稳定。以 2011 年为分界点开始低于赛罕区，成为居住互嵌程度最低的区域。

⑤赛罕区的互嵌指数从 2000 年的 0.736，上升至 2015 年的 0.812，上升幅度为 0.076。相比较而言，呈现出快速上升的趋势，而且从 2011 年开始，一改其在四区中互嵌程度最低的状态。

对比结果表明：

①玉泉区和回民区互嵌指数明显高于赛罕区和新城区，这是因为长期以来蒙古族、满族主要集中居住在赛罕区和新城区，玉泉区和回民区相对较少，且族群内部居住较为分散，互嵌程度更高。

②回民区居住互嵌指数演变趋势不显著，而其他三个市辖区融合指数演变趋势相对较为明显。根据实地调研和访谈发现，随着城市向南扩张，玉泉区和赛罕区新建了大量的居住小区，同时交通、医疗等基础设施较为便捷与发达，促进这些民族的居民向城市南部的玉泉区和赛罕区迁移。

"我买房那时候，城里很多地方的卖房子的广告牌上都写着'城市向南'的口号，而且城市南边都是新的小区，从外面看房子很漂亮，不像老旧小区集中的地方，房子保温墙都没有，墙皮每天往下掉，乱七八糟的。我买房是自己住，南边的小区让我很舒服，旧城别人说再好，我也不会考虑。"

——访谈对象 BYL

"我们家是呼市的老地户了，以前住在旧城北门，后来赶上拆迁，有安置房。我跟家里商量来着，安置房地方太偏了，不好。我们没要安置房，自己选的。小黑河这块的房子绿化好，公交还多，去哪都容易。"

——访谈对象 GRD

"我有几个朋友住在北边，我去过几次，不是喜欢得很。我这个人喜欢空旷的地方，就像以前在牧区一样，多舒服。北边就是大青山，住在山下，我感觉很不舒服。后来我就决定住在南边，这里有大黑河和小黑河，环境比北边好。"

——访谈对象 HJL

③新城区和赛罕区居住互嵌程度略微偏低，和玉泉区及回民区之间有明显的差距。这是因为，从1954年内蒙古自治区将首府城市确定为呼和浩特之后，内蒙古东部的满族、蒙古族等居民开始陆续迁入新城区区域，之后由于家人、亲戚、朋友、老乡等社会关系，后续迁入的居民优先选择新城区作为定居之地。同时，随着城市的扩张，原先的郊区改制成市区的一部分，成为赛罕区，且与新城区相邻，加之基础设施较为便利，成为原居民和城市移民重点择居的对象。

④回民区互嵌指数相比于其他三区最高，原因在于回民区是回族居民历史上长期形成的聚居区域，因此该区域无论是蒙古族、汉族还是满族等民族的人口数量都相对较少。

"我媳妇就爱吃祥和那里的铁兆义熟食，没办法，一般每星期我都要去那里买。那个地方堵车，来回太费劲……买吃的还行，真要是住那里，不行。清真牛羊肉好吃，别的不适合。"

——访谈对象 WNR

第 5 章　全域互嵌后呼和浩特市族际居住空间格局演化 >>>

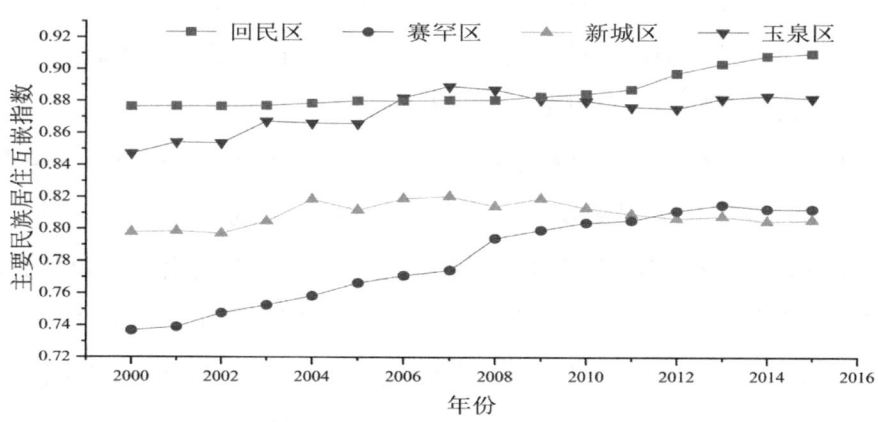

图 5-3　2000—2015 年呼和浩特市辖区主要民族互嵌指数变化

5.2.3　街区尺度

以街区各族际人口数量为基础，利用局部融合指数测度 2000—2015 年街区尺度族际居住互嵌状况，发现研究时段内各个街区局部融合指数都高于 95，说明呼和浩特所有街区族际间处于高度居住互嵌状态。利用 2000 年、2005 年、2010 年和 2015 年局部融合指数进行可视化划分，根据自然断点法将局部融合指数划分为四个等级，获得呼和浩特市区四个年份居住互嵌的空间分布格局（如图 5-4 所示），进而探究居住互嵌的时空演变特征。从结果可得：

①呼和浩特市区族际间居住互嵌空间布局呈核心—外围的圈层结构，四区交界的城市核心区域，特别是海拉尔东路街道、大学西路街道和通道街街道局部融合指数在 95～98 之间，成为相对互嵌度较低的区域，是呼和浩特市族群聚居的主要街区。紧邻核心区域的街区互嵌指数最高，接近 100，成为族际间居住分布最为均匀的区域。

②研究时段内，族群聚居街区（海拉尔东路街道、大学西路街道和通道街街道）互嵌指数逐年上升，尤其是大学西路街道和通道街街道，2000 年两者互嵌度处于最低等级，到 2005 年向上一等级转变。海拉尔东街街

道居住互嵌等级在图中一直处于最低，但根据历年数据可以发现，它的互嵌指数也呈上升趋势，只是上升程度较另外两个街道低。总体而言，族际间在街区内聚居格局发生改变，居住互嵌加深。

③从时间推移来看，互嵌程度最高的区域范围向东北和西南方向不断扩张。2000年，互嵌程度最高的区域主要出现在新城区的迎新路街道、东风路街道、东街街道，玉泉区的昭君路街道、兴隆巷街道、长和廊街道，回民区的新华西路街道。之后互嵌度最高的区域逐年扩大，到2015年该区域面积扩大近4倍，包括赛罕区和回民区临近城市中心的部分街区、新城区（除海拉尔东路街道、锡林路街道、保合少镇）的大部分街区和玉泉区全部街区。整体来看，研究区域内所有街区民族间居住呈现高度互嵌状态，玉泉区所属街区是互嵌程度最高的区域，互嵌程度最高区域随时间推移快速扩散；互嵌程度相对偏低的街区主要集中在城市核心区域，但其提升的趋势显著。

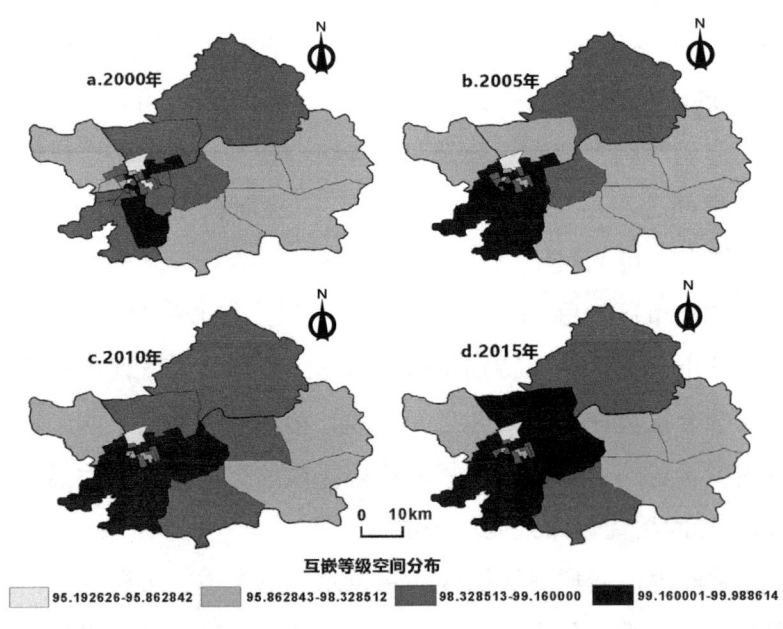

图5-4 呼和浩特市街区族际居住互嵌度等级空间分布图（示意图）

为进一步探究呼和浩特4个人口占多数的民族在街区的互嵌分布，以街区中这些民族的人口数量为基础，利用局部融合指数测度2000—2015年街区尺度族际间居住互嵌状况，进而探究街区尺度居住互嵌的时空演变特征（如图5-5所示）。

从结果可得：

①族际居住互嵌同样呈现出核心—外围的圈层结构，四区交界的城市核心区域，特别是海拉尔东路街道、大学西路街道和通道街街道局部融合指数在95～98之间，成为相对融合度较低的区域，是呼和浩特市这些族群聚居的主要街区。紧邻核心区域的街区融合指数最高，接近100，成为族际间居住分布最为均匀的区域。

②在研究时段内，族群聚居区（海拉尔东路街道和大学西路街道）互嵌指数逐年上升，2000—2015年大学西路街道互嵌指数上升一个等级，尽管海拉尔街道互嵌等级未发生变化，但其指数值呈上升趋势，只是上升程度较小，因此变化不明显。

③从时间推移来看，这些族群居住互嵌最高的街区从12个上升至22个，互嵌范围从核心区周边向玉泉区和赛罕区的多数街道扩张。但值得注意的是，新城区北部的成吉思汗街区互嵌值表现出逐渐递减的趋势，访谈中推测可能是因为该街区单一族群文化元素较为凸显，符合特定族群居民的审美所形成。

"我是去年搬到天骄领域的，这两年呼市政府把成吉思汗大街周围建的很有特色，我们都特别喜欢。我觉得草原城市就应该有草原的特色，住着才带劲。"

——访谈对象BTZ

"我就好在赛马场附近住。你知道吧，这赛马场可有年头了，听老人们讲，刚建国不久就有了。平时还有马术表演，还有我们民族特色的餐饮。平时，来了朋友，我就定那里吃饭，能吃到正宗的草原牛羊肉，还有果条、奶豆腐、奶皮子，都是从锡盟那里运来的。现在都成了城里人了，草原的东西平时越来越少见，这里还能有这些，我和家里人觉得非常好。"

——访谈对象YG

"成吉思汗公园、阿尔泰游乐园、赛马场、成吉思汗广场，都在这里……我们地方的文化不能在我们这一代消失，这里的环境特别适合我们教育自己的孩子。

——访谈对象BTLGR

从街区尺度可更为直观清晰地看到，呼和浩特市区主要民族间的居住互嵌度由高至低依次为城市近郊区、城市远郊区和城市核心区，核心—外围的圈层结构显著。主要原因在于，一方面，呼和浩特城市核心区域属于老城区，自明清两代起，蒙古族、回族、满族、汉族等民族一般选择老城区居住，为战略防御和商贸服务，存在一定的历史传统。新中国成立后城市核心区大力发展基础设施，为居民生活、工作和学习提供便利条件，使之仍为族群聚居的核心区域。近年来，呼和浩特市区房地产价格快速增长，城市核心区房地产价格居高不下，核心区与近郊区的地租落差显著。在级差地租、土地价格和容积率等因素的作用下，呼和浩特城市通过大量拆迁，向近郊区扩张，造成核心区居住互嵌程度相对偏低，且变化幅度相对较小。另一方面，随着流动人口的迁入、房地产市场的大量资本投入，城市在向近郊区扩张的过程中，开发了大量的商品房，同时随着人口的自由流动与迁居，加快促进族际间居住互嵌。远郊区互嵌程度稍偏低，是因为历史上呼和浩特远郊区多是汉族居民长期务农聚居之地（王俊敏，2001），少量其他族群迁移至该区域会通过建立聚居点或通婚等方式适应务农环境，尽管在长期的交流过程中，已经形成融洽的民族关系，但由于城市化进程还未完全覆盖该区域，使远郊区族际居住互嵌程度相对低于近郊区。

第 5 章　全域互嵌后呼和浩特市族际居住空间格局演化 >>>

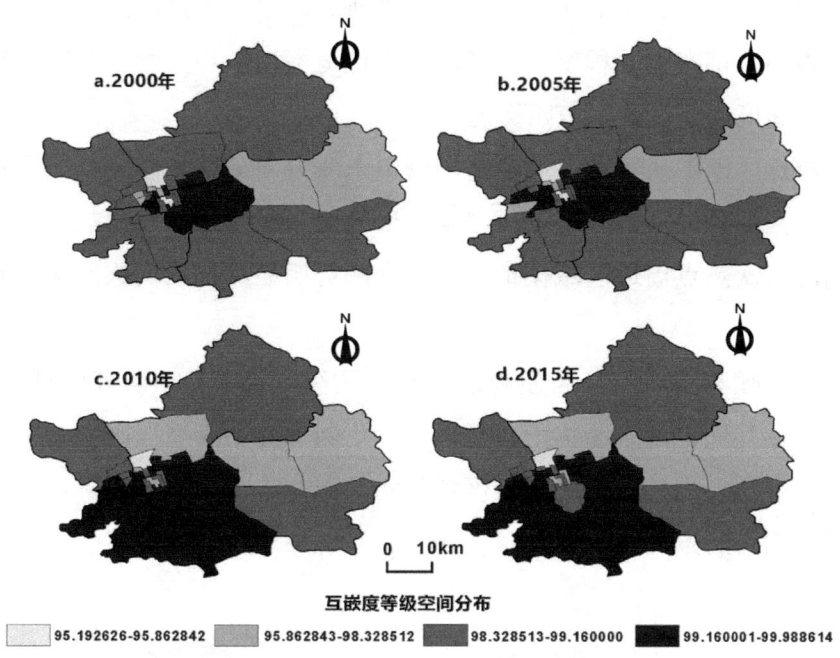

图 5-5　呼和浩特市街区主要民族族际间互嵌等级空间分布图（示意图）

5.3　演变的冷热点分析

将各街区互嵌指数作为基础数据进行空间插值（如图 5-6 所示），分析冷、热点区变化趋势。结果表明：

① 2000 年呼和浩特市区族际间居住空间形成三个明显的核心冷点区：海拉尔东路街道冷点区、通道路街道冷点区和大学西路街道冷点区。实地调研发现，海拉尔东路街道是民族特色大、中专院校集中区域，而大学西路街道则是内蒙古本科及以上高等教育资源集中区域，吸引自治区大量不同民族的学生在此就读，也吸引民族教育工作者在此居住。通道路街道是呼和浩特市回族居民世代居住区域，回族特色的宗教文化设施齐全，满足

回族居民日常工作、生活所需。但是随着研究时段的推进，三大核心冷点区的模拟指数都有不同程度的上升，其中通道街街道和大学西路街道模拟指数上升速度快于海拉尔东路街道。

②热点区范围从西南区域不断向城市东北方向延伸，次热点区则从城市东部向西部延伸，到 2015 年，3/4 的研究区域成为热点和次热点覆盖区域。同时，次热点周边区域模拟指数上升趋势明显，说明民族间居住互嵌呈扩散状。

总之，呼和浩特市区居住互嵌的热点区呈面状向整个研究区域扩散，族际间居住互嵌范围不断扩大，互嵌程度不断加深；而聚居区则是以学习型为主，生活型为辅，两类冷点区模拟指数上升趋势显著，族际间居住空间向更加均匀的方向发展。

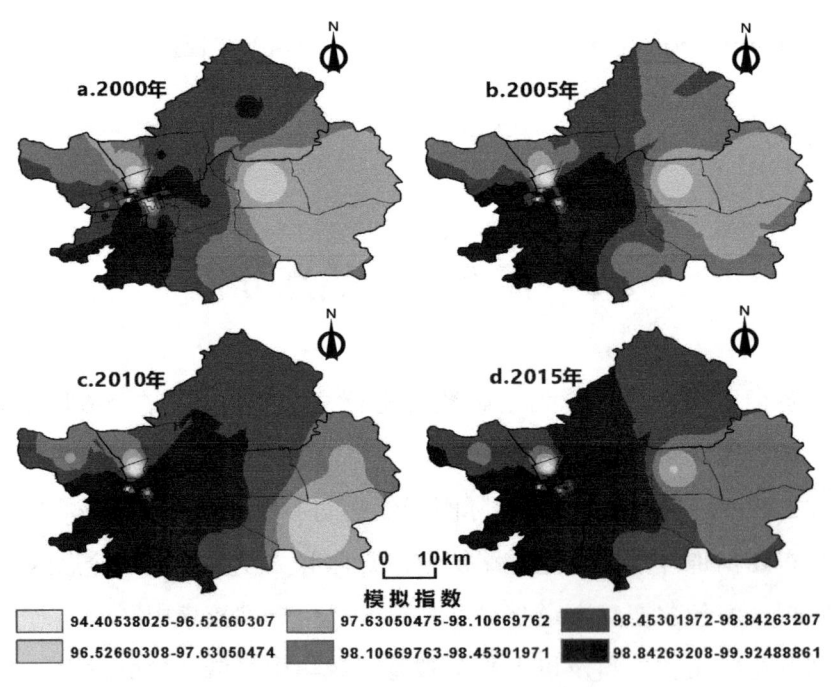

图 5-6 族际间居住互嵌插值模拟空间分布图（示意图）

将各街区主要民族的互嵌指数作为基础数据进行空间插值（如图 5-7

所示），分析冷、热点区变化趋势。结果表明：

①2000年呼和浩特主要民族间的族际居住互嵌呈现两个明显的核心冷点区，即海拉尔东路街道冷点区和大学西路街道冷点区，说明这两个冷点区是聚居的主要街区。原因在于，根据实地调研发现，这两个街区主要集中了具有专业特色的大、中专院校。随着时间的推移，两大冷点区模拟指数都有不同程度的提升。

②热点区范围从城市中部区域向南部和西南方向延伸，次热点区域向东北和西北方向区域延伸，说明这些族群间的居住互嵌呈扩散趋势。这与上述族际居住互嵌热点区范围的扩散方向存在一定的差异，主要族际间居住互嵌热点区主要向正南和西南方向扩张，但全体族际间的居住互嵌热点区还包括向北部扩张的趋势。总体而言，呼和浩特主要族群间和全部族际间居住互嵌较为一致，呈现面状扩散趋势，融合程度不断加深。

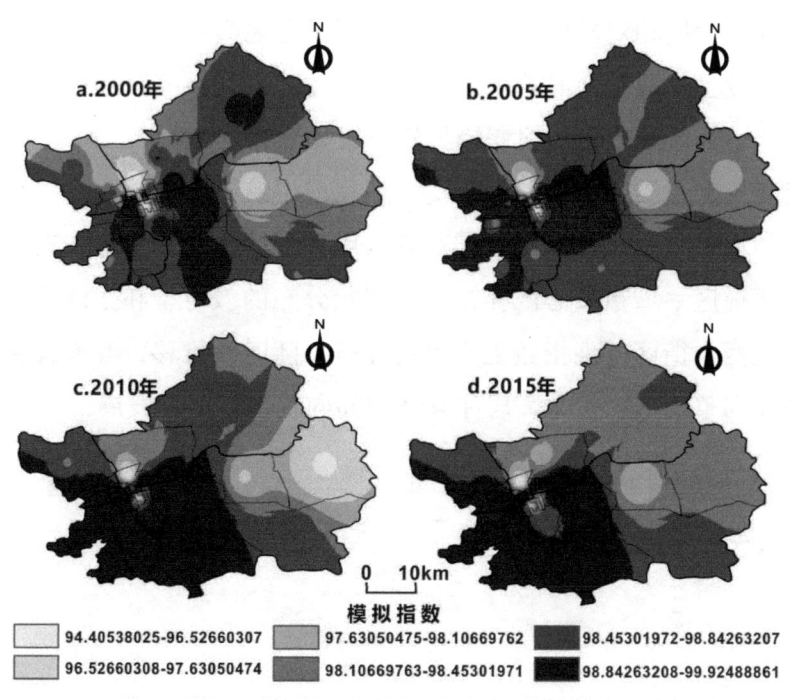

图5-7 主要民族居住互嵌插值模拟空间分布图（示意图）

5.4 小结

总体而言，多重地理空间尺度对呼和浩特进行居住互嵌的探究表明，呼和浩特市作为我国多民族共居城市的典型代表，城市、市辖区和街区三个尺度上的族际间居住呈现高度全域互嵌状态。随着研究尺度的细化，族际间居住互嵌空间特征呈现差异，城市尺度互嵌指数高于市辖区尺度，族际间居住呈现一定意义上的大杂居小聚居特征。印证了理论上城市内部多尺度互嵌模式表征为宏观与微观尺度上的不同形态，表现出宏观互嵌程度高于微观互嵌程度的空间模式。

市辖区尺度的演化特征并不能被城市尺度完全反映和取代，而是从更为细致的方面刻画出城市不同区域的互嵌特点。四区都处于高度互嵌状态，但玉泉区和回民区互嵌指数明显高于赛罕区和新城区；尽管新城区和赛罕区居住互嵌程度相对较低，和玉泉区及回民区之间有明显的差距，但是居住互嵌程度呈现波动上升趋势；回民区居住互嵌指数演变趋势不显著，而其他三个市辖区互嵌指数演变趋势相对较为明显。

街区尺度，族际居住互嵌空间格局呈现出核心—外围的圈层结构。四区交界的城市核心区域，成为相对互嵌度较低的区域，是呼和浩特族群聚居的主要街区；城市核心区存在两个点状分布的教育型和生活型族群聚居街区，但两类街区互嵌指数上升趋势显著；随时间推移，互嵌程度最高的区域快速向整个市区扩散，居住互嵌空间向均匀化方向发展。

第6章　呼和浩特市族际居住互嵌空间格局的影响因素

本章采用大数据方法结合问卷调研方法，尝试以空间同化理论、地方分层理论和居住偏好理论为指导，识别和分析当今呼和浩特族际间居住互嵌空间格局的影响因素，对比各因素的作用程度以及作用路径的差异。

6.1　数据来源与研究方法

6.1.1　数据来源

（1）大数据来源

内蒙古自治区全国人口普查领导小组办公室编著的内蒙古自治区第五次、第六次人口普查资料，呼和浩特市统计局编著的人口普查数据（2000年和2010年）。根据普查数据涉及的相关信息，选取家庭、制度、职业、住房等相关数据，作为影响因素衡量的大数据指标。

鉴于大数据分析仅能支持2000—2010年间呼和浩特城市内部的族际居住互嵌的影响因素，而无法展现当下情形。因此，采用问卷调查的方式进行补充。

（2）问卷设计

①居住互嵌影响因素设计。

鉴于互嵌与隔离相对，互嵌的反向是隔离（杨菊华，2009），因此可以将互嵌认知为隔离的反向表征。西方研究者偏重于"隔离"，是因为欧美城市内部族际间关系的对立紧张，以及表现出的地理空间高度分隔的现状，而中国民族关系则相反，加之和合思想长期潜移默化地影响，中国研究者更倾向于选择"互嵌"。据此，居住互嵌的影响因素设计可以参考欧美居住隔离的相关因素。同时，鉴于研究者将居住隔离和居住空间分异等同互换（李志刚和薛德升，2008；陈杰和郝前进，2014；柳建文，2011），因此在互嵌维度、指标等方面的选择不存在差异性。

根据空间同化和地方分层理论，居住互嵌影响因素可归纳为社会经济地位、文化适应、购房偏见和住房偏好四个维度。由于理论上，族际间"刻板印象"这类群体偏见和排斥环境核心在于不合理的社会等级制度（Zubrinsky，2003；White and Glick，2009），即偏见源于国家主流意识形态对不同族际居民的态度（郝亚明，2012），是制度的产物（包亚明，2003）。因此，本文将政策环境融于偏见之中。另外，政策制度还涉及相关的教育、医疗等体系（郝亚明，2012），由于中国城市居民在教育和医疗中享有的政策具有公平性，不存在政策排斥。实地调研发现，这类政策制度体现为政府对特色教育和医疗机构的规划和建设，通过城市居民对教育和医疗机构的依赖和选择程度体现。由于呼和浩特作为弱全球化城市，各民族在该城市中都拥有悠久的历史及文化传承。另外，作者在调研中发现，居民也谈及了对本民族风俗习惯的喜好，以及民族自豪感和继承的责任心，故应增加本民族的文化留存这个因素。由此，居住互嵌影响因素在社会经济地位、文化适应、购房偏见和住房偏好四个维度的基础上增加了文化留存维度。

这五个维度不仅对居住互嵌产生重要影响，而且相互间存在一定的联系。这些维度可以归纳为社会—经济解释模式和文化—族群解释模式。其中，社会经济地位是社会—经济解释的主要因素，而文化—族群解释模式则凸显族群文化和偏见。据此，社会经济地位和购房偏好可视作三类外生潜变量。同时，社会经济地位作为个体的经济基础，对文化适应和住房偏好产生影响；文化留存作为族群住房偏好的基础，影响着个体对主流社会文化的适应；购房偏好的核心在于社会等级制度，对文化适应产生推动作用，也对族群的住房选择、偏好产生影响。因此，可将文化适应和住房偏好两个维度视作内生潜变量，在社会经济地位、文化留存和购房歧视的共同作用下，影响居住互嵌。另外，住房偏好表现为同一族群成员的相互接近亦或分离，形成同质性或异质性交往，文化适应则在此影响下被弱化或激发。基于五个维度的相互联系，借鉴相关研究，维度指标（见表6-1）设定依据如下：

第一，社会经济地位方面，Duncan基于社会分层研究所构建的SEI指数，确认了教育、职业和收入的核心地位，成为后续众多研究者衡量个体社会经济地位的依据（Duncan，1961）。同时，Zubrinsky指出提高教育水平、获得职业声望、增加收入将促进族际间的居住互嵌（Zubrinsky，2003）。随着族际关系研究的推进，学界专家在Duncan和Zubrinsky研究基础上，立足于SEI指数，指出提高教育水平、获得职业声望、增加收入将促进族际居住互嵌。因此，本文选取"职业""受教育程度""收入高低程度"作为社会经济地位的三个指标。

第二，文化适应方面，根据空间同化理论，文化适应表现为族群适应所在地区的文化与习俗。具体而言，即Gordon所指出的：接受主流社会的语言、意识形态、服饰、饮食文化等符号系统的过程及族际间的社会距离（Gordon，1964）。因此，本文的文化适应维度指标首先选定为："国家通用语言表达程度""族际文化（饮食、服饰、影视等）喜好程度"。而社会距离则根据Bogardus社会距离测度量表构建"族际共事意愿"和"族际的交友意愿"两个具有递进关系的指标。

第三，文化留存方面，文化留存维度是指对本民族风俗习惯的保留，根据文化适应指标，因此指标选定为："本民族历史及风俗习惯了解程度""本民族语言表述程度""本民族文字书写能力"（这是因为有些调研对象由于自身所从事的工作需要，存在会写本民族文字但不会表述的情况）。

第四，住房偏好方面，则主要根据 Bobo 等的研究，他们认为族群在住房选择过程中存在群内偏好和群外偏好，群外偏好是指同其他群体之间的社会距离，群内偏好主要包括社区内自身群体的构成比例（Bobo，1996）。群内偏好指标包括"购/租房时关注城市自身群体分布状况"和"购/租房时关注居住小区自身群体比例"。此外，Clark 提到，城市文脉（urban context）是非洲裔美国人住房选择中的偏好因素，如教堂会对他们的居住产生影响，同时他们会从自身所属的族群中获取住房信息，并偏向于居住在亲人朋友所在的社区（Clark，1986）。据此，住房偏好指标还包括："购/租房时关注小区在自身群体中的口碑""临近直系亲属"。由于呼和浩特各民族居民都比较重视孩子的教育和医疗资源。因此，指标还包括"临近自身群体特色的教育资源"和"临近自身群体特色的医疗资源"两类。

第五，购房偏见方面，根据地方分层理论，购房偏见维度一般是指购/租房时，购房者感受到房地产商或房东对非自身群体的价格偏见。但是在试调研过程中，所有被调研对象都表示未曾见或经历过价格歧视。鉴于研究的严谨性，在正式调研过程中依然保留购房偏见的指标。

鉴于小区、邻里尺度人口统计数据难以获取的现状，采用问卷调研的形式探究微观空间尺度上居民对不同族群成为邻里的认同态度，间接考察居住互嵌状况。在问卷设计时，族际间居住互嵌认同态度分为三个指标，分别对应"共同在同一个小区（不包括同一幢楼）生活的态度""共同在同一幢楼（不包括对门）生活的态度"以及"成为对门邻居的态度"。目的在于进一步探究族际间居住互嵌对地理单元的尺度依赖性。除社会经济地位 3 个指标用等级变量表示外，其余指标都用李克特 5 级量表表示，同时对阻碍居住互嵌的指标进行反向编码。

②问卷调查方案。

通过对工作且居住在呼和浩特城区不同族群居民的抽样调查，获取问卷数据。调研时间为 2017 年 3 月 -7 月。在正式调研开展之前，对调研者进行为期 15 天的培训和试调研,通过试调研发现问卷及调研过程存在的问题,并逐一解决。在具体调研过程中,调研者深入呼和浩特城区的各餐馆、特色商品商店、学校、医疗机构、大型购物商场等地进行调研。最终共收回 1216 份问卷,经过严格筛选,剔除相关信息缺失问卷,最终获得有效问卷 1021 份,有效率为 83.96%。

③样本结构。

从表 6-1 可得,调研对象男女比例适中,以 31～50 周岁已婚人群为主,这主要是源于对调研对象群体的界定:工作且居住在呼和浩特城区的居民。由于问卷主要涉及对居民已有居住选择感知的调研,因此将大量在呼和浩特市求学的学生未列入调研对象中。调研对象文化程度集中在大专和本科层次,共占样本总量的 61.7%,收入集中在 2001～6000 元之间。

表 6-1 样本基本情况

项目	选项	比例(%)	项目	选项	比例(%)
性别	男 女	42.1 57.9	婚姻状况	未婚 已婚	40.2 59.8
年龄	20～30周岁 31～40周岁 41～50周岁 51～60周岁 60周岁以上	18.5 42 26 8.9 4.6	收入	2000元以下 2001～4000元 4001～6000元 6001元及以上	8.1 45.5 30.3 16.1
文化程度	小学及以下 初中 中专及高中 大专 本科 硕士研究生 博士研究生	3.0 5.6 13.5 17.5 44.2 12.9 3.3	职业	政府机关事业单位人员 企业管理人员 专业技术人员及办事人员 商业或服务业及自主创业人员 待业、离退休人员	31.1 5.0 15.6 44.0 4.3

6.1.2 研究方法

(1) 双变量相关分析

双变量相关分析的原理为两个连续变量的散点在散点图中分布趋势相近，那么这两个连续变量间存在相关趋势。Pearson 相关系数是相关趋势检测的常用方法（王真和郭怀成等，2009），其数学公式为：

$$r = \frac{\sum(X-\bar{X})\sum(Y-\bar{Y})}{\sqrt{\sum(X-\bar{X})^2\sum(Y-\bar{Y})^2}}$$

公式中 r 代表居住互嵌同影响因子间的相关系数值，X 代表影响因子，Y 代表居住互嵌，$\bar{X}$ 和 $\bar{Y}$ 分别代表两者的均值。r 取值范围在 $-1 \sim 1$ 之间，当 r 为 0 时说明居住互嵌同自变量之间为零相关；当 $|r|$ 为 1 时说明两者之间完全相关；$|r|$ 接近 1 说明两者间的相关程度高；r 的正负值表明正负相关。

(2) 多元线性回归分析

以局部居住互嵌指数为因变量，潜在影响因素为自变量，建构多元线性回归模型，分析影响居住互嵌的主导因子并量化因子贡献率，其一般表达式为：

$$y_i = x_0 + \sum \beta_i x_i + \varepsilon$$

公式中 y_i 为因变量；x_0 为常数项；β_i 为自变量的回归系数；x_i 为自变量；ε 为随机误差项。

(3) 结构方程模型

结构方程模型（SEM）主要用于探索因素间的因果关系，并将这种关系用因果模型、路径图等形式进行表示，模型包含了测量模型（度量潜变量与其观测变量的关系）和结构模型（讨论潜变量之间的因果关系）。由 3 个矩阵方程组成：

$$x = \Lambda_x \zeta + \delta$$
$$y = \Lambda_y \eta + \varepsilon$$

x 为外源指标（如指标）组成的向量，y 为内生指标（结果）组成的向量，Λ_x、Λ_y 为因子负荷矩阵，δ、ε 是误差项。

$$\eta = B\eta + \Gamma\zeta + \zeta$$

B 为内生潜变量间的关系，Γ 为外源潜变量对内生潜变量的影响，ζ 为结构方程的残差项，反映了在方程中未能被解释的部分。

借助SPSS17.0软件平台，描述城市族际居民对不同空间尺度（同小区、同一幢楼、对门）居住互嵌的认同程度，探讨各因素与居住互嵌的相关性。而后进行探索性因子分析，目的在于判定可测变量的性质、特征和关系，探究居住互嵌影响因素的潜在因子，并据此构建居住互嵌影响因素的理论模型。运用AMOS17.0软件建立结构方程模型，进行验证性因子分析，探讨各因子间的潜在联系，以及因子对居住互嵌作用的路径。

6.2 统计数据中的影响因素分析

6.2.1 相关性分析

表6-2中罗列了人口、家庭、制度、职业和住房5个维度20个指标与呼和浩特两个时间段居住互嵌的相关系数。选取双侧显著性小于0.05的指标，发现5个维度的多个指标同居住互嵌存在显著相关，但各相关系数在正负和数值上存在差异，说明呼和浩特民族间居住互嵌演变过程受到各类指标不同程度的影响。

（1）人口维度

人口维度的5项指标同两个时间段居住互嵌都存在95%以上的相关性，且相关程度上出现差异，说明人口维度是影响居住互嵌演变的重要因素。

"女性比例"同居住互嵌存在负相关，相关系数从 2000 年的 -0.400 上升至 2010 年的 -0.397，负相关程度进一步减弱。说明相对男性而言，女性在住房选择过程中倾向同族群聚居。但是，这种倾向表现不强烈，且出现减弱的势头。这是因为随着女性社会化程度的加深，她们族际交往的意愿发生改变，族群因素对她们居住选择的影响变弱，居住互嵌进一步推进。

"未婚人口比例"与居住互嵌之间有显著的负相关，一定程度上表明，婚姻对族际间居住互嵌程度的影响在加深，未婚群体的族际居住互嵌低于已婚群体。根据调研发现，未婚群体的交友范围容易局限在同一族群内部，而已婚群体交友范围超越该界限，朋友间更多追求相同的志趣和品位。

年龄属性对居住互嵌产生显著影响，尤其是"60 岁以上人口比例"与居住互嵌存在显著且较强的负相关（相关系数为 -0.702 和 -0.526），而"30～59 岁人口比例"则与居住互嵌存在显著的正相关（相关系数为 0.613 和 0.694），说明老年人口更倾向于同族群聚居，而中青年人口则是居住互嵌的重要推动力量。另一方面，老年人口与居住互嵌的负相关程度在降低，中青年人口的正相关程度在不断上升，最终促使呼和浩特市区居住互嵌程度加深。同时，年龄因素印证了当前老年群体对家庭居住选择影响力的减弱，中青年群体作为社会的中坚力量，日益成为家庭决策的主导者。

教育属性方面，居住互嵌程度随着高等教育群体人数的增加而深入，一般而言，高等教育群体思想更加开放，更容易接受不同文化的影响。因此，他们更愿意倾向族际间的居住互嵌。同时，高校扩招政策培育出更多接受过高等教育的年轻群体，进一步促进呼和浩特市区族际间居住互嵌。

人口维度是个体因素对居住互嵌影响的验证。结果显示，个体因素与呼和浩特族际间居住互嵌具有显著的相关性，这与马戎研究赤峰地区民族关系的结果相一致。同时，受高等教育人数既是个体教育水平提升的结果，也受政策动力影响,可以在一定程度上表现出政策对互嵌的促进作用。

(2)家庭维度

家庭维度同样也是个体因素对居住互嵌影响的验证,相关系数和双侧显著性变化显示居住互嵌演变同家庭规模的变化没有显著关系,只与家庭户类型中的"三代户及以上比例"和民族混合户有相关关系。

2010年"三代户及以上比例"的相关系数绝对值低于2000年,同"60岁以上人口比例"的相关系数绝对值下降趋势相呼应。"民族混合户比例"相关系数从0.453上升至0.498,即族际婚姻对居住互嵌产生正向的影响作用,且正相关程度随着时间推移在缓慢上升。这是因为族际间通婚本身就意味着民族交融的深入。根据全国第五次、第六次人口普查数据可得,呼和浩特市区民族混合户比例增长不明显,因此尽管他们与居住互嵌存在正相关,但相关系数变化趋势不明显。

(3)制度维度

制度维度与居住互嵌存在显著的相关性,一定程度上表明,制度力量是中国多民族城市居民住房选择的重要影响因素。

"流动人口占常住人口比例"对居住互嵌产生显著的负相关,流动人口比例越高,街区居住互嵌程度越低,这是因为,流动人口是影响中国城市社会空间结构的核心因素。但另一方面,2010年"流动人口比例"与居住互嵌负相关值的增长则说明,流动人口对民族间居住互嵌的影响程度在减弱。

"非农业户口比例"与居住互嵌呈现显著的正相关,非农业户口比例越大,街区居住互嵌程度越深,说明户口因素同样对族际间的居住互嵌产生影响。这是因为非农户口的居民长期受到城市多元文化环境的影响,更容易接受不同文化,成为居住互嵌的促进因素。此外,随着呼和浩特市住房市场改革推动下的房地产市场快速发展和城市化进程,市区面积不断向周边扩张,原先郊区逐渐成为市区的一部分,到2010年,呼和浩特4个市辖区农村户口急剧下降,这也在一定程度上造成非农户口与居住互嵌相关性发生改变，验证了政策动力和城市化影响对居住互嵌的促进作用。

（4）职业和住房维度

职业在某种程度上是个人经济、文化资源的表现，职业维度同居住互嵌相关性和双侧显著性变化的趋势显示，职业对居住互嵌演变起促进作用，验证了个体收入、受教育程度提升后的居住互嵌倾向。

"单位负责人及专业人员比例"与居住互嵌间存在正相关，说明呼和浩特市单位负责人及专业人员的住房选择对居住互嵌起到正向的促进作用。而从事服务和生产行业的人员则与居住互嵌存在负相关，这类人员比例越高，街区居住互嵌程度越低，但是根据相关系数的变化，可以得出，随着时间推移，这类群体的互嵌程度在不断加深，这是因为当他们融入城市生活的时间越久，他们的社会化程度会相应提升，从而影响其对族际间居住互嵌的接受程度。另外，随着教育普及和文化程度提升，服务和生产人员的整体文化水平发生改变，也会影响他们对族际间居住互嵌的感知度，有利于促进民族交融。住房维度同居住互嵌无显著关系。

综上所述，2000—2010年间，呼和浩特市区族际居住互嵌演变受到人口、家庭、制度和职业等多种要素的共同影响，其中人口属性特征和家庭特征的影响更为复杂。

表6-2 居住互嵌与各变量指标的Pearson相关性与显著性

维度	指标	2000年		2010年	
		Pearson 相关性	双侧 显著性	Pearson 相关性	双侧 显著性
X_1 人口 维度	X_{11} 女性比例	−0.400*	0.016	−0.397*	0.015
	X_{12} 未婚人口比例	−0.539**	0.001	−0.446**	0.006
	X_{13} 60岁及以上人口比例	−0.702***	0.000	−0.526**	0.001
	X_{14} 30~59岁人口比例	0.613***	0.000	0.694***	0.000
	X_{15} 受高等教育人口比例	0.331**	0.000	0.449**	0.005

续表

维度	指标	2000年		2010年	
		Pearson 相关性	双侧 显著性	Pearson 相关性	双侧 显著性
X_2 家庭维度	X_{21} 一人户比例	−0.191	0.264	−0.017	0.920
	X_{22} 二人户及以上比例	0.060	0.728	0.278	0.096
	X_{23} 三人户比例	0.244	0.152	0.246	0.096
	X_{24} 四人户比例	−0.166	0.333	−0.324	0.051
	X_{25} 五人户及以上比例	0.116	0.502	−0.122	0.472
	X_{26} 一代户比例	0.083	0.630	0.071	0.674
	X_{27} 二代户比例	0.254	0.134	0.145	0.392
	X_{28} 三代户及以上比例	−0.716***	0.000	−0.578***	0.000
	X_{29} 民族混合户比例	0.453**	0.006	0.498**	0.002
X_3 制度维度	X_{31} 非农业户口比例	0.395*	0.017	0.465*	0.004
	X_{32} 流动人口占常住人口比例	−0.484**	0.003	−0.443**	0.006
X_4 职业维度	X_{41} 单位负责人及专业人员比例	0.345*	0.039	0.332*	0.045
	X_{42} 服务及生产人员比例	−0.340*	0.042	−0.331*	0.046
X_5 住房维度	X_{51} 近10年新建住房比例	0.188	0.272	0.321	0.052

注:* 表示 $0.01 < P < 0.05$;** 表示 $0.001 < P < 0.01$;*** 表示 $P < 0.001$。

6.2.2 多元回归分析

为了多维度区分两个年度居住互嵌的主导因子和量化因子贡献率及

其变化，采用多元逐步回归分析法，选择双侧显著性在95%以上的指标作为显著因子，建立居住互嵌与因子间的拟合方程。建立模型前先检验模型设定的合理性，对进入回归的11个因子进行共线性检验，保留容差接近1，VIF值小于5的7个因子。其次，将进入逐步回归方程因子的P值设为0.1，最终形成2000年和2010年逐步回归模型。两个模型都通过T检验，显著性P小于0.0001，调整R方分别为0.741和0.576，模型拟合优度较好。

2000年模型结果显示（见表6-3），有3个因子通过显著性检验，按其贡献率大小分别为"三代户及以上比例""60岁以上人口比例""未婚人口比例"，拟合方程为：

$$Y = 1.786 - 3.347X_{28} - 3.388X_{13} - 1.080X_{12}$$

2010年模型结果可得（见表6-4），3个因子通过显著性检验，其贡献率大小分别为"30～59岁人口比例""三代户及以上比例""未婚人口比例"，拟合方程为：

$$Y = 0.575 + 1.514X_{14} - 3.523X_{28} - 0.689X_{12}$$

两个方程中贡献率出现频率高的因子依次是"三代户及以上比例"和"未婚人口比例"，说明家庭户类型、婚姻状况是影响呼和浩特市区居住互嵌水平的持续主导因素。并且2000年"60岁以上人口比例"是居住互嵌的另一主导因素，而2010年"30～59岁人口比例"则取代了老年人口在居住互嵌中的作用。在呼和浩特市区，中青年群体已经成为促进族际间居住互嵌的重要力量。同时，老年群体退出主导因素的行列以及三代间共同居住方式比例的下降，说明中青年群体对家庭居住选择影响力的提升，他们拥有家庭居住方式的决定权。通过两个方程标准系数的对比发现，呼和浩特市区居住互嵌的持续主导因子是家庭、婚姻和年龄，他们共同对呼和浩特市区民族居住互嵌起促进作用。

表 6-3 2000 年居住互嵌与相关因素的逐步回归分析

变量	非标准化系数		标准系数	t	Sig	共线性统计量	
	B	标准误差	Beta			容差	VIF
（常量）	1.786	0.115		15.517	0.000		
X_{28} 三代户及以上比例	−3.347	0.954	−0.387	−3.509	0.001	0.673	1.487
X_{13} 60岁及以上人口比例	−3.388	0.836	−0.430	−4.052	0.000	0.727	1.376
X_{12} 未婚人口比例	−1.080	0.354	−0.296	−3.051	0.005	0.867	1.154
统计检验							
R 方	0.739						
调整 R 方	0.714						
F	30.128						
Sig	0.000						

表 6-4 2010 年居住互嵌与相关因素的逐步回归分析

变量	非标准化系数		标准系数	t	Sig	共线性统计量	
	B	标准误差	Beta			容差	VIF
（常量）	0.575	0.293		1.965	0.058		
X_{14} 30~59岁人口比例	1.514	0.441	0.450	3.434	0.002	0.685	1.459
X_{28} 三代户及以上比例	−3.523	1.348	−0.326	−2.613	0.013	0.755	1.324
X_{12} 未婚人口比例	−0.689	0.330	−0.241	−2.087	0.045	0.884	1.131
统计检验							
R 方	0.611						
调整 R 方	0.576						
F	17.293						
Sig	0.000						

6.3 呼和浩特市居民对居住互嵌的认同态度

6.3.1 总体特征

以居民对居住互嵌认同态度作为横坐标（1～5代表非常不赞同至非常赞同），样本数量作为纵坐标，建立居住互嵌认同态度的多空间尺度特征图（如图6-1所示）。总体来看，呼和浩特市族际间存在非常和谐的居住互嵌状态。

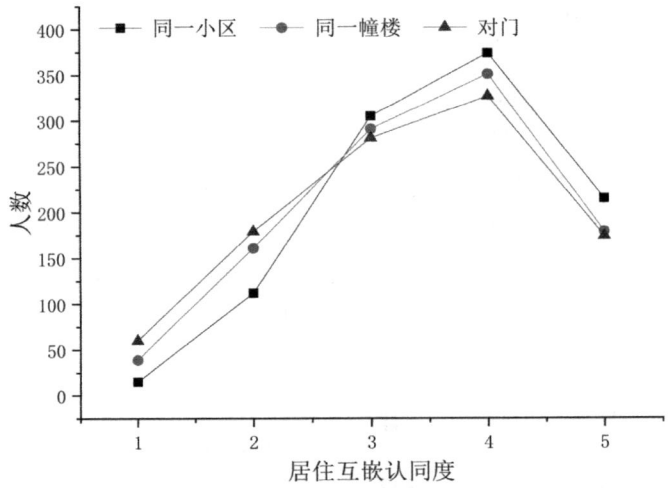

图 6-1　居民对居住互嵌认同态度的总体特征

呼和浩特居民对3个空间尺度上的居住互嵌具有大致相同的意愿，即大多数群体在购房或租房过程中赞同族际间的混合居住。调查对象中，愿意族际共住一个小区的比例为87.56%，愿意族际共住同一幢楼的比例为80.41%，愿意族际成为对门邻居的比例为76.59%。3个空间尺度上，认同态度呈现倾斜的倒U型趋势。其中调研对象选择"4比较赞同"的数量达到峰值，远高于其他选项；选择"5非常赞同"的人数也远多于"1非常不赞同"和"2不赞同"。说明在呼和浩特,族际之间的混居意愿比较强烈,居住互嵌非常融洽。

6.3.2 性别特征

呼和浩特男性居民的调查对象中,愿意族际共住一个小区的比例为85.71%,愿意族际共住同一幢楼的比例为78.69%,愿意族际成为对门邻居的比例为74.47%。呼和浩特女性居民调查对象中,愿意族际共住一个小区的比例为88.95%,愿意族际共住同一幢楼的比例为81.63%,愿意族际成为对门邻居的比例为78.40%(如图6-2、6-3所示)。

男性和女性对居住互嵌的认同态度大致相同,近八成的调研对象在购房或租房时愿意族际在同一幢楼居住,甚至不排斥成为对门邻居。三个空间尺度上,男性和女性认同态度和总体特征一致都呈现倾斜的倒U型趋势。同时,两类群体选择"4比较赞同"的数量达到峰值,远高于其他选项。说明在呼和浩特,居民对族际间居住互嵌认同态度几乎不存在男性和女性的差别,进一步验证了呼和浩特居民对居住互嵌认同态度的总体特征。

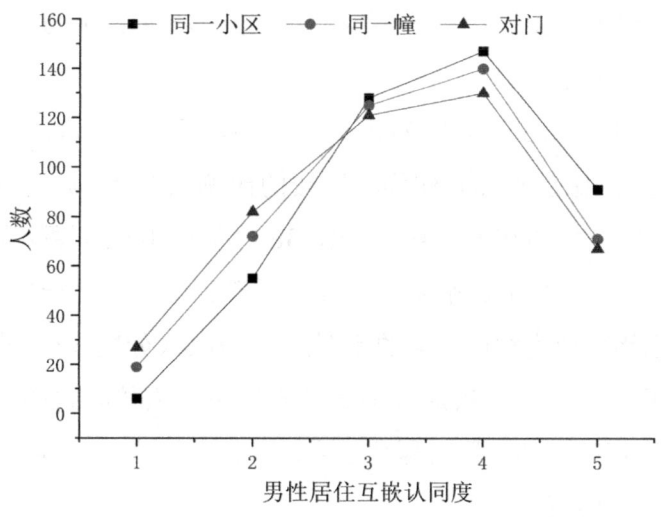

图6-2 男性居民的居住互嵌认同态度

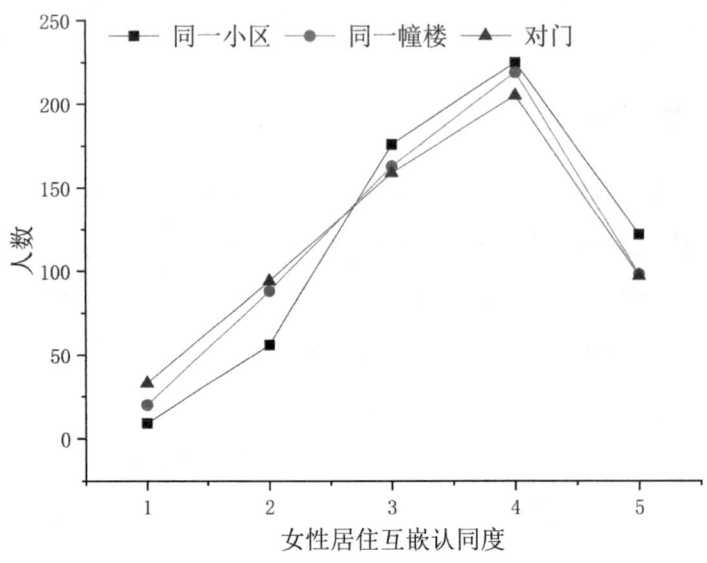

图 6-3 女性居民的居住互嵌认同态度

6.3.3 年龄特征

以 35 岁为年龄分界点,将调研对象分为 18～35 岁和 36 岁及以上两个群体(由于 60 岁以上老年居民的样本量较少,所以将 60 岁以上群体归为 36 岁及以上分类中)。

呼和浩特 18～35 岁居民的调查对象中,愿意族际共住一个小区的比例为 88.98%,愿意族际共住同一幢楼的比例为 82.50%,愿意族际成为对门邻居的比例为 78.93%。呼和浩特 36 岁及以上居民调查对象中,愿意族际共住一个小区的比例为 85.36%,愿意族际共住同一幢楼的比例为 77.17%,愿意族际成为对门邻居的比例为 76.76%(如图 6-4、图 6-5 所示)。三个空间尺度上,不同年龄居民的认同态度呈现大体一致的规律。因此,呼和浩特不同年龄段的居民对居住互嵌的认同态度大致相同,即存在很高的居住互嵌的认同度。

第 6 章 呼和浩特市族际居住互嵌空间格局的影响因素 >>>

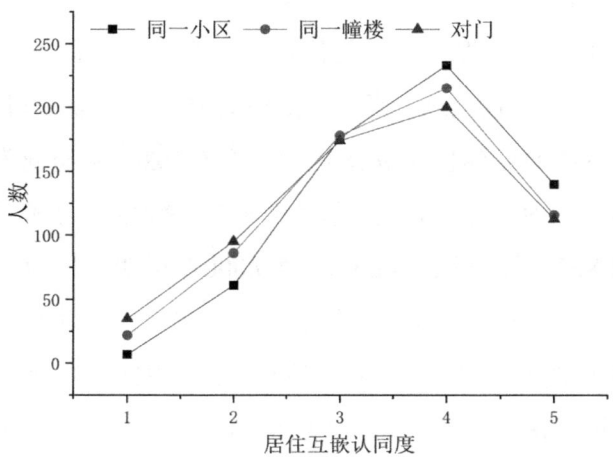

图 6-4 18～36 岁居民对居住互嵌的认同态度

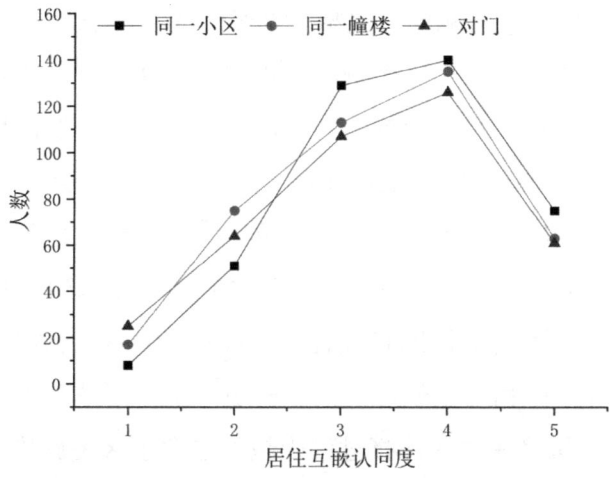

图 6-5 36 岁以上居民对居住互嵌的认同态度

6.4 居住互嵌影响因素分析

将居民认同态度作为因变量居住互嵌，借助 Pearson 相关性检测分析获得各指标与居住互嵌的相关系数和双侧显著性值。据此可以发现，在1021个样本量中，除月收入外，其他指标都与居住互嵌存在0.01水平上显著相关，因此剔除月收入这一项，其余16项指标进入探索性因子分析中。剔除后，问卷整体的克朗巴哈α系数提升至0.902，表明问卷整体的可靠性进一步加强。同时，KMO度量值为0.877，Bartlett的球形度检验近似卡方值为8654.863，显著性（sig）值为0.000。说明指标符合构建模型的要求。因子分析结果表明，居住互嵌影响因素的5个维度对问卷的贡献率为70.469%，与预期的维度吻合，且维度对应指标大致与预期一致。但"族际交友意愿"和"族际共事意愿"2项指标在因子分析中被归为"文化适应"维度。根据Gordon的同化理论，族际间社会距离的拉近是文化适应的结果，因此将其归入"文化适应"具有一定的意义。通过上述分析，呼和浩特族际间居住互嵌影响因素包括5个维度的16项指标。

Galster在其研究中指出，影响因素不仅对居住互嵌产生作用，且它们之间还存在相互联系、相互影响的关系，族际间的社会经济地位差距和购房偏见会强化住房偏好（Galster，1989）。同时，居民会因其社会经济属性的不同，对文化的适应也产生不同的反应，社会经济地位一般对文化适应产生正向影响作用（汪明峰和程红等，2015）。在调研过程中，同样发现维度间的相互作用，如被调研的居民对本民族的风俗习惯保留程度越深，对文化的喜欢程度就相对偏低，在购房时更加偏向于选择群体特色鲜明的住房环境。另外，居民在住房选择过程中越不在意小区民族构成、文化氛围，其对文化的适应性越强。因此，有必要采用结构方程模型进一步挖掘指标、维度和因变量之间的内在逻辑关系，构建居住互嵌影响因素的作用路径。

6.4.1 模型构建

根据因子分析结果，构建影响因素的初始模型（如图6-6所示）。社会经济地位、文化留存和购房偏见是3个外生潜变量，包含6个观测变量；文化适应、住房偏好和居住互嵌是3个内生潜变量，包含13个观测变量，其中文化适应和住房偏好归属于中介变量,而居住互嵌则归属于内源变量。各外源变量通过路径对内源变量产生直接或间接影响。初始模型的自由度大于0,是非饱和模型,因此模型整体上可以识别。

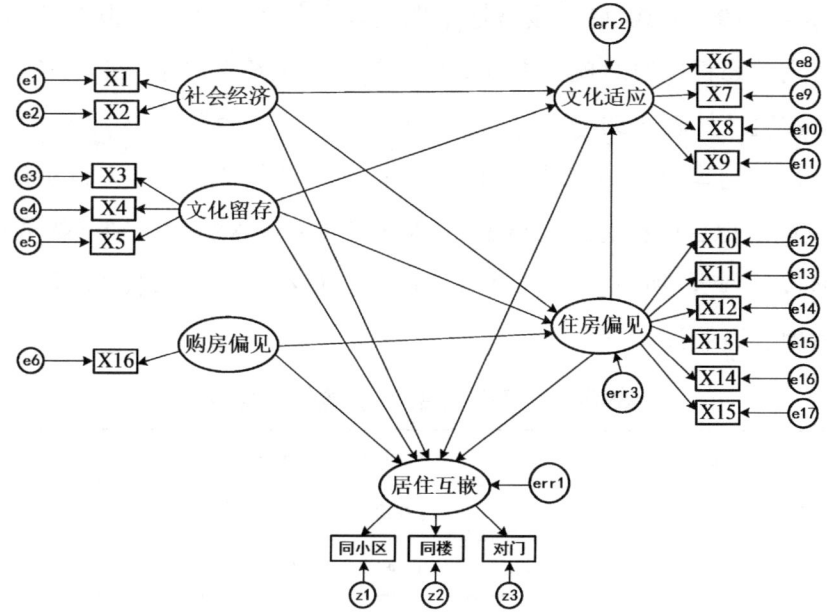

图 6-6　居住互嵌影响因素初始概念模型

6.4.2　模型拟合与修正

模型拟合结果显示,绝对适配度指数只有 GFI 和 AGFI 指数通过检验标准,SRMR 和 RMSEA 指数分别为 0.0538 和 0.063,大于 0.05 的临界值;增值适配度指数和简约适配度指数(PGFI、PNFI、PCFI 和 CN 指数)均符合拟合标准,但是卡方自由度比值(X^2)为 5,大于 3 的临界值,未通过检验指标。因此,模型需要进一步修正,以达到最佳拟合效果,实现有效的分析结论。

首先,统计学上认为 CR 值小于 2,则其对应的统计检验相关概率 P 值大于 0.01,说明载荷系数显著性不明显,需剔除该影响路径,进行重新拟合检验。初始模型运行结果显示:"社会经济地位"对"住房偏好"的影响路径（CR=0.621，R=0.535）、"社会经济地位"对内源变量"居住互嵌"的影响路径（CR=-2.531，R=0.011）、"文化留存"对"居住互嵌"的影响路径（CR=-2.306，R=0.021）以及"购房偏见"对"居住互嵌"的影响路径（CR=0.819，R=0.413）显著性不明显，需剔除。而后，根据初始模型运算得到的修正指数对模型进行扩展。最终得到符合检验标准的各项指标路径系数值（见表6-5）。

修正后的模型卡方值为344.880，自由度值为127，卡方自由度比为2.715。同时拟合度检验结果显示，SRMR和RMSEA指数分别下降至0.039和0.041，至此，所有指标符合适配标准，最终模型（如图6-7所示）可以有效地验证假设。

表6-5 模型各路径系数估计结果

路　径	UNSTD	S.E.	C.R.	P
对门←居住互嵌	1.000			
同一楼←居住互嵌	0.944	0.008	124.402	***
同小区←居住互嵌	0.833	0.011	72.814	***
居住互嵌←文化适应	1.018	0.025	41.377	***
居住互嵌←住房偏好	0.144	0.027	5.306	***
住房偏好←文化留存	0.404	0.020	20.587	***
文化适应←社会经济	0.171	0.035	4.894	***
文化适应←文化留存	0.178	0.029	6.068	***
文化适应←住房偏好	0.484	0.059	8.202	***
X1职业←社会经济	1.145	0.067	17.111	***
X2学历←社会经济	1.000			
X3本民族风俗习惯了解程度←文化留存	0.369	0.016	22.452	***
X4本民族语言表达的熟练程度←文化留存	0.944	0.008	124.402	***

续表

路径	UNSTD	S.E.	C.R.	P
X5本民族文字书写的熟练程度←文化留存	1.000			
X6国家通用语言表达的熟练程度←文化适应	0.639	0.025	25.499	***
X7族际文化喜欢程度←文化适应	0.991	0.021	46.469	***
X8族际交友意愿←文化适应	1.157	0.022	51.523	***
X9族际共事意愿←文化适应	1.000			
X10购租房时关注城市自身群体分布状况←住房偏好	1.000			
X11购租房时关注居住小区自身群体比例←住房偏好	1.084	0.050	21.488	***
X12购租房时关注小区在自身群体中的口碑←住房偏好	0.819	0.037	22.368	***
X13临近直系亲属←住房偏好	0.328	0.046	7.069	***
X14临近特色教育资源←住房偏好	0.940	0.052	18.202	***
X15临近特色医疗资源←住房偏好	0.911	0.049	18.466	***

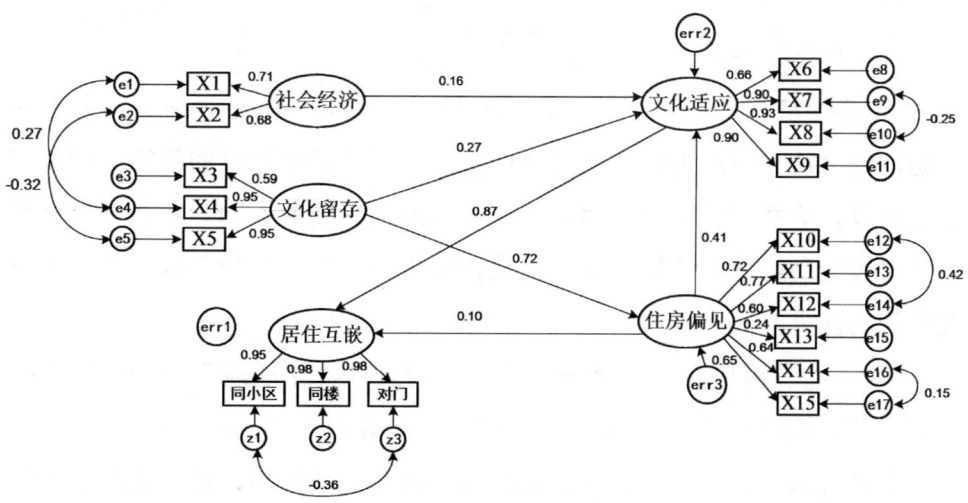

图 6-7 修正后的呼和浩特族际间居住互嵌影响因素模型

6.4.3 结果分析

最终模型的标准化效应结果及关系结果显示（见表6-6），"文化适应"对呼和浩特城市内部族际间的居住互嵌促进作用最为强烈，"文化留存"和"住房偏好"的作用次之，"社会经济地位"的作用最小，而"购房偏见"未作用于居住互嵌。同时"文化适应"和"住房偏好"作为中介变量，不仅受到社会经济地位、文化留存的影响，又对居住互嵌产生直接的作用，且两者间还存在显著影响关系。以下从5个影响维度对居住互嵌所产生的连锁效应进行详细分析。

表6-6 标准化后的族际间居住互嵌影响因素模型变量间的连锁效应

总效应	直接效应	间接效应
社会经济地位→居住互嵌0.138		社会经济地位→文化适应→居住互嵌0.138
文化留存→居住互嵌0.568		文化留存→文化适应→居住互嵌0.235 文化留存→住房偏好→居住互嵌0.0754
文化适应→居住互嵌0.873	文化适应→居住互嵌0.873	
住房偏好→居住互嵌0.460	住房偏好→居住互嵌0.104	住房偏好→文化适应→居住互嵌0.356

（1）社会经济地位对居住互嵌的作用分析

"社会经济地位"对居住互嵌的直接影响效应未通过载荷系数显著性检验，且"社会经济地位"通过"住房偏好"对居住互嵌的间接影响效应也未通过显著性检验。这说明与欧美研究的相关结论不同，呼和浩特城市内部居民社会经济地位提升并不能直接促进族际间的居住互嵌，也不会改变他们的住房偏好。

"社会经济地位"这一潜变量通过作用于"文化适应"中介变量产生连锁反应，间接对居住互嵌产生作用，间接效应为0.138。也就是说，居民社会经济地位的提升会促进他们对族际间文化的适应，最终有利于族际间居住互嵌的进一步发展。

职业和学历两个指标均通过模型检验，说明个体社会经济地位对居住互嵌的影响主要体现在这两个方面。具体而言，学历越高且职业声望越高的城市居民群体对居住互嵌的促进作用越大，越倾向于族际间的居住互嵌。

"社会经济地位"对中介变量"文化适应"产生直接的影响作用，直接效应为0.158。表明社会经济地位越高的居民对族际文化的适应能力越强。这类群体的国家通用语言表达能力相当熟练，非常喜欢接触其他族群的文化（包括饮食、服饰、歌曲、影视等），愿意与其他族群在同一个单位工作甚至成为朋友。

（2）文化留存对居住互嵌的作用分析

"文化留存"对居住互嵌的直接影响效应未通过载荷系数显著性检验。但不能直观断定文化留存对居住互嵌没有影响。

"文化留存"分别通过两个中介变量"文化适应"和"住房偏好"，对居住互嵌产生间接效应。其中，"文化留存"通过"文化适应"对居住互嵌的间接效应为0.235，而"文化留存"通过"住房偏好"对居住互嵌的间接效应为0.0754。本民族风俗习惯等文化留存程度较高的居民对其他族群文化适应能力偏低，进而影响其同族际间居民的居住互嵌。同理，本民族风俗习惯等文化留存程度较高的居民有一定的住房偏好，进而影响其同其他族群居民的居住互嵌。对比这两种间接效应的路径，"文化适应"的中介作用更为强烈，即"文化留存"主要通过"文化适应"这条路径对居住互嵌产生影响。

"文化留存"潜变量的构成指标中，"本民族语言表述的熟练程度"和"本民族文字书写的熟练程度"两个指标对居住互嵌的影响最大。这可能是因为相比历史文化的学习，日常口语和书写等方面的学习更为普遍和容易。

"文化留存"对"文化适应"产生直接影响，直接效应为0.269。具体而言，本民族风俗习惯等文化留存对个体的对其他族群文化适应起反向作用，民族风俗习惯等文化留存程度越低族际文化的适应程度越高，即族际文化的喜欢程度、族际交友意愿和共事意愿都会相应提升。

"我们从小就说本民族语言，国家通用语言学得挺晚的，本民族语言肯定没有什么问题。从小就不在草原上了，这方面的书也看的不多，我们民族的文化也学的不多了。"

——访谈对象 HGJL

"我是巴林右旗的，我们嘎查都是蒙古族，一直说蒙语，现在也习惯说蒙语，不过我们蒙古族历史，还有这个平常生活什么的就知道的少了。"

——访谈对象 AYS

"文化留存"对"住房偏好"产生直接影响作用，直接效应为 0.725。本民族风俗习惯等文化留存越低，在购房和租房时，对城市和小区内部自身群体分布状况越不在意。同时，房屋信息来源也更加广泛，对特色教育资源和医疗资源的需求也相应减少。而"文化留存"尽管会对居民在购/租房屋时临近直系亲属期作用，但作用程度不大（间接效应为 0.175）。

（3）文化适应对居住互嵌的作用分析

"文化适应"对"居住互嵌"的直接效应通过载荷系数显著性检验，路径系数表明直接效应为 0.873。说明，居民对其他族群文化的适应程度越高就越能认同和接受与其他族群共居同一小区，甚至成为对门邻居。

潜变量"文化适应"对指标"族际交友意愿"的直接作用最大，达到 0.930，接近 1，"族际共事意愿"的分值也高于 0.9。说明，在"文化适应"所有指标中"族际交友意愿"和"族际共事意愿"对居住互嵌的促进作用最大。"文化适应"对"其他族群文化喜欢程度"的直接影响为 0.899，对"国家通用语言表述的熟练程度"的直接影响为 0.657。说明，族际间的互动交流对促进文化适应具有重要的作用。另外，国家通用语言的应用程度越高其文化适应能力越强。

(4) 住房偏好对居住互嵌的作用分析

"住房偏好"对"居住互嵌"的直接效应通过载荷系数显著性检验，路径系数表明直接效应值为 0.104。这说明，居民在选择住房时的偏好直接影响呼和浩特城市内部族际间的居住互嵌。当其他条件不发生改变时，"住房偏好"潜变量每提升 1 个单位，"居住互嵌"内源变量将直接提升 0.104 个单位。尽管住房偏好直接影响居住互嵌，但影响程度偏低。

"住房偏好"通过直接影响"文化适应"，间接作用于"居住互嵌"，其对"居住互嵌"的间接效应为 0.356，加之直接效应为 0.104，总效应为 0.460。尽管"住房偏好"对"居住互嵌"产生直接影响，但影响力度偏小，主要是通过中介变量的连锁反应，最终作用于"居住互嵌"。

在"住房偏好"的指标中，对"居住互嵌"产生主要影响的指标包括："关注城市自身群体分布状况""关注小区自身群体比例""临近特色教育资源"和"临近特色医疗资源"。因此，群内偏好和民族特色公共资源的集中分布会阻碍居住互嵌的发展。在调研过程中，一些居民反馈，尽管他们愿意同不同族群的居民共同居住，但也希望小区中有一定比例的自身群体的居民，便于民族文化的交流、保存和延续。

"我还是习惯说本民族的语言，有时一不小心就说了。小区里要是能一起说的人没有的话，总觉得不对劲。"

——访谈对象 HRC

"住房偏好"对"文化适应"产生直接的影响，直接效应为 0.408。"住房偏好"对"文化适应"4 个指标的作用效应分别为 0.268、0.366、0.379 和 0.369。相对而言，"住房偏好"主要影响的是"族际文化喜好程度""族际交友意愿"和"族际共事意愿"。若居民越倾向于同自己群体共同居住，他们与其他族群之间的社会距离会随之拉大，也会造成他们对其他族群文化的接受和排斥。

（5）住房偏见对居住互嵌的作用分析

"购房偏见"对居住互嵌的直接效应，以及对"住房偏好"的直接效应都未通过载荷系数显著性检验。由此可见，呼和浩特市不存在欧美研究者强调的族际间由于住房市场的偏见导致居住互嵌程度偏低的现象。且问卷数据显示，住房偏见的均值为4.28，接近5，这证明，呼和浩特市住房市场因身份不同而出现不公平的现象极为少数，住房市场属公平化运行。

6.4.4 结果讨论

根据欧美学者的研究结果，族际间居住互嵌研究立足于空间同化、地方分层、居住偏好三个互为补充的理论。在这三个理论的共同指导下，族际间居住互嵌受到社会经济地位、文化适应、购房偏见和住房偏好四类因素的直接影响。其中，社会经济地位、购房偏见起主要作用，而文化适应和住房偏好的作用相对较小。然而，本文的研究结果显示，呼和浩特市族际间居住互嵌可采用这三种理论加以解释。但是，各类因素的影响方式和程度有所不同。其中，购房偏见的影响在呼和浩特并不存在，文化适应则起主要作用，而社会经济地位的作用相对较小，主要缘由如下：

（1）居民自由择居和收入、受教育程度等个体因素提升下的居住互嵌倾向

市场化改革赋予各民族居民自由择居的权利，城市化带来居住选择的多样性，两者共同对城市居民住房选择产生作用，促进各民族居民在城市内部的自由迁居。也就是说，"社会经济地位"更加平等和提升，在本来就民族平等和包容的社会环境下，提升了居民个体的自由择居能力和意愿，即这个因素日益演化为一个背景性因素，并通过增加文化认同提升族际间的居住互嵌过程。

"我们的民族政策挺好的，像那个蒙幼、蒙小、蒙中一类的学校待遇都很好，孩子学习方面和其他民族的孩子没什么区别。我家孩子前年大学

毕业，正好招蒙语和汉语都懂的（蒙汉兼通）公务员，他考上了，现在在人社厅工作，也挺好的。家里不缺吃的穿的，我是挺满足的。"

——访谈对象 JL

"我这个民族服装店已经开了十来年了，买衣服的各个民族的人都有，可能汉族还要多一点，进料也是从几个汉族老板那里拿货，这几年挣得挺好，买房子在哪都行，就是要个方便，住着痛快就行。"

——访谈对象 NRCKT

因此，个体收入、受教育程度、职业、年龄、户籍、迁移情况、民族通婚等因素对族际间居住互嵌起重要作用，尤其是收入、受教育程度的提升会带来族际间居住互嵌的倾向（Miller and Quigley, 1990）。即，在个体因素提升的促进下，呼和浩特各民族居民居住互嵌倾向不断深化：收入提升了居住互嵌的可能性，而教育水平的提升总体上提高了族际间的文化认同，间接借助居住互嵌可能性的提高而提升了族际间的居住互嵌水平。

2010—2017 年，呼和浩特市人均 GDP 由 1 万美元上升至 1.6 万美元，位居中国各大中城市前列，人均可支配收入在五年内提升了 10.6%。同时，居民接受高等教育的人数不断攀升。其中，2017 年蒙古族、回族、满族等居民普通高等教育在校人数比 2000 年提升 467%。因此，在民主、法治社会体系背景下，个体价值只有通过自身能力才能获得社会群体认可的思想已深入人心（Wilson, 1987），激发了居民个体对提升自我社会竞争能力的需求，消除了族际间的受教育程度、经济收入、职业选择等方面的差距，最终族际间的"社会距离"被拉近，成为居住互嵌的发展动力。

（2）族际间文化互动的凝聚作用

根据空间同化理论，西方一些学者认为，族际文化存在先进和落后的区别，主体民族的文化是先进文化的代表，而少数民族文化则相反，两者适应的最终结果是先进文化改造并吞并落后文化（钱皓，2003），最终促使少数民族丧失自身文化，进而实现族际间的居住互嵌（Alba and Logan et al, 1999)。但是，呼和浩特市族际间文化适应则与之不同：这些文化没有主次优劣之分，而是文化间相互影响、相互渗透，最终形成了极具包容性和开放性的地域文化（云中和虎有泽，2016）。

历史上，呼和浩特是典型的由蒙古族建立的城市，建城伊始，蒙古族为化解不定居民族建立定居城市的矛盾，以及修建庙宇、经商垦荒和补充军需的需要，招募大批汉族居民迁入居住，形成最初的族际混合居住的空间格局。之后，随着军事需求、商贸需求、移民戍边政策的推行，带动大量回族、满族和汉族等居民的迁入，促进了族际间互补的半农半牧生计方式的发展。随着民国时期族际间通婚增多，城市内部民族关系更为融洽，族际间居住互嵌向更为和谐的方向发展。因此，呼和浩特族际间的相互适应、渗透、借鉴具有悠久的历史渊源，尤其在元、清两个朝代，文化间的交融实现质的飞跃。以宗教文化为例，自成吉思汗统治时期，蒙古族就以积极开放的心态借鉴、吸收汉民族的佛教和道教思想。而满族入关后，汉族宗教信仰的特征对满族产生重要影响。蒙古族、满族和汉族在交融中形成相通的宗教文化信仰氛围，促使呼和浩特并未出现由于宗教信仰不同所产生的居住分异局面。同时，这三大民族在风俗习惯上也相互学习借鉴，如蒙古族的白节和汉族的春节在元朝时期合而为一，满族将春节安排在农历正月初一等，都是文化交融的具体表现。尽管回族宗教文化和风俗习惯上与其他三个民族有较大的差异，但是根据马宗保研究，历史上回汉文化间存在求同存异的特点，同时回族文化分散在伊斯兰文化、儒家文化和藏传佛教文化圈中，穿插过度特性明显。

2007年、2017年内蒙古自治区成立60周年和70周年大庆的举办，带来民族歌曲、民族特色建筑及民族体育、文化及教育的长足发展，进一步促进呼和浩特民族文化交融。语言上，族际间相互彼此适应学习，形成了语言错综成词的现象。同时，族际间互相学习共取名字的现象也时常出现（乌云其其格，2010）。音乐上，蒙古族传统短调结合汉族晋陕地区的民间艺术，创造出蒙汉语混用的"漫瀚调"（又称蒙汉调）（云中和虎有泽，

2016）。饮食上，奶茶、手把肉等深受各族居民的喜爱，成为日常生活的必需品。同时，各族之间还创造出融合游牧文化、农耕文化和商业文化的地方特色食品。族际间文化互动交融产生的地域文化，促使族际间文化适应性强，提升了当地居民的社会凝聚力。因此，在共同地域文化基础上，族际之间形成了融洽的互动关系，在文化层面上，保障并促进了当地族际间的居住互嵌水平。这样，民族文化多元互嵌的格局，成为族际间居住互嵌的基础，带动居住互嵌不断加深。

"我们单位里同事关系相处特别好，因为食堂饭菜不好吃，我们办公室几个人经常会从家里带些吃的，支上个小灶，改善一下伙食。我们这些人里蒙古族、汉族、满族等都有，大家吃东西没有什么忌讳的，能吃到一起去。每年冬天，我们会一起从锡盟那里买些牛肉、羊肉、奶豆腐这些东西储存起来，方便平时吃。现在网上说靠奶茶续命，我们这几个人一天不喝就觉得不得劲，办公室里每天都熬着喝，而且就属XX熬得最好，她可是正儿八经的汉族，熬的奶茶比我们还要好。我们有时候还会用保温杯装着带回家给家里人喝，都说她熬得正宗。"

——访谈对象 MJ

值得关注的是，由于近年来中国城市化进程的快速发展，作为内蒙古自治区首府城市的呼和浩特，吸引了大量农牧区居民来此定居，新移民成为呼和浩特重要的组成群体。调研中发现，多数来源于牧区的新移民，迁移至呼和浩特后才开始接触国家通用语言，致使其与其他民族居民在沟通交流上存在一定的障碍，他们的文化适应还需一段时间。因此，文化适应对居民的居住互嵌起主要作用。

"我是东乌珠穆沁的，以前在家帮别人放羊、打草。去年和我亲戚来的这。我不太会国家通用语言，说得也笨，经常越着急越说不出来，可能以后慢慢就好了吧。"

——访谈对象 HS

"我从小就在牧区，我们那不管蒙族还是汉人都说蒙语。来呼市好几个月了，国家通用语言还是说不好，我来往的多数都是老乡，通用语言还要多练。"

——访谈对象 BYLG

(3) 长期共居及农牧经济互补的推动作用

西方研究者认为，少数族裔一般在低技能制造业中从业，财富积累少，属"边缘化群体"或社会中的"底层阶级"，其社会经济地位相对较为低下，只能集中居住在城市中的贫困社区。随着社会经济地位的提升，可使其拥有搬离该地的能力，实现和主体民族的居住互嵌（Farley，1996；Phillips，1998）。

但是，长久以来，呼和浩特市的族际之间社会经济地位基本一致，并未出现其中一个民族处在"底层阶级"的现象。因此，社会经济地位的影响作用相对较小。这是因为，首先，历史上呼和浩特建城伊始，统治者为化解不定居民族建立定居城市的矛盾，以及修建庙宇、经商垦荒和补充军需的需要，招募大批汉族居民迁入居住，形成最初的族际混合居住的空间格局。回族迁居呼和浩特最早起源于清朝初年，解甲归田的回族军人途径呼和浩特在此定居，后又有大同以西的回族居民因商贸所需迁居于此，在城市北部形成聚居态势。同时，也有部分回族居民由于商业活动所需，迁入新城、玉泉和赛罕三个区域，在城市中形成不同区域的小聚居态势。尽管回族选择聚居，但其他民族对其保持充分地尊重，各民族间相处融洽。满族迁入源于清代公主下嫁和军事防御，由于日常生活接触和严厉的驻防管束，满族与城市内其他民族关系融洽，且满蒙通婚在清代已成定俗，加之民国时期满汉通婚增多，城市内部民族间的关系更为融洽，族际居住互嵌向更为和谐的方向发展。

其次，呼和浩特所在的土默特平原具有易耕易牧的特质，为农牧经济的互补提供了条件。历史上，随着各族移民的迁入，将农耕技术带入土默特平原，并通过租赁方式开发当地居民的游牧土地，种植收获各种粮食作物和经济作物，弥补了游牧经济下居民物资短缺的缺陷。同时，游牧经济创造的畜牧乳产品，也丰富了居民的日常生活所需，最终族际间结成"互相资以为生"生计方式（绥远通志馆，2007）。农业经济和牧业经济相互补充，充分发挥了土默特平原易耕易牧的特质，使得该地区形成了农牧业互为倚重的生产生活方式。诚如学者研究所得，现代社会，经济是联系国内各民族关系的主要因素，牢固的民族关系是建立在密不可分的经济联系之上（马戎，2001）。因此，呼和浩特这种特殊的生产生活方式，成为民族关系的经济纽带，实现了族际间社会经济地位的平等。这不但导致了社会经济地位因素对族际居住互嵌并不直接产生影响，而且还拉近了族际间的距离，消除了民族偏见，增进了民族感情。同时，使呼和浩特在经济层面缺乏产生购房偏见的基础。

(4) 社会主义政策的促进作用

以美国为代表的西方国家，在较长的历史时期一直实行民族偏见政策。20世纪60年代，随着美国少数民族民权运动的大规模爆发，政府才被动地调整民族政策。但是，"白人至上"的偏见心理仍根深蒂固（杨恕和李捷，2008）。以公平住房法案为例，该法案的通过并未标志着族际隔离的结束，各级政府、房地产、贷款和建筑行业，在维持双重住房市场上扮演着关键的角色，限制少数民族的自由住房选择（Meyer，2000）。因此，地方分层理论认为，民族偏见导致的购房偏见在居住互嵌中起着极其重要的作用。

在中国，并不存在民族偏见的状况。这得益于族际间在历史上长期的交融互补，更得益于中国社会主义制度下民族政策的促进作用。我国《宪法》规定：禁止对任何民族的偏见和压迫。国家保障并维护、发展各民族的平等团结互助和谐关系。在《宪法》的指导下，中国形成了以《民族区域自治法》为核心的各级各类民族政策体系（周竞红，2001），从法律层面保障并促进了民族间的全面平等与和谐。政治方面，《选举法》总则第三条规定：年满十八周岁的公民，不分民族，都拥有选举权和被选举权。社会生活方面，国家制定"民贸三项照顾政策"，满足各民族保持自身特殊风俗习惯所需。文化方面，国家赋予各民族平等接受教育的权利，为实现民族教育的发展，提升各民族的社会经济地位，考虑到民族教育存在的问题，推行优先录取、减免学费等政策，同时还采取使用少数民族语言进行考试的政策。统计资料显示，回族、蒙古族受教育年限高于自治区的平均水平。经济方面，国家采取民族地区财政支持政策，保障其经济的快速发展。在民族政策的促进下，民族平等有了法律保障，加之族际间在长期的历史交往中形成的"互相资以为生"的生计方式，族际间相互依存和发展，有力地消除了民族偏见。因此，中国境内绝无民族购房偏见，实现了民族关系的和谐共处。

基于这些平等的民族政策，无论是计划经济体制，还是中国特色市场经济体制，在社会经济层面都保障和促进了族际之间的居住互嵌进程。计划经济时期，中国以单位为基本单元进行住房分配，造成同质化群体的集中居住，如南街一号院、利民街、前进巷归属于内蒙古文化厅民族艺术团和内蒙古师范大学单位住宅区，是民族群体居住相对集中区域。1998年，呼和浩特市响应国家政策号召，取消单位住房配给体制，实行住房市场化改革，促进城市居民购买商品住宅的快速发展。据统计，仅3年后，即2002年，呼和浩特"个人购买商品住宅（万平方米）"比1998年提升409%，提升速度显著。住房商品化与市场化，排除了同民族群体集中居住的制度性障碍，为居民的自由购房提供了条件。

在市场力的推动下，住房买卖自由的开放程度加深，促进居民在城市中的自主流动和迁居，带动城市居住空间的重组，进而推动呼和浩特市族际间居住互嵌程度的进一步加深。改革开放以来的住房市场化改革和城市规划建设，如城市化影响下的郊区化和旧城改造，加速了族际之间的居住互嵌。2010年，城市东部和南部的城中村被呼和浩特规划局列为重点改造区域，居住环境不断改善。同时，呼和浩特大力规划发展民族特色基础设施建设，为居民工作、生活和学习等提供便利，促进居民在城市内部的自由迁移，降低因特色设施需求而聚居某一区域的民族比例，对族际间的居住互嵌产生推动作用。

2000年，呼和浩特制定城市建设"十年巨变"发展规划，在城市建设的推动下，2000—2015年呼和浩特市区常住人口从108.38万人增加至206.49万人，增长1.9倍，其中蒙古族、回族、满族等人口数量增长1.3倍。市区人口数量快速增长，使城市核心区住房压力凸显，但是受限于城市核心区的高地价和高人口密度，在经济利益的驱动下，城市房地产市场向近郊区扩张，研究时段内呼和浩特市建成区面积从120 km^2增加至260 km^2，城市近郊区发展明显。不同规模和档次的居住小区快速取代近郊区原土地利用方式，满足人们对居住选择多样性的需求，带动城市人口向近郊区自由流动和选择，促使近郊区居住互嵌不断加深。同时，呼和浩特也注重核心区旧城改造工作。核心区历来是呼和浩特民族聚居的主要区域，同时低层老旧小区占据主要比例。城市化使核心区地价凸显，高层小区快速取代老旧小区，提高了单位面积的入住率，原老旧小区居民被就近安置。同时，又吸引大量外部不同民族新居民的入住，使族际间居住互嵌加深。自2000年起，核心区各类大、中专院校掀起新校区建设热潮，2004年后，大批新校区的建成带动与之相关的居民在城市内部迁移，促使核心区居住互嵌的持续提升。

6.5　小结

本章利用空间同化理论、地方分层理论和居住偏好理论对呼和浩特族际间居住互嵌的因素加以阐释。"社会经济地位""文化适应""住房偏好"

共同对居住互嵌产生影响，但"购房偏见"对居住互嵌不产生影响，即不存在族际间的购房偏见现象。此外，由于呼和浩特各族居民拥有悠久的历史文化，因此与欧美等国的研究结论不同，本文的居住互嵌影响因素还包括"文化留存"这个维度。政策制度这类因素通过居住偏好中居民对特色教育和医疗的偏好两个指标体现出来。不仅如此，这两个指标对于居住互嵌的影响作用效果较为明显，也间接表明政策制度的重要作用。

其次，与欧美国家的研究结论不同，"文化适应"对呼和浩特市族际间的居住互嵌的促进作用最为强烈，"文化留存"和"住房偏好"的作用次之，"社会经济地位"的作用最小。这是由于中国以及呼和浩特地区特有的社会、经济、政策共同作用下的结果。

最后，各因素并不是都直接对族际间的居住互嵌产生影响。"文化适应"和"住房偏好"直接对居住互嵌产生影响；社会经济地位不直接对居住互嵌产生作用，而是通过作用于"文化适应"中介变量，对居住互嵌产生间接影响；"文化留存"通过直接作用于"文化适应"和"住房偏好"，间接对居住互嵌产生作用；"住房偏好"不仅直接作用于居住互嵌，而且还通过对"文化适应"的作用，间接影响居住互嵌。

第 7 章 呼和浩特市不同来源地移民居住互嵌意愿、影响因素的差异

呼和浩特市居民对族际间居住互嵌的意愿及影响因素分析是基于群体内部同质化的研究前提,缺乏对族群内部异质性的分析。近年来,随着社会表征理论的兴起,研究者对群体行为的研究出现转向,群体内部异质性分析成为研究者关注的重点,克服了现代心理学主客体分离及群体同质化的认知论误区。该理论认为,同一群体的认知和行为受不同来源地的影响存在内部差异。这是因为,社会、文化等背景是群体认知构成的深层次要素,对认知发生和发展起基础作用,即社会成员的认知研究必须根植于历史、文化等社会条件。尽管归属于同一群体,但由于社会文化条件不同,成员间的认知内容和表现形式也不一致,对科学知识的表征过程也会产生差异。地方承载着社会和文化意义,体现出独特的区域特征,由此,社会成员认知是地方社会、文化价值观念的反应。随着经济全球化的发展,部分研究者在社会表征理论的指导下,尝试将社会成员认知的区域差异作为研究的关键变量,探究来源地对其认知和行为模式的影响。尽管当前这些研究并未涉及居住选择行为,但研究者指出"对特定群体居住选择进行更为详细的研究是必要的,因为群体内部存在历史背景、自身特征等多方面变化"。因此,为进一步探究居民的内部差异,本章以呼和浩特城市移民为研究对象,采用多群组分析方法,尝试探讨不同来源地居民的互嵌意愿及影响因

素。同时，关注特定时空背景对个体心理认知形成的重要作用，将来源地作为影响因素，分析其对居住互嵌的作用路径。

7.1 数据来源与信度效度分析

7.1.1 数据来源

（1）问卷设计

由于是对同一群体内部异质性的研究，目的在于探讨呼和浩特城市移民群体对族际间居住互嵌认知意愿以及影响因素的差异性，为保持研究的延续性以及可对比性，问卷设计主体内容依照呼和浩特城市内部族际居住互嵌的影响因素展开，五个维度共19项指标（见表7-1）。

表 7-1　变量的结构特征

潜变量	观测变量	潜变量	观测变量
社会经济地位	X1 职业	住房偏好	X11 购/租房时关注城市自身群体分布状况
	X2 受教育程度		X12 购/租房时关注居住小区自身群体比例
	X3 月收入		X13 购/租房时关注小区在自身群体中的口碑
文化留存	X4 本民族风俗习惯了解程度		X14 临近亲属朋友
	X5 本民族语言表述程度		X15 临近特色教育资源
	X6 本民族文字书写程度		X16 临近特色医疗资源
文化适应	X7 国家通用语言表述程度	居住互嵌	Y1 同小区
	X8 族际文化喜好程度		Y2 同楼
	X9 族际交友意愿		Y3 对门
	X10 族际共事意愿		

其中，社会经济地位维度包含"职业""受教育程度"和"收入高低程度"3个指标；文化适应维度包含"国家通用语言表达程度""族际文化（饮食、服饰、影视等）喜好程度""族际共事意愿""族际交友意愿"等；文化留存维度包含"本民族风俗习惯了解程度""本民族语言表述程度""本民族文字书写能力"。住房偏好维度包含"购/租房时关注城市自身群体分布状况""购/租房时关注居住小区自身群体比例""购/租房时关注小区在自身群体中的口碑""临近亲属朋友""临近特色教育资源""临近特色医疗资源"。族际间的居住互嵌认同态度分为3个指标，分别对应"在同一个小区（不包括同一幢楼）生活的态度""在同一幢楼（不包括对门）生活的态度"以及"成为对门邻居的态度"。除社会经济地位3个指标用等级变量表示外，其余指标都用李克特5级量表表示，同时对阻碍居住互嵌的指标进行反向编码。

问卷中还设计了"来源地"题项。由于被调研对象来源地主要集中在内蒙古中东部地区，在问卷整理过程中，根据邢莉、呼日勒沙等的研究，将其划分为"呼包鄂城市群辐射区""科尔沁农牧混合区""锡林郭勒牧业区"三大类。

（2）问卷调查方案

通过对工作且居住在呼和浩特城区外来移民的抽样调查，获取问卷数据。调研时间为2017年3—7月以及2018年1—4月。为保证问卷数据的相对客观性和有效性，招募选取会流利书写和使用各民族语言的学生作为调研者，对呼和浩特城市移民群体开展抽样调查。在正式调研开展之前，对调研者进行为期15天的培训和试调研，通过试调研发现问卷及调研过程存在的问题，并逐一解决。在第一阶段调研过程中，调研者深入呼和浩特城区的各餐馆、特色商店、学校、医疗机构、大型购物商场等人群较为集中的区域进行调研，共收回1216份问卷。剔除非三类来源地居民问卷及无效问卷后，于2018年1—4月，针对三类来源地移民进行了补充调研和访谈。最终两次调研共获得有效问卷877份，有效率为63.3%。其中呼包鄂城市群辐射239份，科尔沁农牧混合区361份，锡林郭勒牧业区277份。在问卷调研开展的同时，对呼和浩特城区各类移民进行面对面访谈，目的在于深入了解移民群体对于族际居住互嵌的主观认知，支持问卷数据分析所得的相关结论。

（3）样本特征

调研对象性别分布较为适中，男性占43%，女性占57%，女性人数稍多于男性，这是因为在调研过程中，女性较男性更愿意接受沟通和交流（见表7-2）。

年龄主要分布在20～50周岁，这主要是源于对调研对象群体的界定：工作且居住在呼和浩特城区的移民。而20～30周岁的调研对象少于31～50周岁的群体，这是由于问卷主要涉及对居民已有居住选择感知的调研，据此将大量在呼和浩特市求学的学生未列入调研对象。文化程度主要集中在大专至硕士研究生之间。婚姻状况以已婚群体为主，收入主要集中在2001～6000元之间，而职业则主要分布在"政府机关事业单位人员"和"商业或服务业及自主创业人员中"。

表7-2 样本基本情况

项目	选项	比例(%)	项目	选项	比例(%)
性别	男 女	43.0 57.0	婚姻状况	未婚 已婚	41.3 58.7
年龄	20～30周岁 31～40周岁 41～50周岁 51～60周岁 60周岁以上	19.7 41.2 25.9 8.6 4.6	收入	2000元以下 2001～4000元 4001～6000元 6001元及以上	8.8 46.1 29.2 15.9

续表

项目	选项	比例(%)	项目	选项	比例(%)
性别	男 女	43.0 57.0	婚姻状况	未婚 已婚	41.3 58.7
文化程度	小学及以下 初中 中专及高中 大专 本科 硕士研究生 博士研究生	2.6 4.8 13.2 17.7 45.4 12.7 3.6	职业	政府机关事业单位人员 企业管理人员 专业技术人员及办事人员 商业或服务业及自主创业人员 待业、离退休人员	32.4 4.6 15.5 43.6 3.9

7.1.2 信度效度分析

将居住互嵌作为因变量，借助 Pearson 相关性检测分析获得其余观测变量与居住互嵌的相关系数和双侧显著性值。据此可以发现，在 877 个样本量中，除月收入外，其他指标都与居住互嵌存在 0.01 水平上显著相关。因此，剔除月收入这一项。剔除后，问卷整体的克朗巴哈 α 系数提升至 0.909，表明问卷整体的可靠性进一步提升。社会经济地位、文化留存、文化适应、住房偏好和居住互嵌量表的克朗巴哈 α 系数分别为 0.638、0.858、0.906、0.802 和 0.975，除社会经济地位量表以外，其余量表的内部信度非常好。由于社会经济地位量表项目较少，影响其克朗巴哈 α 系数值，但在可接受的范围之内，因此予以保留（蒋奖和许燕等，2009）。同时，由于克朗巴哈 α 系数作为唯一信度指标，存在受量表项目数量的影响、误差间无法相关等多种缺陷，需采用结构方程模型对各量表进行组合信度检验。

结果显示（见表 7-3），社会经济地位、文化留存、文化适应、住房偏好和居住互嵌量表的组合信度分别为 0.6448、0.8815、0.9117、0.8655 和 0.9771，5 个分量表的组合信度都高于 0.6，说明量表的测量信度比较好（徐万里，2008）。

表 7-3 量表信度效度分析

潜变量	观测变量	因素负荷	Cronbach's α	AVE	组合信度
社会经济地位	X1	0.728	0.638	0.5455	0.6448
	X2	0.749			
文化留存	X4	0.586	0.858	0.7212	0.8815
	X5	0.954			
	X6	0.954			
文化适应	X7	0.664	0.906	0.7238	0.9117
	X8	0.885			
	X9	0.921			
	X10	0.907			
住房偏好	X11	0.800	0.802	0.5190	0.8655
	X12	0.760			
	X13	0.693			
	X14	0.658			
	X15	0.645			
	X16	0.753			
居住互嵌	Y1	0.935	0.975	0.9343	0.9771
	Y2	0.987			
	Y3	0.977			

量表的效度检验结果显示，总量表的 Kaiser-Meyer-Olkin 度量值为 0.925，Bartlett 球形度检验的近似卡方和显著水平均符合标准，这说明指标符合构建模型的要求。为进一步检验量表的效度，对同一分量表的不同题项进行收敛效度检测。各分量表的 AVE 值显示，社会经济地位、文化留存、文化适应、住房偏好和居住互嵌量表收敛效度分别为 0.5445、0.7212、0.7238、0.5190、0.9343，高于 0.5，满足标准值的要求（张薇和史坤博等，

2019;宋晓兵,2008)。在信度和效度检测的基础上,对量表展开描述性统计、并构建结构方差模型,进行多群组分析及模型的拟合与修正。

7.2 呼和浩特市移民居住互嵌意愿的来源地差异

根据社会表征理论,呼和浩特移民尽管具有相同生活地域的特质,但其内部并非同质一体,受来源地不同社会文化的影响,移民群体具有认知差异。因此,借助SPSS19.0软件平台,对不同来源地的呼和浩特移民的居住互嵌进行描述性统计分析。

根据常见的分类,李克特5分量表的均值得分划分标准为:1～2.4分表示反对态度,2.5～3.4分表示中立态度,3.5～5分表示赞同态度(Tosun,2002)。总体而言,族际间不同微观层面居住互嵌的均值得分在2.97以上,且标准差分值在1.135以下,说明被调研者对题项答案的选择较为集中,三个来源地的移民都不排斥居住互嵌。Shibutani等指出,族际间物理距离的缩小是心理距离拉近的表现(Shibutani,1966),呼和浩特移民微观空间的互嵌意愿,显示其对非"纯化社区"生活方式、交往多样性的认可,也说明这类群体对族际差异的理解及包容,体现出族际间的心理认同与接纳。

对具体来源地展开分析,均值结果显示(见表7-4):

①呼包鄂城市群辐射区的移民对居住互嵌的接受程度最高,不管是"同一小区""同一幢楼"还是"对门而居",他们和其他族群之间的互嵌居住均值都在3.9以上,这说明来源于城市群辐射区的移民对族际间的居住互嵌持较高的赞同态度,且在调研过程中他们也表示,在住房选择中一般不会刻意考虑族群因素。

②科尔沁农牧混合区的移民对居住互嵌的接受程度次之,他们赞成在同一小区内不同族群共同居住的互嵌状态,对"同一幢楼"和"对门而居"

的状态持稍微偏中立的态度,均值得分分别为 3.30 和 3.18,比较接近赞同的临界点。

③锡林郭勒牧业区移民的均值显示,对三种状态的居住互嵌持中立态度。

表 7-4　不同来源地居住互嵌的均值比较

文化区	同一小区		同一幢楼		对门而居	
	均值	标准差	均值	标准差	均值	标准差
呼包鄂城市群辐射区	4.11	0.901	3.97	1.012	3.95	1.030
科尔沁农牧混合区区	3.52	0.879	3.30	0.924	3.18	1.008
锡林郭勒牧业区	3.31	0.991	3.09	1.091	2.97	1.135

为更直观显示呼和浩特移民对居住互嵌的态度选择,以居住互嵌作为横坐标(1~5 代表非常不赞同至非常赞同),调研对象的数量作为纵坐标,对锡林郭勒牧业区、科尔沁农牧混合区和呼包鄂城市群辐射区,三个主要的移民来源地进行对比分析。

总体上,三类来源地的呼和浩特市移民居住互嵌存在差异,城市群辐射区移民的互嵌意愿高于农牧混合区移民,牧业区移民的互嵌意愿与前两者相比稍弱,但三类来源地移民的居住互嵌较为和谐,并未出现显著的分异状况。具体而言:

①来源于呼包鄂城市群辐射区的移民,居住互嵌的意愿最为强烈(如图 7-1 所示)。在 3 个空间尺度上,其大致都呈现出持续上升的趋势,尤其在"同一小区"这种空间尺度上,"5 非常赞同"的人数最多;而其余两类空间状态,"4 比较赞同"的人数达到峰值。这说明,来源于呼包鄂城市群辐射区的蒙移民居住互嵌意愿比较强烈,居住互嵌非常融洽。

②来源于科尔沁农牧混合区的移民,居住互嵌的意愿较为强烈(如图 7-2 所示)。在 3 个空间尺度上的融合选择呈现倒"U"型结构,其中"同一小区"和"同一幢楼"2 个尺度上选择"4 比较赞同"的人数最多。同时,"对门而居"这个尺度上,赞同的人数也远多于不赞同的人数。这说明这

一来源地的移民有着和谐的族际间居住互嵌状态。

③来源于锡林郭勒牧业区移民在3个空间尺度上居住互嵌的态度选择同样呈现出倒"U"型结构（如图7-3所示）。但是，与呼包鄂城市群辐射区和科尔沁农牧混合区相比，其居住互嵌的意愿稍弱。不过，无论哪类空间尺度，赞同的人数都要远多于不赞同的人数。

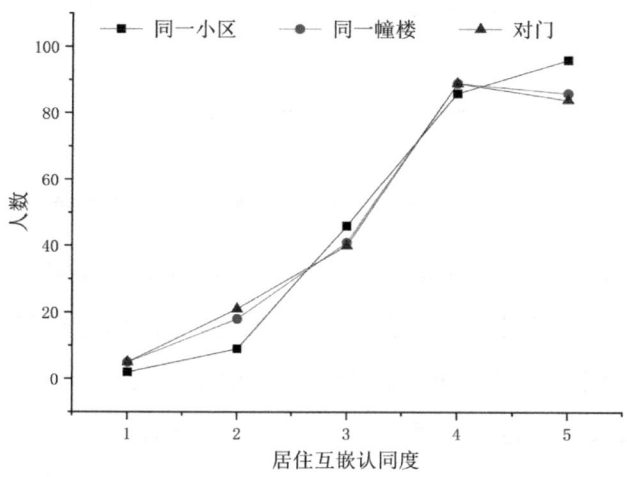

图 7-1 呼包鄂城市群辐射区移民对族际居住互嵌的认同度

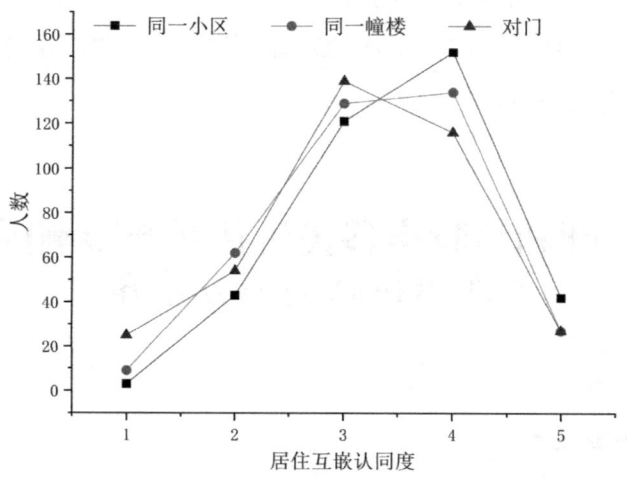

图 7-2 科尔沁农牧混合区移民对族际居住互嵌的认同度

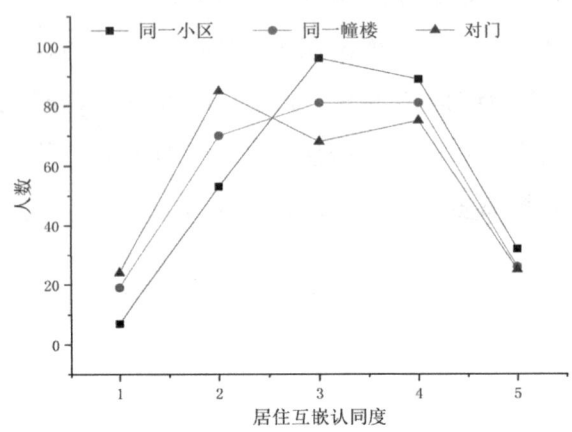

图 7-3　锡林郭勒牧业区移民对族际居住互嵌的认同度

上述分析表明，三类来源地移民群体互嵌意愿存在差异，说明忽视群体内部的多样性，其结论可能存在一定的误区。群体内部差异作为整体趋势研究的重要例外，显示出潜在的不可忽略的群体变异。这种变异之一，源于群体所成长及生活的空间环境，使得群体居住互嵌意愿及关键性要素存在一定的差异，反映出群体内部的结构距离。呼包鄂城市群辐射区、科尔沁农牧混合区以及锡林郭勒牧业区作为呼和浩特移民三个主要来源地，承载着族际交融的不同历史和社会发展状况，构成了移民群体成长及生活的空间环境，对群体认知起深层次的基础性作用，使得三类移民群体的互嵌意愿出现一定的分歧。

7.3　呼和浩特市移民居住互嵌影响因素及作用机制的地方差异

7.3.1　模型建构

根据第 6 章居住互嵌影响因素分析，构建影响因素的初始模型（如图

7-4 所示)。社会经济地位、文化留存和购房偏见是 3 个外生潜变量,包含 6 个观测变量;文化适应、住房偏好和居住互嵌是 3 个内生潜变量,包含 13 个观测变量,其中文化适应和住房偏好归属于中介变量,而居住互嵌则归属于内源变量。各外源变量通过路径对内源变量产生直接或间接影响作用。初始模型的自由度大于 0,是非饱和模型,因此模型整体上可以识别。

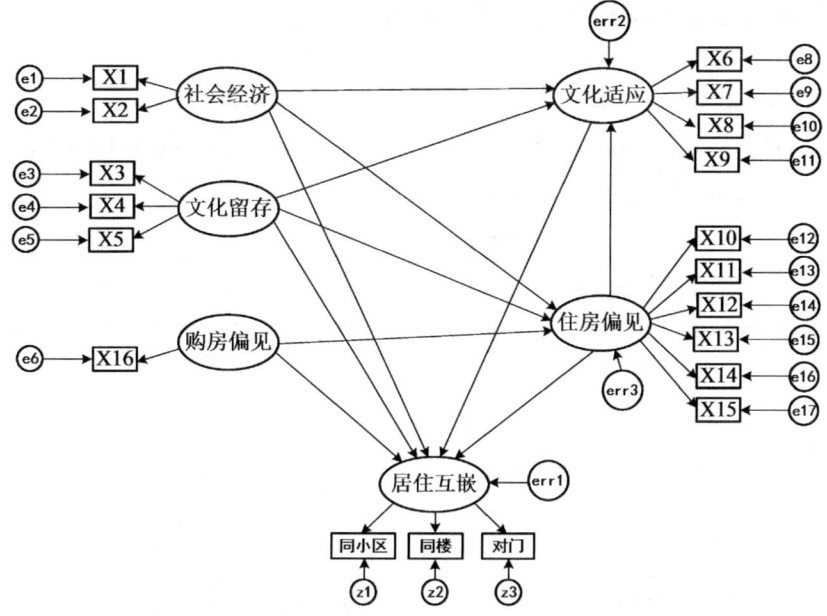

图 7-4 来源地差异的居住互嵌影响因素初始概念模型

7.3.2 结果分析

不同来源地的移民族际间居住互嵌存在一定的差异。在此基础上,可进一步探究三类来源地居住互嵌影响因素的差异。

为了辨析三种类型间的差异,同时探寻不同类型间影响因子的不同结构性关系,采用多群组 SEM 分析。这是一种探究背景变量在依变量上是否存在差异的方法,目的在于评判不同样本群体间模型的适配性(颜秉秋和高晓路,2013)。本文以来源地变量为调节变量,进行多群组分析。在分析前,为找到最适配的路径模型,进行各种参数限制。将预设模型、方差相等模型、协方差相等模型等 5 个模型进行输出结果适配度比较,最终确定本文的多群组 SEM 分析的模型为预设模型(不做参数限制的模型)。该模型的 CFI 值和 GFI 值高于 0.90,介于 0.903～0.963 之间,符合标准值的要求。同时,RMSEA 值介于 0.037～0.044 之间,小于 0.08 的适配标准值,卡方统计量显著性概率值高于 0.05。根据以上指标,说明多群组 SEM 分析与样本数据的适配良好(如图 7-5 所示)。

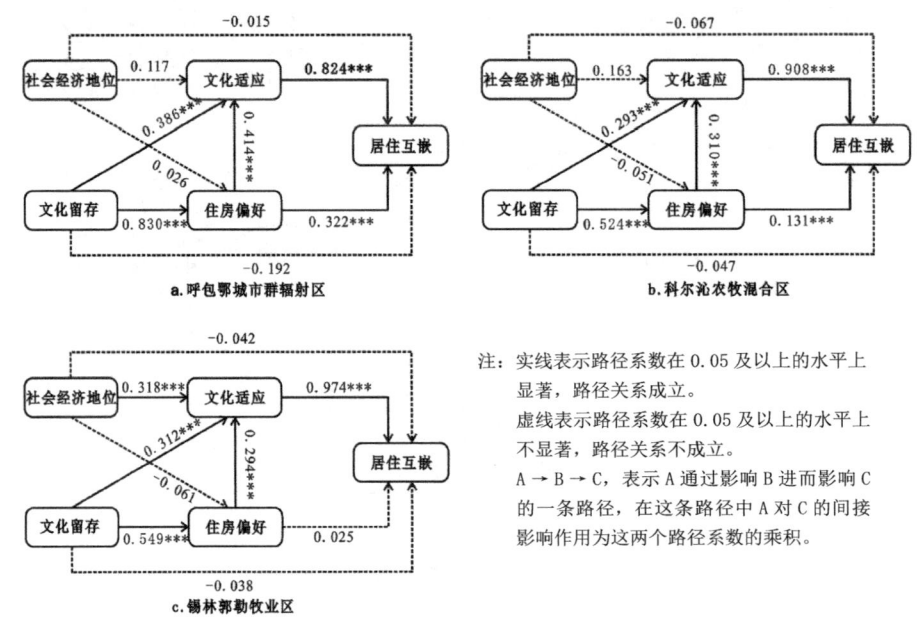

图 7-5 呼和浩特市移民居住互嵌影响因素的来源地差异

根据多群组 SEM 分析结果可知,"社会经济地位""文化留存"对三类来源地移民的居住互嵌的直接影响未通过载荷系数显著性检验,而"文化适应"和"住房偏好"则通过显著性检验。这说明,在呼和浩特城市内部居住的三类来源地移民,他们的居住选择和文化适应程度直接影响族际间居住互嵌的程度,"文化适应"的提升以及"住房偏好"的转变都能改变居住互嵌的格局。对比而言,社会经济地位、文化适应、文化留存和住房偏好等变量对不同来源地的移民居住互嵌的影响程度、路径系数、影响路径等方面存在显著的差异。

（1）呼包鄂城市群辐射区

"文化适应"和"住房偏好"对来源于该区域的移民产生直接影响作用，其中"文化适应"的作用效应为显著。"文化留存"通过连锁反应对"居住互嵌"产生间接影响，而"社会经济地位"则不产生影响。

具体而言，"文化适应"对"居住互嵌"的直接效应通过载荷系数显著性检验，路径系数表明直接效应值为0.824。当其他条件不发生变化时，"文化适应"潜变量每提升1个单位，"居住互嵌"内源变量直接提升0.824个单位。这说明"文化适应"这一变量直接对呼包鄂城市群辐射区的移民产生重要的影响。因此，提升这部分移民与其他族群之间的交往交流交融能有效地促进族际间的居住互嵌。

"住房偏好"对"居住互嵌"的总效应值为0.663，其中直接效应0.322，间接效应为0.341，间接效应主要通过作用于"文化适应"表现。这说明这部分移民在呼和浩特城市内部居住选择时，会重点考虑自身群体以及特色教育、医疗等设施的分布。并且，移民在城市内部的居住选择表现出他们对其他族群文化的喜好程度以及他们与其他群体的社会距离。

"我最喜欢《父亲的草原母亲的河》这首歌，因为它唱出了我们这些不会说蒙语的蒙古族的心声。现在学校上学都免费，设备也好，所以我们一定让孩子上特色学校。买房子的时候，就得离学校近点，要不就太不方便了。"

——访谈对象 NHY

"我父母年纪大了，身体不好，我也经常吃药。每次看病都找国际蒙医院的几个大夫，有时候还要住院。住的近些，省大事儿了。前段时间，我妈住院，来回跑得太麻烦了。"

——访谈对象 DL

"文化留存"也对"居住互嵌"产生影响,影响路径主要体现在3个方面:一是"文化留存"通过直接影响"文化适应"对"居住互嵌"产生作用。二是"文化留存"通过直接影响"住房偏好"对"居住互嵌"产生连锁反应。三是"文化留存"先作用于"住房偏好",而后对"文化适应"产生连锁反应,最终作用于"居住互嵌"。

这三条作用路径充分说明,呼和浩特移民自身所具备的群体风俗习惯等的底蕴并不会直接影响其族际间的居住互嵌,但会通过"文化适应"和"住房偏好"表现出来。尽管"文化留存"通过这三条路径对"居住互嵌"产生间接影响作用,但从总效应(0.676)中可知,作用效果较为明显。"社会经济地位"对于来源于该区域的移民而言,并不产生任何影响,这可能是因为这类移民受教育程度和职业声望较好,结合调研访谈,发现这部分群体主要就职于政府和事业单位,因此并不能通过提升社会经济地位提升民族间的居住互嵌。

"我觉得我们现在各民族的家长都比较重视自己孩子的学习成绩和学习态度,我就特别感谢我的父母,他们一直督促我好好读书。后来高考时,我在我们旗里高考卷成绩排名第二,选择了内大(内蒙古大学),本硕博都是,留校后一直当大学老师来着。"

——访谈对象 BY

"内师大(内蒙古师范大学)是民族教育的摇篮,学校比较重视蒙汉兼通人才的引进。我在的学院蒙古族老师有一半,有的学院更多。"

——访谈对象 ART

"财政口子上班的,公务员考试的时候不少工作岗位都有蒙汉兼通的要求,像我考试那年,我朋友报考的是工商局,还有朋友报考统计局,运气好,我们三个都通过了。"

——访谈对象 RF

(2) 科尔沁农牧混合区

来源于该区域的移民，其居住互嵌的影响路径与呼包鄂城市群的移民类似，差异主要体现在路径系数上。

"文化适应"对"居住互嵌"产生直接影响，直接效应为 0.908。与呼包鄂城市群辐射区移民相比，"文化适应"的作用程度更为强大，主要是因为农牧混合区移民接触族际文化的几率少于呼包鄂城市群辐射区的移民，主要表现在"国家通用语言表述程度"稍弱，在日常生活中与其他群体的接触程度要略微偏少。因此"文化适应"的作用程度要高于来源于呼包鄂城市群辐射区的移民。

"住房偏好"对"居住互嵌"的直接效应也通过载荷系数显著性检验，直接效应值为 0.131。因此"住房偏好"同样对"居住互嵌"产生直接的影响。这说明来源于该区域的移民对呼和浩特城市内部自身群体分布状况、特色教育和医疗设施也较为重视。"住房偏好"除对"居住互嵌"产生直接的影响外，也通过"文化适应"产生间接影响。这同样表明，这部分移民在住房选择过程中的偏好因素会通过其对其他族群文化及群体的接受适应程度表现出来。

"我家邻居和我媳妇是同一个单位的，她家是汉族，我家是蒙古族，在单位里她俩关系就好。而且两家的孩子一边大，都在同个学校读书，周末我们会时不时一起吃个饭什么的。"

——访谈对象 BTL

"我是通辽人，我媳妇是保定那边的。在师大上学的时候，我俩同班，我是班长，她是学习委员。我觉得她人挺好的，是我喜欢的类型，毕业后我俩还一起去了北京当北漂，觉得那生活不适合，还是在呼市好，同学朋友都在这里。刚买的房，是我媳妇看中的，她说好就好呗，听她的。"

——访谈对象 CKT

"其他民族的人接触的不多，平时也就是见面点个头，打个招呼，没有太多接触。工作的地方老板是我们老乡，底下员工个别是汉族、回族，其余都是蒙古族。老板给安排找的房子，周围大部分是我们一个民族的人。"

——访谈对象 ERD

"大学毕业后，就留在呼市工作了，谈对象没想过找其他民族的，自己民族的，我觉得习惯啊、文化啊什么的都一样，好相处。我是在蒙专（呼和浩特民族学院）上的大学，对象也是蒙专的，所以现在我们就在这边租房。这里我们蒙古族的人比别的地方要多一些，平时用蒙语交流也方便。"

——访谈对象 BSGL

不过，"文化留存"通过"文化适应""住房偏好"路径，只对"居住互嵌"产生3类间接作用的路径，而"社会经济地位"也同样不产生任何影响。

（3）锡林郭勒牧业区

来源于该区域的移民，其居住互嵌的影响路径与前两类移民有较大的不同，"住房偏好"的直接影响路径在此并未表现，而"社会经济地位"的影响在此则较为显著。

具体而言，融合的直接影响因素主要来源于"文化适应"（直接效应为0.974），远高于其他两类区域。这是因为多数移民只有在接受高等教育时才开始接触国家通用语言教育。因此，"文化适应"程度要小于另外两类移民群体，提高其对其他族群文化及群体的适应程度，能有效地推进族际间居住互嵌。

"我的家乡在锡盟的阿巴嘎旗，我们来呼市上大学后才系统地学习普通话。"

——访谈对象 WYH

"社会经济地位"通过"文化适应"路径对"居住互嵌"产生间接影

响,这是因为相比于另两类移民群体,这类移民在教育程度和职业声望等方面偏低(访谈中发现他们在城市内主要从事各类服务行业),随着他们"社会经济地位"的提升,"文化适应"和"居住互嵌"也会相应地增加。

"我十来年前来的呼市,那时候在饭馆打工,挣不了几个钱。你也知道,挣得少就不愿意跟别人过多来往。这两年我做厨师了,工资不错,朋友也多了,经常下班和朋友吃点喝点。慢慢地也认识了一些其他民族的朋友。"

——访谈对象 WF

"我以前在养牛养羊,也不会干其他的,来呼市以后,干过小工、送过水,还跑过黑车。现在送外卖呢,挣点钱不容易。"

——访谈对象 NRS

"住房偏好"未对"居住互嵌"产生直接影响。按照常理,锡林郭勒区域被认为是牧业文化保留最为完整的地方,这部分移民的族源归属性较高。同时,该区域的移民和其他两个区域的移民相比,职业声望偏低。根据同类研究表明,移民群体的最初城市融入以"谋生"为主,在居住选择过程中愿意同自己亲属、本民族群体在一起居住,便于构建社会关系网络(张志泽和高永久,2017)。因此,来源于锡林郭勒牧业区的移民,其"住房偏好"对族际间居住互嵌应该产生直接的影响。但是,在实际数据分析过程中,结果并非如此。不过"居住偏好"依然通过"文化适应"表现出来,并作用于"居住互嵌"。"文化留存"则同样通过"文化适应"和"住房偏好"对居住互嵌产生间接影响。

对比而言,首先,"文化适应"对"居住互嵌"的影响表现依次为锡林郭勒牧业区、科尔沁农牧混合区、呼包鄂城市群辐射区。这是因为这三个区域和其他族群居民的交往交流程度依次递增。锡林郭勒牧业区地广人稀,族际间的交流较少。因此,来源于这一区域的移民"文化适应"的影响较为突出。科尔沁农牧混合区族际间的交往交流程度高于牧业区,其"文化适应"作用次之。呼包鄂城市群辐射区是内蒙古自治区城市化水平最高的区域，城市化促进了族际文化的交流，来源于该区域的移民其族际文化适应程度高于其他两个地区。因此，"文化适应"的作用也相对较小。

其次，"社会经济地位"的作用只体现在锡林郭勒牧业区，这是因为相比于其他两个区域。来自于该区域的移民在受教育程度以及城市内部从事的职业所产生的职业声望要小于其他移民，这社会经济地位的提升能提高他们的互嵌程度。"住房偏好"对"居住互嵌"的直接影响路径，只体现在呼包鄂城市群辐射区和科尔沁农牧混合区，而在锡林郭勒牧业区中并未体现。这与城市族际移民交融研究的相关成果不符，其可能是因为来源于呼包鄂城市群辐射区和科尔沁农牧混合区的移民社会经济地位较高，在住房选择过程中可以自由选择接近学校和医院等区域。一般而言，该区域在呼和浩特市属于城市核心区域，需要有一定的经济能力才能支付该区域的房价；而来源于锡林郭勒牧业区的移民，较低的房价是其考虑的主要因素，且这类区域一般和教育、医疗资源距离较远，他们的住房偏好并不直接产生影响。

"我就想有个地方住，好的也买不起，经常满大街去找便宜点的房子。我现在租的房子在西二环以外，每天电动车要跑二十来公里去干活。"

——访谈对象 NRS

"你也能看出来，我不是有钱的，高档的房子根本不敢想。孩子上学，老人也要养，就靠我俩干零活挣得这点钱，房子这块只要价钱低就行。不敢再挑别的。"

——访谈对象 CX

"现在城里的房子太贵了，动不动就一万多一平米，我们的工资都不高，哪里说是想买就买得起的。以前一直租的房子到期后房东要涨价，涨的太多了，我们就搬出来重新找地方。费了好大劲才找到现在住的地方，偏是偏了点,我们挣些钱也不容易,能省就省。"

——访谈对象 HY

最后,三个区域"文化留存"对"居住互嵌"的作用都通过"住房偏好"和"文化适应"间接表现出来,说明,尽管移民来源于不同区域,但是他们所具备的自身文化留存并不会对族际间的居住互嵌产生直接影响。

7.4 来源地对居住互嵌的影响

根据社会表征理论,呼和浩特移民来源地不同,其互嵌的认知以及影响因素存在差异,体现了群体内部异质性的特征。同时,社会表征理论强调区域空间对个体的心理认知及行为方式的作用,据此在分析区域空间差异性的基础上,进一步分析来源地的作用路径。将来源地作为潜变量,分析其对居住互嵌的作用路径和作用程度,进一步剖析来源地对居住互嵌的具体影响过程。来源地作为外生潜变量,社会经济地位、文化留存、文化适应、住房偏好和居住互嵌是 5 个内生潜变量,包含 18 个观测变量。中介变量包括社会经济地位、文化留存、文化适应、住房偏好,内源变量则是居住互嵌。由于来源地潜在变量只有一个测量指标变量,该模型为混合路径分析模型,需对来源地的误差方差(error variance)进行限制,将测量误差值的方差设定为 1,使其成为可识别的参数(吴明隆,2010)。初始模型的自由度大于 0,是非饱和模型,整体上可以识别。

7.4.1 模型拟合与修正

模型拟合结果显示,绝对适配度指数中 RMR 值为 0.053,未达到小于 0.05 的适配标准;RMSEA 值为 0.057,介于 0.08~0.05 之间,适配标准良好;GFI 值和 AGFI 值分别为 0.937 和 0.916,达到大于 0.9 的适配标准。

增值适配度指数中，NFI 值、RFI 值、IFI 值、TLI 值以及 CFI 值分别为 0.960、0.952、0.970、0.964、0.970，都高于 0.9，达到临界值的标准。简约适配度指数中 PGFI 值、PNFI 值、PCFI 值分别为 0.701、0.797、0.805，CN 值大于 200，都达到适配标准，但是卡方自由度比值（X^2）为 3.861，高于 3 的临界值，未通过检验指标。因此，模型需要进一步修正，以达到最佳拟合效果，实现有效的分析结论。

统计学上认为，CR 值小于 2，则其对应的统计检验相关概率 P 值大于 0.01，说明载荷系数显著性不明显，需剔除该影响路径，进行重新拟合检验。模型运行结果表明：在"来源地"对"住房偏好"的影响路径中，CR 值为 2.681，R 值为 0.007，SE 值为 0.036，载荷系数显著性不明显，需对该影响路径进行剔除；在"来源地"对"文化适应"的影响路径中，CR 值为 1.310，R 值为 0.190，SE 值为 0.025，载荷系数显著性同样不明显；而"来源地"对"居住互嵌"的影响路径显示，CR 值为 -0.844，R 值为 0.399，SE 值为 0.022，同样不显著，因此也剔除这两条路径。而后，根据初始模型运算得到的修正指数对模型进行扩展。最终得到符合检验标准的各项指标路径系数值（见表 7-5）。

表 7-5　模型各路径系数估计结果

路　径	Estimate	S.E.	C.R.	P
文化留存←来源地	0.283	0.026	11.056	***
社会经济←来源地	0.383	0.060	6.369	***
住房偏好←文化留存	1.162	0.080	14.540	***
文化适应←社会经济	0.104	0.022	4.779	***
文化适应←住房偏好	0.295	0.039	7.550	***
文化适应←文化留存	0.354	0.058	6.051	***
居住互嵌←住房偏好	0.123	0.028	4.412	***
居住互嵌←文化适应	1.555	0.068	22.710	***

修正后的模型卡方值为 422.525，自由度值为 142，卡方自由度比为 2.976。同时拟合度检验结果显示，绝对适配度指数中 RMR 值降为 0.048，达到适配标准；RMSEA 值达到 0.047，小于 0.05，适配标准由良好达到优良；增值适配度指数和简约适配度指数都完全符合标准，至此所有指标符合临界值，最终模型（如图 7-6 所示）可以有效地验证假设。

7.4.2 结果分析

从修正后的模型可知，"来源地"对"居住互嵌"的直接效应为通过载荷系数显著性检验，说明"来源地"这一潜变量并不直接影响呼和浩特城市移民族际间居住互嵌，而是通过作用于其他潜变量，对居住互嵌产生间接作用。同时"来源地"对"社会经济地位"和"文化留存"的直接影响通过载荷系数显著性检验，而对"文化适应"和"住房偏好"的直接影响则未通过载荷系数显著性检验，说明"来源地"变量只对"社会经济地位"和"文化留存"产生直接影响，而对"文化适应"和"住房偏好"的影响主要通过间接效应体现。具体作用路径主要表现如下：

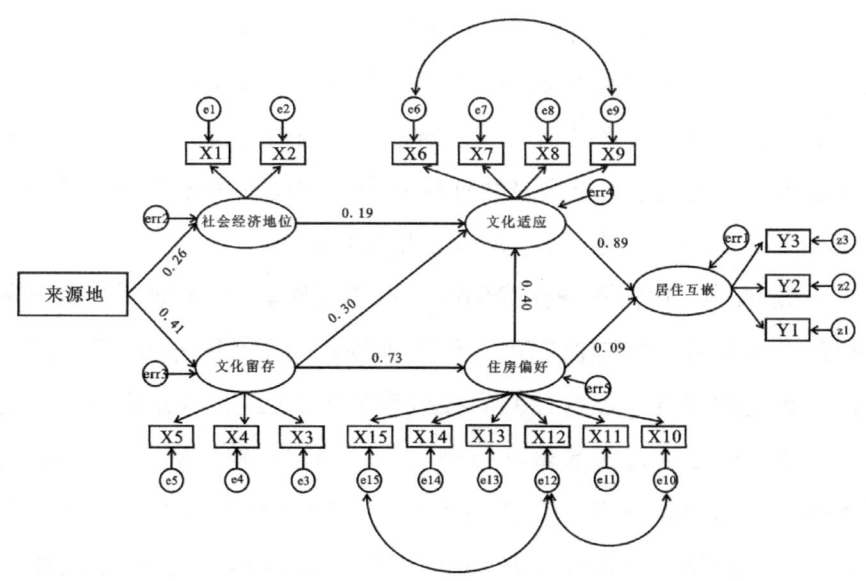

图 7-6 修正后的模型

① 来源地→社会经济地位→文化适应→居住互嵌。"来源地"这一潜变量通过影响"社会经济地位",进而影响"文化适应",最终对"居住互嵌"产生影响。通过这一连锁反应,"来源地"对"居住互嵌"产生影响的这一条路径间接效应值为 0.044。这说明不同的来源地会对呼和浩特移民的社会经济地位产生直接影响。总体而言,来源于呼包鄂城市群辐射区的移民社会经济地位高于科尔沁农牧混合区移民,更高于锡林郭勒牧业区移民。因此,随着移民来源地由牧业区向城市群辐射区转变,移民的社会经济地位也会相应发生改变,进而影响到他们对族际文化的适应程度,最终族际间居住互嵌的程度也会得到改善。

② 来源地→文化留存→文化适应→居住互嵌。"来源地"通过直接作用于"文化留存",进而作用于"文化适应",最终影响"居住互嵌"。"来源地"对"居住互嵌"的间接影响,即通过"文化留存"和"文化适应"的连锁反应产生,间接效应值为 0.109。由此说明,来源于呼包鄂城市群辐射区的移民对自身群体的风俗习惯了解程度较为薄弱,本民族语言表达和写作能力偏低,其国家通用语言表达能力较高,对其他族群的文化越为喜好,族际居民的社会距离越小,进而居住互嵌程度越高。调研过程中也发现,部分来源于该区域的移民既不会本民族的语言,也不认识本民族的文字,平时交流所用语言以国家通用语言或者当地方言为主。随着来源地由城市群辐射区向农牧混合区及牧业区转变,移民本民族风俗习惯的留存程度逐渐变高,居住互嵌程度也相应发生变化。

③ 来源地→文化留存→住房偏好→居住互嵌。"来源地"的另一条作用路径在于从作用于"文化留存"开始,连锁作用于"住房偏好",实现"居住互嵌"程度的提升,该路径的间接效应值为 0.027。尽管这条路径的影响作用较小,但也通过了显著性检测,这说明这条路径的作用也需重视。从这条路径可看出,来源地会作用于呼和浩特市移民的本民族风俗文化保留程度,牧业区长期的生活环境和交流氛围能较好地保留本民族的语言与文字,影响移民进入城市后的住房偏好,最终影响族际间的居住互嵌。

④ 来源地→文化留存→住房偏好→文化适应→居住互嵌。"来源地"的重要作用路径还体现在"文化留存"至"住房偏好"至"文化适应"最终实现居住互嵌中，该路径的间接效应值为0.107。从该条路径可知，"来源地"连锁反应至"住房偏好"能影响到移民的"文化适应"，进而通过"文化适应"改变其"居住互嵌"。这表明来源于不同区域的移民进入城市生活后，来源地的风俗习惯等氛围，通过其本民族的文化保留程度表现出来，进而会影响他们在城市中的住房选择，即通过住房选择会影响到城市生活中他们对其他族群居民和文化的接受程度，最终影响族际间的居住互嵌。

相比较而言，"来源地→文化留存→文化适应→居住互嵌"这条路径的作用程度最高，其次为"来源地→文化留存→住房偏好→文化适应→居住互嵌""来源地→社会经济地位→文化适应→居住互嵌"次之，作用程度最小的是"来源地→文化留存→住房偏好→居住互嵌"路径。总之，城市移民的来源地因素对居住互嵌的作用不能被忽视，因为"来源地"这一潜变量可以通过多条路径，作用于中介变量，最终影响到城市内部族际间的居住互嵌程度。同时，这也说明"来源地"主要对"文化留存"和"社会经济地位"产生直接的影响，因为移民来源地是族际交往交流交融的重要场所，对从小生长于此的居民产生重要的影响。而且，来源地族际交融的程度会影响移民在城市住房的选择，最终影响族际间的居住互嵌。

7.5 小结

首先，三类来源地的呼和浩特市移民居住互嵌存在差异，城市群辐射区移民的互嵌意愿高于农牧混合区移民，牧业区移民的互嵌意愿与前两者相比稍弱，但三类来源地移民的居住互嵌较为和谐，并未出现显著的分异状况。

其次，社会经济地位、文化适应、文化留存和住房偏好等变量对不同来源地的移民居住互嵌的影响程度、路径系数、影响路径等方面存在显著的差异。"文化适应"对"居住互嵌"的影响表现依次为锡林郭勒牧业区、科尔沁农牧混合区、呼包鄂城市群辐射区。"社会经济地位"的作用只体现在锡林郭勒牧业区。"住房偏好"对"居住互嵌"的直接影响路径，只体现在呼包鄂城市群辐射区和科尔沁农牧混合区，而在锡林郭勒牧业区中并未体现。三个区域"文化留存"对"居住互嵌"的作用都通过"住房偏好"和"文化适应"间接表现出来，说明尽管移民来源于不同区域，在提升族际间居住互嵌程度的过程中，需要重视移民风俗习惯的保留程度所带来的间接影响。

最后，"来源地"这一潜变量并不直接影响呼和浩特城市移民族际间居住互嵌，而是通过作用于其他潜变量，对居住互嵌产生间接影响。同时，"来源地"对"社会经济地位"和"文化留存"产生直接影响，而对"文化适应"和"住房偏好"只产生间接效应。

第 8 章 呼和浩特市族际居住互嵌的作用机制与启示

基于上述实证分析可以得到，400多年来呼和浩特城市内部族际间居住空间经历了由分异向互嵌的发展过程。新时代，无论在城市尺度、市辖区尺度还是街道尺度都呈现出高度互嵌的状态。微观层面的社会调研结果显示，族际间总体上愿意混合居住，对居住互嵌表现出较为强烈的认同态度，且个体能力、意愿的提升及社会保障条件的完善都会促进居住互嵌。不同来源地的移民群体在族际居住互嵌认同态度以及影响因素方面存在一定差异。因此，基于前述的研究结论，本章尝试建构呼和浩特市族际间居住互嵌空间格局的影响因素的作用机制，并从国家政策、文化认同以及社会资源和社会心理等方面凝练相关启示，进而提出一些政策建议。

8.1 族际间居住互嵌的作用机制

族际间居住互嵌的作用机制是基于社会分层、文化认同和政策环境解释框架下的连锁作用和细化。同时，与解释框架中社会分层的核心作用不同，内蒙古城市族际居住互嵌的作用机制是以文化认同为中心，通过与社会分层、政策环境的协同作用，影响文化交流传承、人力资本和制度变迁这些中间环节，进而表现为居民居住空间选择上的意愿、能力与条件，最终作用于居住空间的互嵌（如图8-1所示）。

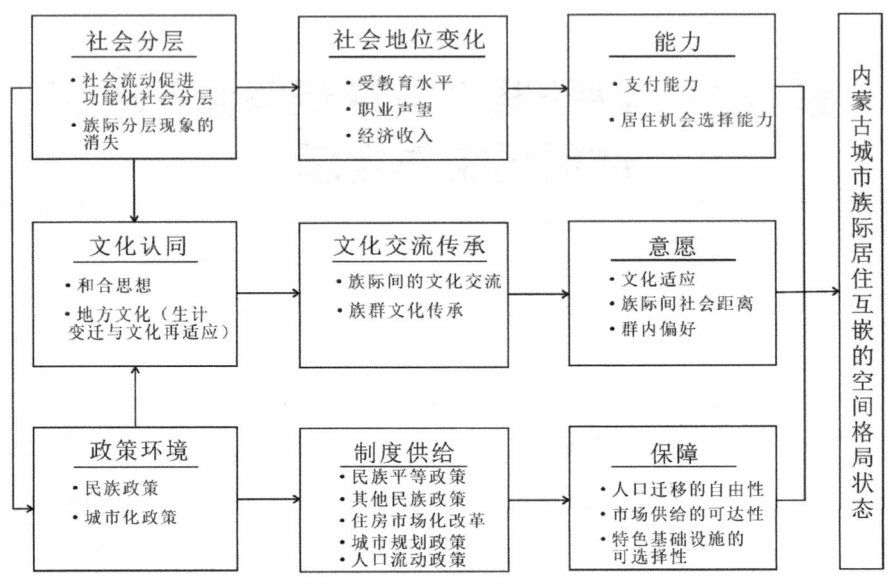

图 8-1 内蒙古城市族际间居住互嵌空间格局影响因素的作用机制

（1）社会分层对居住互嵌的作用分析

首先，城市不同群体的居民间的社会分层与当前中国特色社会分层的环境密切相关。中国的社会分层有其自身的特点及特殊性。

一方面，在社会流动与阶层分化方面，得益于改革开放和时代变迁，中国社会流动和阶层分化在借鉴西方的理论与实践基础上，明显地凸显出时代性和个案性，具有中国特色（李春玲，2019）。计划经济向市场经济转变扩大了社会开放程度，城乡二元壁垒逐步瓦解，社会流动率和自由度大幅度提升。随着流动的城市取向，城市属性促进了社会阶层分化的程度及结构变化。与冲突论社会分层观不同，中国的阶层分化更加凸显功能化倾向。当前中国的社会阶层分化并不意味着阶层间不可调和的利益矛盾和冲突（陆学艺，2002），是市场竞争中能者多劳多得的公平体现（冯同庆和许晓军，1993；李培林，1995）。即使中国的社会阶层分化出现一定程度的利益纠葛，在构建和谐社会的背景下，通过国家干预和社会政策的帮扶，能够较好地化解矛盾，使社会阶层分化向合理方向发展（仇立平，2006；李强，2016；李培林，2017；刘欣和田丰，2018）。

另一方面，与西方不同的是，中国既不存在制度上的民族分层，也无民族分层的事实。中国推行民族平等政策，民族间社会地位相等，因此不存在以民族为指标的社会分层（各民族之间的分层现象），只存在民族内部社会分层（陈怀川，2010）。这也意味着，单个民族群体的成员在社会各个阶层中都有一定比例的分布（马夫，2007；李臣玲，2008），而非如欧美国家所表现出的盎格鲁－萨克逊民族占据着高社会声望的阶层，其他民族成员则集中分布在社会声望较低的阶层这一现象。据此，当前中国族际间居住互嵌研究涉及的是民族内部社会分层研究，而非民族间社会分层的对比。

由于中国不存在民族间的社会分层，因而随着社会流动而产生的阶层分化也不会出现民族差异。这就意味着民族居民社会经济地位的提升不以其民族身份的差异而产生不同，而是和其他群体的城市流动及阶层分化一样，由社会流动产生阶层的分化。这种作用机制，消除了城市居民在城市内部自由居住选择的身份障碍。与此同时，社会流动和阶层分化的功能化倾向，避免了居民在市场竞争中可能面临的不利影响，保证了群体在提升社会经济地位过程中的合理性和公平性。以此为基础，在工业化和城市化的促进作用下，人口结构性流动（社会原因）和非结构性流动（个体原因）的机会持续增加（扈红英和张俊侨，2018），推动封闭固化的社会阶层向开放且动态方向发展，为城市居民创造了改变自身社会经济地位的机会。社会经济地位主要通过个体受教育水平、职业声望以及经济收入等体现。一般而言，随着居民受教育水平、职业声望的提升，经济收入也随之提高，意味着其住房支付能力也得到一定的增强，为其在拥有良好设施及环境的主流社区购置住房创造了可能性。同时，社会经济地位的变化也促使居民居住机会（住房的地理位置、房屋所有权以及房屋质量）的选择能力越来越趋于一致。综上所述，中国化的社会分层改变了居民的社会经济地位，进而提升了其住房支付及选择能力，最终促进了族际间的居住互嵌。

其次，内蒙古城市族际间的社会分层与族际间长期互补的农牧经济密切相关。族际之间形成的互补的农牧经济合作关系历史悠久，且两者之间相互依存，互惠互利，共同促进了民族关系的和谐发展。

一方面，历史上牧业经济下的居民形成了"无茶则病""锅釜针线之具，缯絮米菽之用，咸仰给汉"的特殊局面，生产生活物资需要通过族际间的贸易交往得以满足，否则会形成"爨无釜，衣无帛"的困境；而居民对农业生产无法提供的军马、皮货、奶食等需求，则仰仗于牧业经济的供给（哈正利，1996）。因此，族际间停止兵戎互戒转而贸易往来，使江南和塞北互通有无。

另一方面，随着族际间的相互迁移，使农业和牧业生产生活方式得以相互融合。农业种植收获各种粮食作物和经济作物，弥补了游牧经济下居民物资短缺的缺陷。同时，游牧经济创造的畜牧乳产品，也丰富了居民的日常生活所需，最终族际间形成特殊的"互相资以为生"生计方式（绥远通志馆，2007）。这种相互倚重的经济生产方式，成为牢固且平等民族关系建构的重要基础（马戎，2001）。因此，历史上内蒙古族际之间这种特殊贸易方式和生产生活方式，成为民族关系的经济纽带，实现了族际间社会经济地位的平等，拉近了族际间的距离，消除了民族偏见，增进了民族感情，同时使呼和浩特在经济层面缺乏产生购房偏见的基础，而且保证了居民在住房支付和选择能力上的自由及平等。

（2）文化认同对居住互嵌的作用分析

族际间文化认同的作用机制可以从和合思想与地方文化两个维度进行解析。从和合思想维度来看，与西方一些多民族国家不同，中国族际间共生共存的形成是历史长期演化的结果。在历史演化过程中，族际居民之间相互学习、相互借鉴，文化双向吸收明显。

语言上，民国时期，土默特、准格尔等地蒙古族已经"几乎皆通汉语，年少者作蒙，反不若汉语之纯熟矣"（绥远通志馆，2007），而汉族同样经历蒙语的学习和吸收，形成"依蒙族、习蒙语、行蒙俗"的生活习惯（闫天灵，2004），日常用语体现出族际语言混合使用的情形。

饮食上，随着农牧生产方式的交融，少数民族居民饮食习惯向谷物转向，面、汤、烩菜等"与汉人无异"（绥远通志馆，2007）；汉族居民则"习饮砖茶水烟"，奶食肉食也成日常必需（张植华，1987）。

年节风俗上，族际相互效仿，重视春节、讲究订婚"命相八字"、行三周纪念礼等（林传甲，1916）。同时，对婚礼习俗进行改良，内容和形式族际间无差异（民商事习惯调查报告录，1930；郑居中，1783）。

不同族群在文化上的相互吸收使族际间在应对民族关系方面形成了"和合"传统并构建了"和合思想"。"和"即多元异质性事物之间的协调互补互动（宋清元和王成，2019），强调"和而不同"，而"合"则意味着保持"不同"状态，进而转"合"，即"不同而和"（陈维新，2008），是多元异质性事物和谐相处的状态，而非将异质性事物进行同质转化。"和而不同"是和合思想的精髓所在，是内蒙古族际间在处理"我群"和"他群"关系的重要指导。

和合思想与费孝通先生总结的"各美其美，美人之美，美美与共，天下大同"内涵一致，是处理不同文化关系的基本思想。和合思想指导下，族际间文化没有主次之分，更无优劣之分，相互间的学习和交融促成的文化间相互适应是为了实现族际同生存、共繁荣所需。文化间相互学习、借鉴，目的在于达到协调和互补，实现"和"以及"美人之美"的效果；民族认同则是"和而不同"的体现，保持民族间的"不同"状态，实现"合"以及"美美与共"的效果。

从地方文化维度来看，基于人类学视角，地方文化是指在一定的空间范围内，特定群体所表现出的明确或含蓄的行为方式和思维方式之和（张凤琦，2008），通常借助符号进行传递和获取，是该特定群体独特成就的反映（Kroeber and Kluckhohn, 1952）。尽管同一民族具有相同的文化模式，但是随着地方生计方式的调整和重构，该地方的文化模式也会发生相应变化，多元的生计方式带来多元的地方文化，在一定程度上造就了文化的多样性。以蒙古族饮食文化为例，民国时期，大兴安岭东南部和西北部蒙古族生计方式的不同，形成了以大兴安岭为分界线的蒙古族地方饮食文化的差异（丁世良和赵放，1989）。文化作为人们意识和思想的投射，是具象化的表征（赵蜜，2017）。地方文化作为表征的具象，归属于社会性因素，对长期生活于此的群体的认知起决定作用，地方文化的差异性表现出生活于不同地方的群体的认知差异性。

和合思想和地方文化共同作用下的文化适应和民族认同，对族际间文化交流以及民族文化传承产生影响。"和"因素以及地方文化开放属性下的文化适应促进了族际间文化的交流，实现了居民对族际文化的学习、借鉴、掌握及运用。族际间的文化交流提升了族际间的交往意愿，沟通障碍消除、社会距离拉近、社会网络建构，共同促进居住互嵌的深化。

（3）政策环境对居住互嵌的作用分析

族际间政策环境的作用机制可以从我国当前所特有的政策环境进行解析。立足于统一的多民族国家基本国情以及新型城镇化建设的新局面，我国当前的政策环境拥有自身的特点及特殊性。

一方面，作为统一的多民族国家，中国一直秉承民族平等理念，推行民族平等的政策，不断巩固和加强"各民族共同团结奋斗、共同繁荣发展"的和谐局面。为实现"真正的民族平等"，在国情和民族发展状况的基础上，中国现行的民族政策不但确保所有民族在享有公民权利方面的平等性，还确保少数民族享有特有的权利。这类特殊的民族平等政策环境目的在于推动平等、团结、互助、和谐民族关系的持续发展和有效巩固。

另一方面，随着社会改革的持续发展，中国进入人口大规模迁移的城镇化新时期。城镇化的高速发展，城市对人口的虹吸作用以及城市所体现的规模效益和集聚效应,改变了城乡固有的社会经济运行模式,并在全社会形成了众多不稳定因素(张子珩,2005;骆祚炎,2007;吴晓华和张克克,2019)。在此背景下,原有的城乡各类统筹政策已经无法适应当前新型城镇化发展的需求。尽管发达国家积累了城镇化发展的众多经验,并形成了可以借鉴的城镇化建设和发展政策。但是中国城镇化进程的特殊性使"世界城市化的一般规律"并不符合中国新型城镇化政策制定标准(朱宇,2006),在"走中国特色的城镇化道路"方针的指导下,当前中国探索构建的新型城镇化政策体系主要体现出稳定性、开放性、公平性等特色(叶裕民和黄壬侠,2004)。

民族平等的政策促进了相应的民族平等制度供给,在民族身份识别的基础之上,针对少数民族以及少数民族地区的现实状况,我国推行了各项系列民族政策,囊括民族区域自治、使用民族语言及文字、培养任用民族干部、招生就业、计划生育、财政补贴、税收补贴等方面的倾向性制度供给。多方面、全方位的系列民族政策正是对坚持各民族共同繁荣发展这一根本立场的体现,本质是对民族间差别文化权利的有效保护(杜社会,2014),有助于实现各民族的实质平等。民族政策的制度供给促进了少数民族以及少数民族地区经济、社会、文化等方面的发展,保障了少数民族的权利,并且有效地消除了针对少数民族的各类偏见性做法。在住房选择方面,则表现为不存在来自各类群体和部门的偏见性障碍,保障了少数民族在住房市场供给上的可达性,进而对族际间的居住互嵌产生影响。

新型城镇化建设的相关政策,推动了中国城乡二元体制改革,带来了户籍制度、城镇住房体制、城市规划政策等多方面的改革,保障了人口迁移的自由性。户籍制度改革消除了农村和牧区居民向城市流动的身份障碍,促进了农牧区居民向城市迁移的进程,保障了居民城乡流动的自由性。而城镇住房体制改革通过取消计划经济时期单位住房分配制度,推行住房市场化，赋予了新、老居民在城市自由择居的权利。这两类改革从宏观和微观地理尺度切实保障了居民迁移的自由属性。

居民的自由流动和择居，能引起城市居住空间的重组，进而影响族际间居住空间格局和互嵌的程度。同时，在城市规划政策的带动作用下，为满足居民的生活和工作的需要，特色学校、医院等各类基础设施在城市规划建设中地位突显。这些规划管理举措在一定程度上也促进了城市居住空间的改变，影响族际间的居住互嵌格局。

综合以上三个方面的分析可得，内蒙古城市族际间居住互嵌作用机制的三个维度呈现相互补充、互为协调的关系。文化认同对居住互嵌的核心作用是基于社会分层和政策环境的推动，而政策的变迁则是社会分层的时代所需。

具体而言，社会流动改变了居民的生产、生活环境，实现了牧业生产方式与农业生产方式的相互交融，产生互为依托的农牧混合经济，为族际间的文化认同创造了经济基础，是历史唯物主义思想的现实印证。当代中国，民族平等、民族和谐理念深入人心，与西方根深蒂固的民族分层现象不同，中国的社会分层形态不存在民族因素，所有居民的社会分层形态来源于功能化因素，是个体社会经济地位的集中体现。因此，族际间的共同社会分层形态为相互间的文化认同创造了依托的情景。中国现行的民族平等政策和其他民族政策为族际间的文化认同创造了条件，在维护族际间平等发展的基础上，保障了居民在社会、文化、经济发展等方面的权益，促进了族际间文化交融的和谐发展，是"和合思想"的新时代阐释。而城市化政策保障了居民迁移的自由性，为族际间的交流扫除了空间限制的障碍，进一步促进了文化的交往交流交融。功能化社会分层、社会流动促使形成于计划经济时期的城乡二元结构体制及相关政策的转型，推动了住房市场化、城市规划、人口流动等政策的颁布与执行，成为族际间居住互嵌政策环境的助推器。

8.2 相关启示

8.2.1 族际文化交融

文化认同不单包含民族内部文化的纵向传承和积累的过程，而且更为重要的是包含族际文化之间的横向交流过程。因此，文化认同是经历不同文化之间的适应之后所重构的认同。

尽管呼和浩特是典型的塞外古城，但在历史上便已形成族际文化互相学习和适应的过程，族际间文化交融、认同的重构拥有悠久的历史。土默特平原适宜农作物生长的自然环境条件形成的传统半农半牧生计文化，奠定了该区域族际间文化相互适应、交融和认同的基础。基于此，在该平原上建立的城市呼和浩特也兼具族际文化交融的烙印，其建筑风格、城市形态、空间布局与内地的城市形制较为相似（何一民，2010）。在后续的城市发展过程中，互市贸易、人口迁移（走西口、去桂花）以及旅蒙商业的兴盛，使呼和浩特成为"草原茶叶之路"上货物和人口流动的重要节点城市，族际间各类文化交流日益频繁。尽管明清时期受民族政策的限制，但是族际间文化的相互学习一直未曾中断，如宗教文化的融合、风俗习惯的借鉴等一直持续至今。民国时期，随着京绥铁路的修建和通车，作为铁路沿线的重要站点，呼和浩特和内地的联系不断加强，发达便捷的交通条件进一步促进了族际间经济文化的交融和发展。新中国成立以来，尤其是进入新世纪，随着文化教育的普及和提升，族际间文化适应、交融的程度不断加深。调研结果显示，当前呼和浩特城市内部各族群居民对国家通用语言文字的运用和熟悉程度较高，文化适应对族际间居住互嵌的直接作用最为显著。

根据空间同化理论，欧美研究者将族际文化进行先进和落后的区分，主体民族文化处于绝对优势的地位，族际间文化的适应是改造吞并的过程。和欧美国家不同，中国族际间的文化认同更重视"和合"传统，即在保留自身文化认同基础上的各民族文化相互交融学习。各民族文化都有其精华，可以被借鉴、学习和传承。不同族群在长期的历史发展过程中，拥有自身深厚的民族文化，游牧文化和农耕文化并不存在优劣之分，反而互为补充，形成极具特色的文化交融。

8.2.2 国家政策

国家政策尤其是国家民族政策与民族关系之间存在着密切的互为因果的关系（周平，2010），作为民族关系的空间表现形式——族际间居住互嵌也成为反映国家民族政策的一面镜子。纵观呼和浩特建城至今四百余年，蒙古族、回族、满族、汉族等不同族群的混居及互嵌的时空演变，不同时期中的民族政策对族际间居住空间格局及互嵌程度产生重要的影响，引领并强化空间互嵌的模式。明清时期，政府对边疆城市的民族政策以分治为主，"封禁政策""旗民分治政策""旗民不通婚政策"等极大地阻碍了各民族之间的相互流动，束缚了民族间的交往交流交融，从而在居住空间上表现出显著的分异状况。清末民初，中国的民族观从提倡单一民族主义向五族共和演变，民族平等观念逐渐深入政府及普通民众的思想意识之中，中国的民族政策开始发生变化，政策中关于民族偏见、民族不平等的元素逐渐被剔除，形成了民族平等共荣、促进、发展和繁荣少数民族经济、文化等内容的民族政策。政策的变化打破了族际间自由择居的束缚，民族交往交流交融实现了跨越式发展，民族间居住模式从分异向局部互嵌方向不断推进。

新中国成立之后，党和政府更加重视民族间的和谐与共，将民族平等上升至立国之本的高度，在不断探索中形成了具有中国特色的科学民族政策体系。该体系的要义在于不但赋予各民族享有平等且全面的公民权利，而且给予少数民族在生产生活等方面的特有权利。通过政策帮扶，大力促进少数民族在政治、经济、文化、社会等方面的全面发展,真正实现全民族的平等、团结、互助和共同发展。新中国民族政策的执行,符合民族间共同发展的潮流,进一步促进了呼和浩特城市内部族际间的混居和互嵌。新中国成立以来,呼和浩特城市内部族际间混居程度和互嵌状态的持续发展,直至最终的全域互嵌,与政策的作用密不可分。

当前我国的民族政策体系主要形成于计划经济时期,在长期的发展过程中秉承了较为良好的连贯一致特征(郝亚明和赵俊琪,2018)。进入新世纪后,随着我国社会经济的全方位转型,社会矛盾和纠纷多发,民族事务呈现出更为繁杂的特征。因此,当前的民族政策体系也要在坚持民族平等团结,保障民族间平衡发展的基础上,不断与时俱进,对其中的具体政策需进行进一步的完善,以避免政策预期目标在实现过程中出现偏差的状况。根据针对呼和浩特城市内部不同族群居民的社会调研结果,尽管中国不存在欧美等国住房偏见现象,多数居民都表现出对族际间居住互嵌的认同,但有少量部分居民表示出更偏向和自身群体的居民共同居住的意愿倾向。与之相关的是,群内偏好和特色的公共资源偏好。文化区实证进一步证明,社会经济地位较高的呼包鄂城市群辐射区移民群体,尽管其族际文化适应能力较强,但是群内偏好和自身群体特征的公共资源偏好更甚。

8.2.3 社会分层

促进族际间的居住互嵌,目的之一在于建构相互联系、互助共存的和谐社会结构,避免社会结构的分割对立所产生的一系列社会矛盾和张力。社会分层在社会结构中归属于根本性结构,是社会结构的重要表现形式,建立在生产关系和社会关系基础之上,是生产关系和社会关系的反映。明清时期,尽管在"封禁政策""分治政策"等的影响下,呼和浩特族际间存在一定程度的社会资源和社会机会享有不均等的情况。但是,由于农牧经济的互补作用下形成的族际间"互相资以为生"生计方式(绥远通志馆,2007),成为蒙古族、回族、满族、汉族及其他民族间民族关系的经济纽带,推动了族际社会资源和社会机会的平等共享，实现社会经济地位的平等。加之清末民初，民族共和、平等观念的深入，以及新中国成立后在民族平等、团结方面所做出的努力，使得当前我国不存在制度和事实上的民族间的社会分层。

鉴于此，中国的社会分层主要体现为不同阶层间社会资源的获取以及社会机会的享有。呼和浩特城市内部族际间居住互嵌的实证研究表明，内蒙古地区不存在住房上的民族偏见现象，便是对无民族间社会分层的有效反映。但是在城市化的推动作用下，农村牧区居民的城市流动频率大幅度增加，收入、职业、教育等社会资源和社会机会出现阶层的差异。根据中国的阶层分化的功能化倾向，社会阶层分化并不意味着阶层间不可调和的利益矛盾和冲突（陆学艺，2002），在构建和谐社会的背景下，需通过系列干预措施使社会阶层分化向合理方向发展。

城市内部客观的社会阶层结构亦或个体客观的社会阶层位置是阶层化过程的结果，社会交往则是个体提升自身客观社会阶层位置的重要维度（刘精明和李路路，2005）。处于某一特定客观社会阶层位置的个体，其交往对象宽度和广度的扩大，能使自身处于非封闭式分层结构之中，有助于推进阶层化过程，重构自身的客观社会阶层位置。非封闭式结构能促进阶层间、族际间的交往交流，消除社会心理距离的疏远感知，促进民族间的交融。实证分析结果证明"族际交友意愿"和"族际共事意愿"对居住互嵌的促进作用极为显著。这正是社会交往下，居民心理距离拉近后民族交融的体现。

8.3　对策建议

8.3.1　倡导"多元一体"文化认同，铸牢中华民族共同体意识

在历史发展过程中，各民族在社会文化、风俗习惯、宗教信仰、地域

环境等方面形成诸多差异。随着计划经济向市场经济的转型，以及全球化和城市化的推进，城市作为民族生产生活以及民族交往的重要空间场所，成为不同认知不断扩散的主要场域。研究者指出，认同在意识中居于主导地位（王希恩，1995），而且基于认同的建构和作用逻辑，认同作为人类社会关系的重要环节，在群体内部通过各类符号、记忆的生产和重塑，实现群内认同的重构（任勇，2016）。据此，在族际间倡导构建"多元一体"文化认同现实和理论必要性及可行性，有助于提升中华民族整体凝聚力。

2014年，中共中央、国务院在《关于加强和改进新形势下民族工作的意见》中明确指出："中华文化是包含56个民族的文化，中华文明是各民族共同创造的文明""各民族共同创造灿烂的中华文化，形成中华民族多元一体格局"。"多元"是指中国各民族独具特色的民族文化，而"一体"则是指基于民族文化所创造的中华文化。"多元一体"文化认同是对中华文化统一性和整体性的认同，是实现和谐国家认同与民族认同的重要基础（林炜和杨连生等，2015），也是铸牢中华民族共同体意识的核心要义（赵刚，2017）。各民族文化结构和层次上的多元是中华文化创造的来源，求同存异则是中华文化的主要脉络（周星，1990）。

"多元一体"文化认同及中华民族共同体意识的构建，首先要树立正确的民族文化观，坚持中华文化统一性的认知，形成中华民族共同的精神文化。一方面，需要重视"多元"的重要性和意义。中华文化是56个民族共同创造的，各民族文化是中华文化不可分割的重要组成。因此，在文化平等、文化自觉等理念下，需要加大力度挖掘、整理、保护、传承各民族的优秀文化资源，并对其展开相应的研究工作，使各民族优秀文化得以弘扬和繁荣，充分发挥其在建设中华民族共有精神家园中的积极作用。

另一方面，积极推动中华民族"文化共同体"观念在全社会的深入。明确中华文化是以中国特色社会主义文化为时代特征，是各民族文化的和谐统一，具有科学性、先进性和积极性等特征的文化认同。在此基础上，构筑并加强中华民族共同体意识，反对带有狭隘、偏见等特色的民族主义。

以社会主义核心价值观为引领和指导，确保各民族文化在思想和内容上符合中国特色社会主义文化的时代要求。同时，在尊重差异的基础上，跨越各民族间文化的隔阂，扩大文化共识，强化文化一体性，推进文化的有机整合，增强各民族在文化上的归属感和凝聚力。以此为契机，使国家意识内化为各民族居民的自觉行为，树立作为中国公民的责任感、义务感和自豪感。

其次，以社会主义核心价值观为指引，进一步加强民族团结教育。教育承担着文化的传承与发扬，对"多元一体"文化认同及中华民族共同体意识的构建产生重要的促进作用。民族团结教育作为民族教育体系的组成部分，目的在于促进族际间的相互认同，脱离小民族观的束缚，形成中华民族认同，因此其意义的表现极为重大。加强民族团结教育，核心在于将社会主义核心价值观全方位融入到民族地区教育之中，使各民族居民都能切身认识到国家稳定、民族团结的重要性，从思想上铸牢中华民族共同体意识。另外，加强民族团结教育还需引导各民族居民形成正确合理的文化观，改变以本民族文化为中心的偏见，在尊重其他民族文化的基础上，提升对其他民族文化的理解和认知，进而实现包容文明、开放进取的文化理念。

第三，中华民族历史教育是民族团结教育不可或缺的组成部分。中华民族五千多年的发展史是各民族不断交流交融的历史见证。通过中华民族历史教育，能梳理各民族共同创造灿烂中华文化的伟大历程，激发各民族居民对中华文化的认同，以及中华共同体和人类命运共同体的认知。

第四，通用语言作为民族间情感、信息交流的重要载体，对社会发展影响深刻。近年来，国内学界开始重视推广国家通用语言教育研究，指出该教育具有维护少数民族共享国家发展的权利，建构稳固态国家认同的深层次内涵，与少数民族语言存续并不排斥。因此，针对族际居住互嵌现状，在保护少数民族语言文字的基础上，不仅需要重视义务教育阶段国家通用语言教育的稳步推进，而且需要重视国家通用语言的终身教育和社会普及。

8.3.2 尊重和保障居民基本权利，调节完善政策环境

任何政策都具有历史性和时代性的特征，在坚持民族平等、团结、重视少数民族权利以及给予少数民族全方位帮扶等前提下，我国形成于计划经济时期的政策需要与时俱进，体现其时代特征。这是因为：一方面，这是市场经济和计划经济的差异形成的需要。市场经济更为强调竞争和机会均等，国家政策在这一背景下更需要结合时代特征，不断完善和发展。否则，在当前因素的影响和制约下，产生和时代脱节的状况，导致居民在一些问题上表现出心态失衡的状态，不利于族际和谐氛围的维护和创造。另一方面，社会经济发展的变化也对政策的时代性提出要求。"单位制"作用下形成的族际交往特点以及相对应的政策环境无法适应当前社会经济发展的要求，社会流动、教育现状以及就业机会等在市场化转型中发生巨大变化。所以有必要在坚持民族平等团结的原则下，根据社会、经济等条件的发展变化，科学合理地调节完善政策环境，使其更加符合当代生产生活等方面的发展，同时更加适合不同民族共同发展的需求。

调节、完善政策环境需要做到：首先，城市化的进程，改变了城市原有的居民结构，城市新移民，尤其是不同民族新移民的增加，产生了迁移人口相关的政策需求。尽管在"西部大开发""一带一路"等国家战略下形成了系列政策，从整体上协调并促进了中国族际交往交流以及民族关系等的发展，形成了民族交融的和谐社会环境。同时，政府在秉承了政策良好的连贯一致特征的基础上，采取相应措施从文化、卫生、教育、科技、经济等方面大力促进城市的发展。但是，城市少数民族迁移人口和其他迁移人口不同，存在宗教、文化、心理等方面的差异，需要在政策落实中给予相应的区分对待。由于流入地和流出地政府管理的脱离，造成相关政策落实的阻碍和困难，更需要对当前人口流动的管理体制及政策进行相应的改变。

其次，在迁移人口的就业方面，需调整相应的政策，拓宽就业渠道，并赋予相关优惠政策，切实提高迁移人口的社会经济地位。

最后，政策需突显国家整体利益这一重点，体现出"一体"的重要性。在新时代，各类具体政策的制定和完善必须正确统筹处理国家利益和民族利益的关系。国家利益是首要的、核心的利益，没有国家利益，各民族的利益将无法体现和保障。因此，各类具体政策的制定和完善要将国家利益放在首位，以其为出发点实现政策的各项目标。

8.3.3 完善城市管理工作，实现社会资源的均等化

随着中国社会的转型，城市成为人口集聚的重要场域，但是在相当长的一段时期内，城市管理工作的重心依然是经济建设和城市发展（杨鹍飞，2014），较少关注群体交往的需求和意义，并不利于民族关系的维护和促进。城市管理工作是一项政治性工作，事关族际社会资源的均等化和民族关系的未来走向，因此需要管理工作者在重视民族工作的同时，创造有利于和谐民族关系形成的社会、经济、文化条件，做好族际间沟通、协调和联络的各项事务。

城市管理工作需要避免和消除社会资源的排斥，实现社会资源以及社会机会在群体中的均等和共享。居民群体的社会资源及社会机会主要涉及教育、医疗、就业、居住管理、文化服务等方面，是实现族际间居住互嵌相关基本公共服务。这些社会资源及社会机会在城市范围内的均等化和共享，直接影响居民在城市内部居住互嵌程度以及和谐民族关系的建构。由此，城市管理工作的重点任务便是消除公共服务的制度性和政策性约束，积极构建合理科学的城市社会公共设施及服务供给格局，在工作中采取灵活方式，实现社会资源及社会机会的均等化。

同时，由于城市管理客体的民族属性，需要考虑城市公共服务的特殊性，用以满足不同族群居民日益增长的物质文化需要，共享改革成果。因此，城市管理工作还需推动构建城市特色公共服务体系，在市域范围内对

公益性文化事业进行有效管理和推广,在充分挖掘各类文化资源的基础上,积极扶持弘扬民族团结、民族交融的文化事业的发展,将城市公共服务作为传承、弘扬优秀文化的重要途径。除无形的公共服务外,城市管理工作还涉及有形的社会公共设施。与其他城市不同,内蒙古城市的社会公共设施有其特殊性,是保持和体现城市文化特色的重要载体,也是城市之间进行识别的重要表征。因此,城市管理工作需重视社会公共设施的管理,保证特色公共设施分布的均衡性和有效性。

城市管理工作还需要增强工作人员的责任意识和服务意识。因为城市管理工作多涉及基层,直接面对族际间不同的居民,在协调各种利益纠纷时起到重要的调节作用。城市管理工业者高度的责任意识和服务意识直接影响各居民的心理感知,是消除居民社会距离的桥梁,对民族交往交流交融起促进作用。因此,需要加强工作人员的培训教育,并且建立相应的考核机制,推动服务意识的提升,才能帮助实现各民族紧密团结的民族关系。

8.3.4 营造和谐社会环境,促进族际间友好交往

族际间交往交流是实现和谐民族关系的前提和基础,没有族际间的交往,民族关系便无从谈起。族际间交往交流的深度和广度决定着和谐民族关系的走向,是实现民族交融的首要途径。而和谐社会环境则是促进族际间友好交往的前提条件。当前,城市化使各类社会问题在城市内部集聚(吴启焰,2016),加深了城乡二元结构的外溢效应,使民族交往交流交融出现了一定程度的困境(张会龙,2015)。2019 年,中央在《关于全面深入持久开展民族团结进步创建工作铸牢中华民族共同体意识的意见》中指出,"要推进建立相互嵌入式的社会结构和社区环境,积极营造各民族共居共学共事共乐的社会条件。"据此,充分表明了和谐社会环境营造及族际间友好交往的重要性。和谐社会环境的营造以及族际间友好交往的实现必须从多个方面进行着力。

首先，消弭社会结构的分割状态，实现族际间无阻碍互动。社会结构与社会交往间的关系研究始于涂尔干（Durkheim），在其研究中指出，群体间的互动和交往会促使群体对其所处的社会环境产生密切的依赖，进而促使自身确定生命的目标，认识生命的意义，并提供社会稳定所需的结构性基础。反过来而言，社会结构的稳定也会反作用于群体间的互动和交往（郝亚明，2015）。当前，二元结构的外溢效应在城市化作用下得以显现，改进的着手点则在于消除社会结构的分割状态和碎片化状态，促进族际间相互交融的实现。为此，需在差异中寻求共通之处。

其次，拉近族际间社会心理距离，避免民族边缘化效应。社会和谐环境的营造，离不开民族交往心理秩序的建构。族际间社会心理距离同心理平等相关。为此，需在全社会营造良好的社会舆论环境，加大民族平等、民族团结的宣传工作，通过族际间的系列互动活动，增进居民群体之间的了解，使社会居民强化平等意识，增进族际间的互相包容和尊重。倡导族际间的互帮互助、合作共赢的社会风气，在族际互动中拉近彼此之间的社会心理距离，实现族际间的和睦相处。族际间社会心理距离的拉近，会使群体在社会参与和社会互动过程中产生共同的认同，构建中华民族归属感。同时，社会心理距离的拉近以及边缘化效应的消除，促使族际群体互相吸引，有助于社会结构的稳定，进而营造出和谐的社会互动环境。

第 9 章 结论与展望

9.1 主要结论

研究的主要结论包括:

(1) 族际间居住互嵌的理论解释框架

根据同化理论"相遇""竞争""适应""同化"的研究范式,族群关系的基本形态可分为完全隔离、相互交往、完全互嵌三类。基于社会过程与空间格局的密切关系,族际间居住互嵌的空间格局(限定于 A、B 两个群体间)逻辑上可大致归纳为空间极化型、局部互嵌型和全域互嵌型。从空间极化、局部互嵌到全域互嵌,表明族际间居住互嵌程度是不断加深的过程。空间极化型是一种典型的族际隔离空间状态,对应群体结构极化现象下的居住形式,表现为在特定的区域内以族群身份作为居住选择的主要标准,而不同族群间则无居住空间相接触的形态。全域互嵌型与空间极化相对,是族际间居住互嵌的理想状态,即居民的居住选择完全自由,不以民族身份、民族指标作为衡量标准,在全域范围内不同群体的居民共同居住、自由流动且相互嵌入。局部互嵌型处于极化和互嵌的中间态势,主要表现为在同一空间内部,部分区域同一群体的聚居程度下降,群体内部散居现象出现并蔓延,族际间呈现相互交融混合居住的态势。互嵌既可以是盎格鲁遵从，也可以是双向或多向适应，因此，互嵌还可以分为单向同化和相互嵌入两类。单向同化是一个民族对另一民族的盎格鲁遵从，而相互嵌入则是族际间相互学习、相互交融过程中形成的情感、利益共同体。

理论上，族际间居住互嵌具有空间尺度的依赖性，不同空间尺度所体现的互嵌特征并非完全一致。因此，城市内部族际间互嵌态势在宏观尺度和微观尺度之间存在差异，表征为两类尺度上的不同形态。当宏观和微观尺度都达到高度互嵌状态时，全域互嵌在城市内部真正实现。而宏观和微观尺度都达到极化状态时，族群间处于无任何接触的社会居住环境中。另有可能则是宏观与微观的不统一，宏观的高互嵌与微观的低互嵌，源于族际间文化传统、风俗习惯等的差异以及保持群体内部稳定性的需求；而宏观的低互嵌与微观的高互嵌则体现出民族间小范围的社会交往与认同，亦或者是族群间微观尺度"融而不合"导致宏观尺度互嵌的难以推进。

族际间居住互嵌空间格局的演化过程和趋势依托于时空背景。空间极化、局部互嵌、全域互嵌以及不同尺度的互嵌格局，既可以连续推进，还可以在不同状态间相互转化。在外界环境和族群内部环境的双重影响下，居住互嵌呈现出波动上升的趋势。随着族际间社会障碍的消除，单向同化或相互嵌入持续推进，互嵌的空间格局演化过程最终表现为从隔离到互嵌，从局部互嵌到全域互嵌的波动上升演变过程。

在现当代社会背景下，空间同化理论、地方分层理论和居住偏好理论共同构成了族际间居住互嵌空间格局影响因素的理论探讨。这些理论中所分别提及和关注的社会经济地位、文化适应、居住偏好、群体偏见和政策制度五类因素，构成了居住互嵌的内部和外部影响因素。这五类因素可归纳为社会分层、文化认同和政策环境三个维度，共同构成了族际间居住互嵌空间格局影响因素的解释框架。

（2）呼和浩特市族际间居住互嵌的空间格局和演变过程

呼和浩特市族际间居住互嵌空间格局的演化轨迹大致表现为从空间极化到局部互嵌型，进而实现类全域互嵌的演化过程。明清时期，在极端的城市环境和政府限制政策下,居民在居住空间上的择居与流动自由受到限制,使族际间居住互嵌呈现出空间极化的特征。清末民初,随着民族政策的变化、归化城和绥远城两城合一的城市扩展、对外交通设施的完善,大量移民迁入呼和浩特,带动了城市内部居住格局的变化;在民族平等观念的影响下,民族交往交流交融实现了跨越式发展,族际间居住格局从空间极化向局部互嵌方向过渡。从城市尺度而言,中华人民共和国成立之初,呼和浩特城市内部族际间居住互嵌处于中度互嵌状态。随着工业化的推进、计划经济的发展、"单位制度"的落实,促使城市内部民族杂居、混居的融合格局愈发显著,互嵌程度快速加深,实现了族际间的局部互嵌。2000年以来,多重地理空间尺度对呼和浩特进行居住互嵌空间格局的探究表明,呼和浩特市作为内蒙古城市的典型代表,城市、市辖区和街区三个尺度上的族际间居住呈现高度互嵌状态,且总体上各空间尺度的互嵌,随着时间推移不断提升。因此,可以将该阶段互嵌的空间格局判定为全域互嵌型。

对空间尺度细化的研究发现,族际居住互嵌空间特征呈现明显差异,城市尺度融合指数高于市辖区尺度,表现出宏观互嵌程度高于微观互嵌程度的空间格局。四个市辖区则表现出:玉泉区和回民区互嵌程度明显高于赛罕区和新城区。但是新城区和赛罕区居住互嵌程度呈现波动上升趋势。街区尺度的互嵌则呈现出核心-外围的圈层结构。四区交界的城市核心区域,成为相对互嵌度较低的区域,是呼和浩特市聚居的主要街区;城市核心区存在两个点状分布的教育型和生活型聚居街区,但两类街区融合指数上升趋势显著;随着时间推移,互嵌程度最高的区域快速向整个市区扩散,居住互嵌空间向均匀化方向发展。

(3)呼和浩特市族际间居住互嵌空间格局的影响因素

利用空间同化理论、地方分层理论、居住偏好理论共同对呼和浩特市族际间居住互嵌空间格局的影响因素加以阐释。其影响因素可划分为社会经济地位、文化适应、文化留存、住房偏好四个方面,不存在西方研究者所关注的"购房偏见"因素。另外,与欧美国家的研究结论不同,"文化适应"对呼和浩特市族际间的居住互嵌的促进作用最为强烈,"文化留存"和"住房偏好"的作用次之,"社会经济地位"的作用最小。这是由于中国,特别是内蒙古地区特有的社会、经济、政策共同作用下的结果。同时,各因素并不是都直接对族际间的居住互嵌产生影响。"文化适应"和"住房偏好"直接对居住互嵌产生影响;社会经济地位不直接对居住互嵌产生影响,而是通过作用于"文化适应"中介变量,对居住互嵌产生间接影响;"文化留存"通过直接作用于"文化适应"和"住房偏好",间接对居住互嵌产生影响;"住房偏好"不仅直接作用于居住互嵌,而且还通过对"文化适应"的作用,间接影响居住互嵌。

地方文化的作用在呼和浩特族际间的居住互嵌中表现较为显著。三类来源地的呼和浩特市移民居住互嵌存在差异,即城市群辐射区移民的互嵌意愿高于农牧混合区移民,牧业区移民的互嵌意愿与前两者相比稍弱。同时,社会经济地位、文化适应、文化留存和住房偏好等影响因素对不同来源地的移民居住互嵌的影响程度、路径系数、影响路径等方面存在显著的差异。对比而言,"文化适应"对"居住互嵌"的影响表现依次为锡林郭勒牧业区、科尔沁农牧混合区、呼包鄂城市群辐射区;"社会经济地位"的作用只体现在锡林郭勒牧业区;"住房偏好"对"居住互嵌"的直接影响路径,只体现在呼包鄂城市群辐射区和科尔沁农牧混合区,而在锡林郭勒牧业区中并未体现;三个区域"文化留存"对"居住互嵌"的作用都通过"住房偏好"和"文化适应"间接表现出来,说明在提升族际间居住互嵌程度的过程中,需要重视文化所带来的间接影响。

来源地并不直接影响呼和浩特城市移民族际间居住互嵌,而是通过作用于社会经济地位和文化留存,对居住互嵌产生间接影响。同时作用于社会经济地位和文化留存影响居民的文化适应和住房偏好。

(4)族际间居住互嵌空间格局的作用机制

族际间居住互嵌空间格局的作用机制是基于社会分层、文化认同和政策环境解释框架下的连锁作用和细化。但是与解释框架中社会分层的核心作用不同，该作用机制则以文化认同为中心，通过与社会分层、政策环境的协同作用，影响文化交流传承、人力资本和制度变迁这些中间环节，进而表现为居民在居住空间选择上的意愿、能力与条件，最终作用于居住空间的互嵌。

基于中国特色社会分层的环境和族际间在长期历史发展过程中形成的互补的农牧经济关系，群体之间无社会经济地位的差异，实现了居民群体在住房支付和选择能力上的自由及平等。和合思想和地方文化共同构成了群体的文化认同，对民族间文化交流以及民族文化传承产生影响，赋予居民对族际间居住互嵌的自主意愿。我国当前所特有的民族平等政策和新型城镇化建设的相关政策，切实保障了居民迁移的自由属性。

（5）族际间居住互嵌的启示建议

随着我国社会经济的全方位转型，以及全球化和城市化的推进，民族事务呈现出更为繁杂的特征，使得各类问题突发的频次有所提升。因此，需在族际间倡导构建"多元一体"文化认同及中华民族共同体意识，提升全民族整体凝聚力。要树立正确的民族文化观，坚持中华文化统一性的认知，形成中华民族共同的精神文化。以社会主义核心价值观为指引，进一步加强民族团结教育。

有必要在坚持民族平等团结的原则下，根据社会、经济等条件的发展变化，科学合理地调节完善政策环境，推动政策的与时俱进。在人口流动方面，内蒙古城市迁移人口和其他地区迁移人口不同，存在宗教、文化、心理等方面的差异，需要在政策落实中给予相应的区分对待。在人口就业方面，需调整相应的政策，拓宽迁移人口的就业渠道，并赋予相关优惠政策，切实提高迁移人口的社会经济地位。另外，政策在照顾帮扶迁移人口的同时，需突显国家整体利益，在维护"多元"基础上凸显"一体"的重要性。

当前，城市管理工作较少关注群体交往的需求和意义，不利于民族关系的维护和促进。因此，城市管理工作需要避免和消除社会资源的排斥，实现社会资源以及社会机会在不同群体中的均等和共享。另外，城市管理工作还需要增强工作人员的责任意识和服务意识。

和谐社会环境是促进族际间友好交往的前提条件，和谐环境的营造必须从两个方面进行着力。一方面，要消除社会结构的分割状态和碎片化状态，寻找族际间在语言、风俗、观念等方面的共通之处，实现族际间无阻碍互动。另一方面，需要拉近族际间社会心理距离，避免居民边缘化效应。

9.2　创新尝试

创新尝试主要包括两方面：

① 尝试构建族际间居住互嵌的概念性理论框架，包括族际间居住互嵌的空间格局、演变过程、影响因素和作用机制，并以呼和浩特市为案例地，进行实证分析。

② 在实证过程中，尝试采用定量方法从多个空间尺度对城市内部族际间居住互嵌格局进行时空演变的分析。同时，量化对比族际间居住互嵌空间格局的影响因素及其群体内部差异。

9.3　研究不足与展望

① 族际间居住互嵌空间格局的演化是长期的历史过程。由于历史资料，尤其是历史人口统计数据的缺失，使得历史轨迹演变过程的研究以定性为主，缺乏量化，无法与2000年之后的演变过程进行量化比较。因此，今后的研究工作可以加大力度，尝试对计划经济时期的统计数据进行收集，以便进一步完善长时间尺度的互嵌演变时空格局。

② 多尺度族际居住空间格局作为城市民族社会关系的重要表现形式，成为新时期城市管理工作的突破口和着力点。同时，不同尺度居住互嵌研

究能够全面展现城市区域内部族际互嵌的程度和差异,指导管理工作有重点、分层次地开展,对多民族共居的城市规划与管理工作有一定的参考意义,并为其他多民族共居城市族际互嵌研究提供借鉴和比较。但是,居住互嵌指数计算受空间尺度影响较大,由于受限于居委会数据的获取,本文以街道为基本空间单元进行研究对结果有一定的限制。因此,今后的研究工作可以以此为突破口,进一步细化空间尺度充实内蒙古城市的实证研究,以便更为细致地刻画城市内部族际居住互嵌的空间特征。

③族际间居住互嵌空间格局影响因素的分析需从不同居民的认知视角进行对比研究,因此关于内蒙古城市族际居住互嵌不仅需要对呼和浩特居民展开调研,其他城市居民的调研也极为重要。但是受制于文章篇幅以及调研团队的实际状况,这部分的调研数据未能收集。在今后的研究中,可以扩大调研对象的区域属性。

参考文献

艾菊红. 西双版纳傣泐的居住空间结构及其认知逻辑 [J]. 民族研究，2016(1):65-74.

埃米尔·涂尔干. 社会分工论 [M]. 北京：生活·读书·新知三联书店，2000.

安宁，冯秋怡，朱竑. 基于报业话语的广州非裔社区的空间想象分析 [J]. 地理学报，2019,74(8):1650-1662.

宝贵贞. 元代蒙古人宗教信仰的多元化问题 [J]. 中央民族大学学报（哲学社会科学版），2004, 31(5): 75-77.

包慕萍著. モンゴルにおける都市建築史研究－遊牧と定住の重層都市フフホト [M]. 东方书店，2005 年.

包亚明. 现代性与空间的生产 [M]. 上海：上海教育出版社.2003.

边燕杰，约翰·罗根，卢汉龙等."单位制"与住房商品化 [J]. 社会学研究，1996 (1):83-95.

薄音湖. 呼和浩特城（归化）建城年代重考 [J]. 内蒙古大学学报（哲学社会科学版），1985(2):35-39.

薄音湖. 北虏风俗. 见：明代蒙古汉籍史料汇编 (2)[M]. 呼和浩特：内蒙古大学出版社，2006.

查尔斯·泰勒. 承认的政治. 见汪晖、陈燕谷主编：《文化与公共性》[M]. 北京：生活·读书·新知三联书店,1998.

常宝. 社会时空变迁中的当代民族关系发展问题 [J]. 青海民族研究,2014,25(2):77-81.

陈宏胜，吴利辉，李志刚. 从空间隔离走向社会融合：基于居住空间的评析

[J]. 规划师 ,2015,31(s2):61-64.

陈华普 . 游牧文化对城市发展的影响：以呼和浩特市的形成与发展为例 [J]. 规划与设计 ,2019(4):26-28.

陈怀川 . 中国民族社会结构："民族分层"抑或"民族内部分层"[J]. 广西民族研究 ,2010(3):48-53.

陈纪 . 西方族群关系研究的相关理论综述 [J]. 湖北民族学院学报（哲学社会科学版）, 2014, 32(1): 7-12.

陈杰 , 郝前进 . 快速城市化进程中的居住隔离：来自上海的实证研究 [J]. 学术月刊 ,2014,46(05):17-28.

陈维新 . 中华民族与和合文化 [J]. 中央民族大学学报（哲学社会科学版）,2008(6):120-126.

陈振明 . 政策科学：公共政策分析导论 [M]. 北京：中国人民大学出版社 ,2003.

戴宁宁 . 构建民族互嵌型社会结构的民族心理基础及实践路径 [J]. 北方民族大学学报（哲学社会科学版）,2019(2):44-50.

丁世良 , 赵放 . 中国地方志民俗资料汇编（华北卷）[M]. 北京：书目文献出版社 ,1989.

丁万录 . 是民族隔离吗 ?: 清代民族政策管窥 [J]. 北方民族大学学报（哲学社会科学版）,2013(5):34-37.

董洪杰，周敏莉 . 西安坊上回族居住空间与言语社区的分化 [J]. 贵州民族研究 ,2020,41(3):113-118.

董莉 , 李庆安 , 林崇德 . 心理学视野中的文化认同 [J]. 教育文化论坛 ,2014(6):68-75.

董晔 , 柳雨杉 .1990 年代以来乌鲁木齐多民族聚居的居住格局演变 [J]. 世界地理研究 ,2020,29(1):104-111.

杜娟 . 从文化涵化视角看我国各民族交往交流交融 [J]. 中南民族大学学报（人文社会科学版）,2017,37(6):51-56.

杜社会. 平权视域下的少数民族优惠政策: 原理, 措施与合理性控制 [J]. 湖北社会科学, 2014(11):23-29.

杜晓黎. 归化城与蒙古草原丝路贸易 [J]. 内蒙古文物考古, 1995(21):42-49.

冯同庆, 许晓军. 中国职工状况: 内部结构及相互关系 [M]. 北京: 中国社会科学出版社, 1993.

嘎日达, 黄匡时. 西方社会融合概念探析及其启发 [J]. 国外社会科学, 2009(2):21-26.

古力孜拉·克孜尔别克, 杰恩斯·玉素甫. 论清朝前期对新疆南疆地区实行民族隔离政策的危害 [J]. 昌吉学院学报, 2010(2):25-27.

顾士明. 呼和浩特的形成发展与城市规划 [J]. 城市规划, 1987(4):56-59.

管健, 乐国安. 社会表征理论及其发展 [J]. 南京师范大学学报（社会科学版）, 2007(1):92-98.

管健. 社会表征理论的起源与发展 [J]. 社会学研究, 2009(4):228-242.

关凯. 民族关系的社会整合与民族政策的类型——民族政策国际经验分析（上）[J]. 西北民族研究, 2003(2):116-126.

哈正利. 明代蒙汉民族贸易投影下的民族关系 [J]. 黑龙江民族丛刊, 1996(3):62-66

郝亚明. 城市与移民: 西方族际族际隔离研究述论 [J]. 民族研究, 2012(6):12-24.

郝亚明. 族际居住格局调整的西方实践和中国探索: 兼论如何建立各民族相互嵌入式社区环境 [J]. 民族研究, 2016(1):14-26.

郝亚明. 民族互嵌式社会结构: 现实背景、理论内涵及实践路径分析 [J]. 西南民族大学学报（人文社会科学版）, 2015(3):22-28.

郝亚明. 美国的种族居住隔离: 理论与现实 [J]. 世界民族, 2013 (1):38-46.

郝亚明, 赵俊琪. 改革开放以来中国民族政策的变迁: 基于共词分析方法和政策工具的视角 [J]. 中南民族大学学报（人文社会科学版）, 2018,38(3):16-22.

何波. 北京市韩国人聚居区的特征及整合：以望京"韩国村"为例 [J]. 城市问题 ,2008(10):59-64.

何一民. 国家战略与民族政策：清代蒙古地区城市之变迁（下）[J]. 学术月刊 ,2010, 42(4):134-141.

扈红英 , 张俊侨. 西部边疆地区社会结构变迁与中华民族共同体建构："一带一路"视角 [J]. 宁夏社会科学 ,2018(1):171-176.

胡积德. 清初以来仡佬族居住区域的改变与民族融合 [J]. 贵州民族研究 ,1984(1):64-76.

胡英. 人口变动情况抽样调查抽样方法与数据质量评估 [J]. 人口研究 , 1994, 18 (6): 22-27.

胡英. 人口变动情况抽样调查的回顾 [J]. 人口研究 , 2005, 29(1):37-42.

胡锦山. 罗伯特·帕克与美国城市移民同化问题研究 [J]. 求是学刊 ,2008,35(1):133-137.

呼日勒沙. 草原文化区域分布研究 [M]. 呼和浩特：内蒙古教育出版社 ,2007.

黄嘉玲 , 何深静. 非洲裔移民在穗宗教场所地方感特征及其形成机制：基于广州石室圣心大教堂的实证研究 [J]. 热带地理 ,2014,34(3):308-318.

黄怡. 城市居住隔离及其研究进程 [J]. 城市规划汇刊 ,2004,65-72.

黄怡. 住宅产业化过程中的居住隔离：以上海为例 [J]. 现代城市研究 ,2001(4)：40-43.

蒋奖 , 许燕 , 蒋苡菁等. 父母教养方式问卷 (PBI) 的信效度研究 [J]. 心理科学 ,2009, 32(1):193-196.

金毅. 文化适应视角下移居者的社会心理适应：多元模型述评与中国经验初探 [J]. 青年研究 ,2013(3):75-85.

晋忠和. 中国杂散居少数民族的特点 [J]. 黑龙江民族丛刊 ,1992(2): 29-35.

雷军 , 张利 , 刘雅轩. 乌鲁木齐城市社会空间分异研究 [J]. 干旱区地理 , 2014, 37(6): 1291-1304.

冷炳荣 , 杨永春 , 谭一洺等. 结构动力机制视角下的城市网络解释框架 [J].

地理研究, 2013, 32(7): 1243-1252.

李臣玲, 贾伟. 多维民族文化交汇地带的社会分层研究：以丹噶尔藏人为个案[J]. 民族论坛, 2008(6):25-27.

李春玲. 中国社会分层与流动研究 70 年[J]. 社会学研究, 2019 (6):27-40.

李怀. 转型期中国城市社会分层与流动的新趋势[J]. 广东社会科学, 2020(4):178-190.

李建新, 常庆玲. 新疆各主要民族人口现状及变化特征[J]. 西北民族研究, 2015 (3):21-36.

李培林. 中国新时期阶级阶层报告[M]. 沈阳：辽宁人民出版社, 1995.

李培林. 改革开放近 40 年来我国阶级阶层结构的变动、问题和对策[J]. 中共中央党校学报, 2017,21(6):5-16.

李强. 中国离橄榄型社会还有多远：对于中产阶层发展的社会学分析[J]. 探索与争鸣, 2016(8):4-11.

李强. 社会分层十讲[M]. 北京：社会科学文献出版社, 2008.

李双成, 蔡云龙. 地理尺度转换若干问题的初步探讨[J]. 地理研究, 2005, 24(1):11-18.

李松, 刘洋, 卢梦迪等. 新疆民—汉族群人口居住空间分异演变分析：基于 1982—2010 年人口普查数据[J]. 西北人口, 2015(5):119-123.

李晓霞. 聚居还是混居：新疆南部汉族农民的居住格局与维汉关系[J]. 新疆大学学报（哲学·人文社会科学版）,2011,39(3):59-66.

李艳洁, 周红格. 绥远城城市功能的变迁(清—1937 年)[J]. 内蒙古大学学报（哲学社会科学版）,2011,43(2):9-14.

李云轩, 马宗保. 成都回族居住格局的变迁对其社会文化的影响.[J]. 贵州民族研究, 2017, 38(2):64-67.

李志刚, 薛德升. 广州小北路黑人聚居区社会空间分析[J]. 地理学报, 2008,63(2):207-218.

李志刚, 薛德升, 杜枫. 全球化下"跨国移民社会空间"的地方响应：以广

州小北黑人区为例 [J]. 地理研究 ,2009,28(4):920-932.

李志刚,杜枫.中国大城市的外国人"族裔经济区"研究:对广州"巧克力城"的实证 [J].人文地理 ,2012,27(6):1-6.

李志刚,吴缚龙.转型期上海社会空间分异研究 [J].地理学报 , 2006, 61(2): 199-211.

良警宇.从封闭到开放:城市回族聚居区的变迁模式 [J].中央民族大学学报(哲学社会科学版),2003,30(1): 73-78.

梁茂春.南宁市区汉壮民族的居住格局 [J].广西民族学院学报(哲学社会科学版),2001,23(5):9-15.

梁茂春.什么因素影响族际通婚:社会学研究视角评述 [J].西北民族研究 , 2004 (3):173-187.

布留尔.原始思维 [M].北京:商务印书馆 ,1981.

林传甲.察哈尔乡土志:人种 [J].地学杂志 ,1916,7(8).

林炜,杨连生,高丽洁.2015 国家认同、民族认同与多元一体中华文化建设 [J].红旗文稿 ,2015(11):22-24.

刘昌雄.公共政策:涵义、特征和功能 [J].探索 ,2003(4):37-41.

柳建文.经济转型时期的新疆民族关系与政府调控 [J].北方民族大学学报 ,2009(3):46-52.

柳建文.冲突与融合:城市空间与族际关系的社会学 [J].天津社会科学 ,2011(6): 80-86.

刘精明,李路路.2005 阶层化:居住空间、生活方式、社会交往与阶层认同:我国城镇社会阶层化问题的实证研究 [J].社会学研究 ,2005(3):52-81.

刘欣,田丰.社会结构研究 40 年:中国社会学研究者的探索 [J].江苏社会科学 ,2018(4):33-46.

柳雨杉,董晔.基于指数分析法的乌鲁木齐市居住格局研究 [J].干旱区地理 ,2019,42(3):698-705.

刘云刚,陈跃.全球化背景下的中国移民政策:评述与展望 [J].世界地理研究,2015,24(1):1-10.

刘云刚,苏海宇.基于社会地图的东莞市社会空间研究[J].地理学报,2016,71(8): 1283-1301.

刘云刚,陈跃.1990年代以来在华跨国移民动态特征[J].世界地理研究,2014,23(4):1-13.

刘云刚,谭宇文,周雯婷.广州日本移民的生活活动与生活空间[J].地理学报,2010,65(10):1173-1186.

卢爱国,陈洪江.空间视角下城市多民族社区互嵌式治理研究[J].内蒙古社会科学,2016(6):146-151.

陆超,庞平.居住隔离现象的内在机制探索与对策研究:法国大型社会住宅建设对中国大型保障房建设的启示[J].城市规划,2013,37(6):52-56.

卢守亭.试论城市化进程中的民族关系及其评价指标体系[J].贵州民族研究,2007,27(5):9-15.

陆学艺.当代中国社会阶层研究报告[M].北京:社会科学文献出版社,2002.

陆影.社会空间视域下的"城中村"隔离问题[J].学术研究,2015(12):49-55.

罗教讲.我国的社会流动与流动研究[J].武汉大学学报(哲学社会科学版),1998(5):78-81.

骆祚炎.城镇化进程中的人口流动与城镇新增贫困人口问题分析[J].人口与经济,2007(4):46-51.

吕露光.从分异隔离走向和谐交往——城市社会交往研究[J].学术界,2005(3):106-114.

马丁·N·麦格.族群社会学:美国及全球视角下的种族和族群关系[M].北京:华夏出版社,2007.

马夫.固原市农村社会分层的现状、特征及其对贫富分化的影响[J].宁夏社会科学,2007(3):62-66.

马克思.马克思恩格斯全集[M].北京:人民出版社,1985.

马戎.理解民族关系的新思路:少数族群问题的"去政治化"[J].北京大学

学报（哲学社会科学版）,2004,41(6):122-133.

马戎,潘乃谷.赤峰农村牧区蒙汉通婚的研究[J].北京大学学报（哲学社会科学版）,1988(3):76-87.

马戎,潘乃谷.居住形式、社会交往与蒙汉民族关系:从赤峰调查看影响民族关系的因素[J].中国社会科学,1989(3):179-192.

马戎.知识分子在社会族群结构和族际交往中的角色:读戈登的《美国人生活中的同化》[J].社会科学战线,2013(7):193-203.

马戎.西藏的人口与社会[M].北京:同心出版社,1996: 97-101.

马戎.民族与社会发展[M].北京:民族出版社,2001.

马戎.族群关系变迁影响因素的分析（民族社会学连载之二）[J].西北民族研究,2003,(4):5-31.

马晓翠.离散人群的边疆根植:伊犁地区甘肃张家川籍回族调查研究[D].西安：陕西师范大学,2018.

马宗保,金英花.银川市区回汉民族居住格局变迁及其对民族间社会交往的影响[J].回族研究,1997(2):19-30.

马宗宝,金英花.民族居住格局变迁及其对民族间社会交往的影响[J].回族研究,1997,26(2):9-30.

民商事习惯调查报告录[Z].前南京国民政府司法行政部编印,1930.

明神宗实录[M].国立北平图书馆弘格抄本影印版,1962.

彭庆军.西方城市族群居住隔离的空间整合:理论、政策与反思[J].民族研究,2018(5):14-29.

齐格蒙特·鲍曼.共同体:在一个不确定的世界中寻找安全[M].南京:江苏人民出版社,2007.

祁进玉.一个华夏边缘的历史人类学研究[J].读书,2004(6):48-54.

祁进玉.国内近百年来民族和族群研究评述[J].广西民族研究,2005(2):71-81.

钱皓.美国民族理论考释[J].世界民族,2003 (2): 10-16.

仇立平. 回到马克思：对中国社会分层研究的反思 [J]. 社会,2006(4):23-42.

邱梦华. 中国城市居住分异研究 [J]. 城市问题,2007(3):94-99.

瞿九思. 万历武功录·俺答列传下卷 [M]. 北京：中华书局影印,1962.

任勇. 少数民族流动人口的认同序列及其优化：基于两个案例的研究 [J]. 政治学研究,2016(3):91-104.

荣赓麟. 说丰州 [M]. 中共呼和浩特市委党史资料征集办公室. 呼和浩特史料（第1集）,1983.

荣盛. 呼和浩特都市居民的多民族化形成及现状 [J]. 中国都市人类学通讯,1993(3):200-215.

宋清元, 王成. 中华民族"多元一体"理论与"和合"思想的内在理路 [J]. 中共中央党校（国家行政学院）学报, 2019, 23(4): 76-83.

宋伟轩, 吴启焰, 朱喜刚. 新时期南京居住空间分异研究 [J]. 地理学报, 2010, 65(6): 685-694.

绥远通志馆. 绥远通志稿 [M]. 呼和浩特：内蒙古人民出版社,2007.

孙斌栋, 吴雅菲. 上海居住空间分异的实证分析与城市规划应对策略 [J]. 上海经济研究,2008(12):3-10.

孙九霞. 珠江三角洲外来企业中的族群与族群关系（上）——以深圳中成文具厂为例 [J]. 广西民族学院学报（哲学社会科版）,2001,23(3):10-21.

孙九霞. 珠江三角洲外来企业中的族群与族群关系（下）——以深圳中成文具厂为例 [J]. 广西民族学院学报（哲学社会科版）,2001,23(4):39-46.

田志鹏, 刘爱玉. 中国城市居民职业地位获得的性别差异研究：父母教育和职业对男女两性教育和职业获得的影响 [J]. 江苏行政学院学报, 2015(5): 71-77.

佟靖仁. 呼和浩特满族简史 [M]. 呼和浩特：内蒙古大学出版社,1992.

涂尔干. 宗教生活的基本形式 [M]. 上海：上海人民出版社,1999.

王东蕾. 疏离与聚合：城市化进程中昆明顺城回族寺坊空间宗教生活变迁研究 [D]. 云南大学,2018.

王华菊. 从居住隔离到教育隔离：南疆教育问题的考察 [J]. 贵州民族研究,2016,37(2):226-230.

王建基. 乌鲁木齐市民族居住格局与民族关系 [J]. 西北民族研究,2000,26(1):41-56.

王静, 杨小唤, 石瑞香. 山东省人口空间分布格局的多尺度分析 [J]. 地理科学进展,2012,31(2):76-182.

王俊敏. 呼和浩特市区的民族迁移与居住格局 [J]. 西北民族研究,1997(2):7-27.

王俊敏. 蒙古族人口的城市化进程：以呼和浩特蒙古族为例并与其他民族比较 [J]. 中央民族大学学报（哲学社会科学版）.2002,29(5):28-33.

王俊敏. 青城民族：一个边疆城市民族关系的历史演变 [M]. 天津：天津人民出版社,2001.

汪明峰, 程红, 宁越敏. 上海城中村外来人口的社会融合及其影响因素 [J]. 地理学报,2015, 70(8): 1243-1255.

王朋岗. 族际居住隔离视角下边疆民族地区社会发展研究——以新疆南疆"三地州"为例 [J]. 中国研究,2016(21):96-213.

王平, 李江宏. 乌鲁木齐市多民族混合社区建设研究 [J]. 中南民族大学学报（人文社会科学版）,2013(4):10-15.

王希恩. 民族认同与民族意识 [J]. 民族研究,1995(6):17-21.

王轩. 山西通志184卷 [M]. 北京：中华书局,1990.

王延中, 章昌平. 新时代民族工作与民族交往交流交融 [J]. 中央民族大学学报（哲学社会科学版）,2019,46(5):15-27.

王垚. 中国边疆经济70年：政策演变与发展挑战 [J]. 当代经济管理,2020,42(3):12-20.

王真, 郭怀成, 何成杰, 等. 基于统计学的北京城市居住用地价格驱动力分析 [J]. 地理学报,2009, 64(10): 1214-1220.

魏国红.2008加强民族交往和谐民族关系 [J]. 贵州民族研

究,2008,28(1):13-17.

魏新春.城市化进程中少数民族居住格局及民族关系的调适[J].《西南民族大学学报》（人文社会科学版）,2013(5):28-31.

吴缚龙,宁越敏.转型期中国城市的社会融合[M].北京:科学出版社. 2018.

吴明隆.结构方程模型:AMOS的操作与应用[M].2版.重庆:重庆大学出版社,2010.

吴宁.日常生活批判:列斐伏尔哲学思想研究[M].北京:人民出版社,2007.

吴启焰.大城市居住空间分异的理论与实证研究[M].北京:科学出版社,2016.

伍启元.公共政策[M].台湾:台湾商务印书馆,1988.

吴晓华,张克克.家庭生命周期视角下中国城乡人口流动问题研究[J].宏观经济研究,2019(3):5-13.

乌云其其格.近代内蒙古地区民族关系研究:以土默川蒙汉民族关系为例[J].内蒙古师范大学学报（哲学社会科学版）,2010,39(4):60-65.

吴泽霖.人类学词典[M].上海:上海辞书出版社,1991.

邢莉.内蒙古区域游牧文化的变迁[M].北京:中国社会科学出版社,2013.

徐万里.结构方程模式在信度检验中的应用[J].统计与信息论坛,2008(7):9-13.

徐向阳,闵文义.甘肃汉藏杂居村庄民族关系现状——以舟曲县嘎麦诺村为个案[J].北方民族大学学报（哲学社会科学版）,2009(3):50-54.

徐学强,胡华颖,叶嘉安.广州市社会空间结构的因子生态分析[J].地理学报,1989,44(4):385-399.

颜秉秋,高晓路.城市老年人居家养老满意度的影响因子与社区差异[J].地理研究,2013(7):1268-1279.

闫天灵.塞外蒙汉杂居格局的形成与蒙汉双向文化吸收[J].中南民族大学

学报（人文社会科学版）,2004,24(1):80-85.

杨贵军,孟杰,李楠.中国省域人口总数修订[J].统计与信息论坛,2016,31(7):35-41.

杨佳杰,程磊.城市街道演变视角下的呼和浩特市城市肌理研究[J].2018中国城市规划年会论文集（09城市文化遗产保护）,2018,641-652.

杨菊华.从隔离、选择融入到融合：流动人口社会融入问题的理论思考[J].人口研究,2009,33(1):17-29.

杨鹍飞.居住空间与民族关系再造：民族互嵌型社区的文献述评与研究展望[J].新疆师范大学学报（哲学社会科学版）,2019,40(2):47-58.

杨鹍飞.民族互嵌型社区：涵义、分类与研究展望[J].广西民族研究,2014(5):17-24.

杨恕,李捷.当代美国民族政策评述[J].世界民族,2008(1):20-30.

杨须爱.马克思主义民族融合理论在新中国的发展及"民族交往交流交融"提出的思想轨迹[J].民族研究,2016(1):1-13.

杨振,雷军,段祖亮等.新疆人口的空间分布特征[J].地理研究,2016,35(12):2333-2346.

叶裕民,黄壬侠.中国流动人口特征与城市化政策研究[J].中国人民大学学报,2004(2):75-81.

于长江.从理想到实证：芝加哥学派的心路历程[M].天津：天津古籍出版社,2006.

俞水香,娄淑华.论我国各民族民族认同与国家认同的统一性[J].云南民族大学学报（哲学社会科学版）,2020,37(2):14-18.

余伟,郑钢.跨文化心理学中的文化适应研究[J].心理科学进展,2005,(6):836-846.

袁媛,许学强.广州市外来人口居住隔离及影响因素研究[J].人文地理,2008,23(5):61-66.

云惠群.清代土默特地区农业的发展和蒙汉民族关系的加强[J].内蒙古师

大学报（汉文哲学社会科学版）,1987(2):08-111.

云中,虎有泽.基于文化互动的准格尔旗和谐民族关系构建[J].西北民族大学学报（哲学社会科学版）,2016(5):22-27.

安德森.公共政策制定[M].北京:中国人民大学出版社.2009.

张凤琦."地域文化"概念及其研究路径探析[J].浙江社会科学,2008(4):63-66.

张会龙.论我国民族互嵌格局的历史流变与当代建构[J].思想战线,2015,41(6):16-20.

张利,雷军,张小雷,等.乌鲁木齐城市社会区分析[J].地理学报,2012,67(6):817-828.

张凌华,王卓.中国族际居住隔离空间特征及影响因素:基于2000和2010年人口普查数据的分析[J].中国人口科学,2017(6):68-81.

张凌云.乌鲁木齐市民族聚集区居住空间分异研究:以天山区为例[D].新疆农业大学,2013.6.

张凌云,李松,张洁,等.基于空间自相关的乌鲁木齐市民族居住格局研究[J].干旱区资源与环境,2014,28(3):50-56.

张曙光.社会表征理论评述:种旨在整合心理与社会的理论视角[M].北京:商务印书馆,2008.

张薇,史坤博,杨永春等.网络舆情危机下旅游形象感知的变化及对出游意向的影响[J].人文地理,2019(4):152-160.

张薇,杨永春,史坤博等.居住空间视角下多民族聚居城市民族融合格局演变及影响因素分析:以呼和浩特为例[J].地理研究,2018,37(2):333-352.

张威.1572-1921年呼和浩特城市形态演变分析[J].内蒙古社会科学（汉文版）,2009,30(2):55-60.

张威.从呼和浩特城市演变过程看绥远城兴建的意义[J].内蒙古社会科学（汉文版）,2010,31(5):57-60.

张祥智,李培娜,李亚森.公共空间的异化与重构:基于居住互嵌的城市中心区既有住区更新策略[J].新建筑,2015(3):125-129.

张植华.清代河套地区农业及农田水利概况初探[J].内蒙古大学学报:哲学社会科学版,1987(4):85-93.

张志泽,高永久.城镇化进程中的少数民族流动人口城市融入研究[J].贵州民族研究,2017(4):40-43.

张子珩.中国流动人口居住问题研究[J].人口学刊,2005(2):16-20.

赵刚.民族政策与中华民族共同体意识的建构[J].学术界,2017(2):86-96.

赵金辉.清代边疆城市空间内的民族交往:以归绥为例[J].呼伦贝尔学院学报,2008,16(4):18-22.

赵聚军.保障房空间布局失衡与中国大城市居住隔离现象的萌发[J].中国行政管理,2014(7):60-68.

赵聚军,安园园.广州黑人聚居区的形成与族裔居住隔离现象的萌发[J].行政论坛,2017(4):53-59.

赵蜜.社会表征论:发展脉络及其启示[J].社会学研究,2017(4):218-241.

赵月梅.加强各民族交往交流交融:呼伦贝尔地区的实践与启示[J].民族研究.2018(4):13-24.

赵志远,刘澜波.民族政策多维分析框架的尝试性构建[J].湖北民族大学学报(哲学社会科学版),2020(3):79-85.

郑静,徐学强,陈浩光.广州市社会空间的因子生态再分析[J].地理研究,1995,14(2):15-26.

郑居中.府谷县志:卷之四风俗[Z],1783.

周博.美国空间同化理论及其在亚裔研究中的应用启示[J].广西民族大学学报(哲学社会科学版),2019(3):158-163.

周传斌,马雪峰.都市回族社会结构的范式问题探讨:以北京回族社区的结构变迁为例[J].回族研究,2004(3):33-39.

周竟红.少数民族流动人口与城市民族工作[J].民族研究,2001(4):8-14.

周敏著,鲍霭斌译,叶振猷校.唐人街:深具社会经济潜质的华人社区[M].北京:商务印书馆,1995.

周平.中国民族政策价值取向分析[J].当代世界与社会主义(双月刊),2010(2): 135-141.

周尚意.现代大都市少数民族聚居区如何保持繁荣:从北京牛街回族聚居区空间特点引出的布局思考[J].北京社会科学,1997(1):77-85.

周雯婷,刘云刚.上海古北地区日本人聚居区族裔经济的形成特征[J].地理研究,2015,34(11):1-16.

周雯婷,刘云刚,全志英.全球化背景下在华韩国人族裔聚居区的形成与发展演变:以北京望京为例[J].地理学报,2016,71(4):649-665.

周星."关于"中华民族多元一体格局"的学术评论[J].北京大学学报(哲学社会科学版),1990(4):6-7.

朱荟,郝亚明.美国种族居住隔离理论的三种范式[J].贵州民族研究,2016,37(1): 16-22.

珠荣嘎.阿拉坦汗传[M].北京:民族出版社,1984.

朱水成.中国地方公共政策评估现状与对策[J].甘肃社会科学,2001(3):11-13.

朱宇.城镇化的新形势与中国的人口城镇化政策[J].人文地理,2006,21(2):115-118.

庄虔文.清代内蒙古移民概述[J].蒙古学信息,1999(2):33-38.

Adelman RM. Neighborhood opportunities, race, and class: The black middle class and residential segregation[J]. City and Community.2004, (3):43-63.

Akumu OAK, Olima WHA.The dynamics and implications of residential segregation in Nairobi[J]. Habitat International, 2007, 31(1):87-99.

Alba R, Victor N. Remaking the American mainstream[M]. Cambridge,MA:Harvard University Press.2003.

Alba R, Nee V. Rethinking assimilation theory for a new era of immigration[J].

The International Migration Review.1997,31(4).826-874.

Alba RD, Logan O. Variations on two themes: racial and ethnic patterns in the attainment of suburban residence[J].Demography 1991,28:431–453.

Alba Richard, Logan JR, Stults Brian,et al. Immigrant groups in the suburbs: a reexamination of suburbanization and spatial assimilation[J]. American Sociological Review, 1999, 64(3): 446-460.

Allison PD. Measures of inequality[J].American Sociological Review.1978,43(6): 865-880.

Anderson E. Code of the street: decency, violence, and the moral life of the InnerCity[M]. New York: W. W. Norton.1999.

Andersson R. Socio-spatial dynamics: ethnic divisions of mobility and housing in post-Palme Sweden[J].Urban Studies.1998,35(3):397-428.

Atkinson AB. On the measurement of inequality[J]. Journal of Economic Theory.1970,2(3):244-263.

Ballard R, BallardC. The Sikhs: the development of South Asian settlements in Britain[M].Oxford: Blackwell.1977.

Bayer Patrick, Fang Hanming, McMillan Robert. Separate when equal? Racial inequality and residential segregation[J]. Journal of Urban Economic, 2014, 82:32-48.

Bayer Patrick J, McMillan Robert, Rueben Kim. An equilibrium model of sorting in an urban housing market. Social Science Electronic Publishing, 2003, 860(1): 1-88.

Bennett Pamela R. The Social position of multiracial groups in the United States: evidence from residential segregation[J]. Ethnic and Racial Studies, 2011, 34(4): 707-729.

Benno W. Society, action and space[M], Routledge, London.1993.

BerryJ. Acculturation: living successfully in two cultures[J].International

Journal of Intercultural Relations.2005,29(6):697-712.

Berry, J. Psychology of acculturation[M]. NE:University of Nebraska Press. 1990.

Berry, J. A critique of critical acculturation[J]. International Journal of Intercultural Relations. 2009, 33(5):361-371.

Berry JY, Poortinga S. Breugelmans A et al. Cross-cultural psychology: research and appli- cations (3rd Edition)[M]. U.K:Cambridge University Press. 2011.

Berry J. Acculturation: Living successfully in two cultures[J]. International Journal of intercultural relations, 2005, 29(6): 697-721.

Billig M. Social representation, anchoring and objectification: a rhetoricalanalysis[J]. Social Behaviour.1988,(3):1-16.

Bird ST, Bogart LM. Conspiracy beliefs about HIV AIDS and birth control among African Americans: implications for the prevention of HIV, other STIs, and unintended Pregnancy[J]. Journal of Social Issues. 2005,61(1):109-126.

Blumer H. Race prejudice as a sense of group position[J].Pacific Sociological Review.1958,1(1):3-7.

Boal FW. Ethnic residential segregation[J].Social Areas in Cities.1976,41-79.

Boal FW. From undivided cities to undivided cities: assimilation to ethnic cleansing[J].Housing Studies.1999,(14):585-600.

Bobo L, Zubrinsky CL. Attitudes on residential integration: perceived status difference,mere in-group preference, or racial prejudice?[J].Social Forces.1996, 74(3):883-909.

BoisjolyJ, Duncan GJ, Hofferth SL. Access to social capital[J].Journal of Family Issues.1995,16:609-31.

Bolt G, Burgers J, Empen RC. On the social significance of spatial location:

spatial segregation and social inclusion[J].Netherlands Journal of Housing and the Built Environment.1998, 13:83-95.

Bolt Gideon. Ethnic segregation and residential mobility: relocations of minority ethnic groups in the Netherlands[J]. Journal of Ethnic & Migration Studies, 2010, 36(2): 333-354.

Bolt,G. Ronald VK. Ethnic Segregation and Residential Mobility: Relocations of Minority Ethnic Groups in the Netherlands[J]. Journal of Ethnic & Migration Studies.2010,36(2): 333-354.

Bolt G, Van KR. The mantra of the mix: ideas, ideals and practices[M].Utrecht: Forum, Institute for Multicultural Development.2008.

Bolt G, Van KR. Escaping poverty neighbourhoods in the Netherlands[J]. Housing, theory and society.2003(4):209-222.

Breebaart M, Musterd S, Ostendorf W. Etnische segregatie en beleid: Een internationaal vergelijkend onderzoek[M].Amsterdam: AME.1996.

Briggs XS, DardenJT. Aidala A. In the wake of desegregation. Early impacts of scattered- site public housing on neighborhoods in Yonkers, New York[J]. Journal of American Planning Association.1999, 6(1):27-49.

Buck N. Identifying neighbourhood effect sonsocial exclusion[J]. UrbanStudies.2001,38:2251-2275.

Buhai S, Van LM. A social network analysis of occupational segregation[R]. Amsterdam, Netherlands: Tinbergen Institute.2008.

Burgess EW.The growth of the city[M].Chicago:university of Chicago Press.1925.

Burgess, E. W. and R. D. McKenzie (eds) The City[M]. Chicago: The University of Chicago Press. 1925.

Casey JD. Evidence on the intergenerational persistence of residential segregation [J].RaceUrban Studies.2005,42(3):545-555.

Charles CZ. Won't you be my neighbor: race, class, and residence in Los Angeles[M]. New York: Russell Sage Foundation. 2006.

Charles CZ. Processes of residential segregation[M].New York: Russell Sage Foundation.2001.

Christopher S, Fowler BA, Lee SA. The contributions of places to metropolitan ethnoracial diversity and segregation: Decomposing Change Across Space and Time[J]. Demography. 2016, 53(6):1955-1977.

Clark WAV. Residential segregation in American cities: A review and interpretation[J]. Population Research and Policy Review, 1986, 5(2):95-127.

Clark WAV. Understanding residential segregation in American cities: Interpreting the evidence[J]. Population Research & Policy Review, 1988, 7(2):113-121.

Clark WAV. Residential preferences and residential choices in a multiethnic context[J]. Demography.1992,29(3):451-466.

Clark WAV, Dieleman FM. Households and housing[J].Journal of Architectural and Planning Research.1996,16(16):86-88.

Clark WAV. Ethnic preferences and ethnic perceptions in a multi-ethnic setting[J]. Urban Geography.2002, 23(3):237-256.

Clark WAV. Changing residential preferences across income, education, and age: findings from the multi-city study of urban inequality[J]. Urban Affairs Review. 2008, 44(3):334-55.

Clark WAV. Reexamining the moving to opportunity study and its contribution to changing the distribution of poverty and ethnic concentration[J]. Demography.2008,45(3):515-535.

Crowder K. Moving beyond the big three: a call for new approaches to studying racial residential segregation [J]. City and Community , 2016, 15(1):18-22

Cutler, David M., Edward L. Glaeser, Jacob L. Vigdor. The rise and decline of the American ghetto[J].Journal of Political Economy. 1999,107:455-506.

Daniel Trudeau. The persistence of segregation in Buffalo, New York: comer VS. cisneros and geographies of relocation decisions [J]. Urban Geography2006, 27(1):20-44.

David Mason eds., Theories of race and ethnic relations[M]. New York: Cambridge University Press.1986.

David Wong. Enhancing segregation studies using GIS comput[J].Environ and Urban Systems.1996,20(2):99-109.

Dayha B.The nature of Pakistani ethnicity in industrial cities, in: Britain, A. Cohen (Ed) Urban Ethnicity[M]. London: Tavistock.1974.

Deaux K, Philogene G. Social representations: Introductions and explorations[M].Oxford: Blackwell.2000.

Dear M. Los Angeles and the Chicago schools: Invitation to a debate[J].City and Community.2002,(1):5-32.

Dear M. The Los Angeles school of urbanism: An intellectual history[J]. Urban Geography. 2003,24:493-509.

Dear M, Flusty S. Postmodern urbanism[M].Annals of the Association of American Geographers.1998

Dear M, Flusty S. The resistible rise of the L.A.school[M].Sage Publications.2001.

Deborah Phillips. Minority ethnic segregation, integration and citizenship: a European Perspective[J]. Journal of Ethnic and Migration studies.2010,36(2):209-225.

Denton NA, Massey DS. Residential segregation of blacks, hispanics,and asiansby socioeconomic status and generation[J]. Social Science Quarterly.1988,69:797-817.

Doherty P, Michael A P. Ethnic residential segregation in Belfast, Northern Ireland, 1971-1991[J].The Geographical Review.1997,87 (4):520-535

Duncan OD, Beverly D A Methodological analysis of segregation indices[J]. American Sociological Review.1955, 20(2): 210-217.

Duncan OD, Duncan B. Residential distribution and occupational stratification[J].American Journal of Sociology.1955,60:493-503.

Duncan OD, Lieberson S. Ethnic segregation and assimilation[J].American Journal of Sociology.1959,(64):364-374.

Duncan Otis Dudley. A socioeconomic index for all occupations[M]. Occupations and Social Status, New York: Free Press.1961.

Duncan OD. Statistical geography: problems in analyzing area data[J].Free Press.1961,56:1011-1013.

Dunn KM. Rethinking ethnic concentration: the case of Cabramatta, Sydney[J]. Urban Studies.1998,35:503-524.

Duveen G. The Psychosocial production of ideas: Social representations and psychologic[J]. Culture and Psychology.1998,(4):455-472.

Elcheroth GM, Reicher DS. On the knowledge of politics and the politics of knowledge: How a social representations approach helps us rethink the subject of political psychology[J].Political Psychology.2011,32(5):729-758.

Ellen IG. Sharing America's neighborhoods: The prospects for stable racial integration[M]. Cambridge: Harvard University Press, 2000.

Ellen IG. Sharing America's neighborhoods: the prospects for stable racial integration[J]. Multicultural Review, 2001, 10(2):92.

Elvin K, Wyly. "The color of money" revisited: racial lending patterns in

Atlanta's neighborhoods [J]. Housing Policy Debate 1999,10(3): 555-600.

Emily Walton .Residential segregation and birth weight among racial and ethnic minorities in the United States[J].Journal of Health and Social Behavior .2009, 50:427-442.

Eric, F.,Rima, W. Racial and ethnic residential patterns in Canada[J]. Sociological Forum. 2003, 18(4):577-602.

Fainstein Norman. Race, class and segregation: Discourses about African Americans[J]. International Journal of Urban and Regional Research.1993,17:384-403.

Fainstein SS. Cities and Diversity: Should we want it? Can we plan for it?[J]. Urban Affairs Review.2005, 41(1): 3-19.

Farley R. The New American Reality: How we are, how we got there, where we are going[M].New York: Russell Sage.1996.

FarrR. The roots of modern social psychology[M]. Oxford: Blackwell.1996.

Fischer CS , Stockmayer G , Stiles J , et al. Distinguishing the geographic levels and social dimensions of U.S. metropolitan segregation, 1960–2000[J]. Demography, 2004, 41(1):37-59.

Flick U. The psychology of the social[M]. Cambridge: Cambrige University Press.1998.

Frey WH. Mover Destination selectivity and the changing suburbanization of metropolitan whites and blacks[J].Demography. 1985,22: 223-243.

Frey WH. Black movement to the suburbs: potentials and prospects for metropolitanwide integration1, in F.D. Bean and W.P. Frisbie[M]. New York: Academic Press.1978.

Friedman S, Squires GD. Does the community reinvestment act help minority access traditionally inaccessible neighborhoods?[J].Social Problems.2005,

52:209-31.

Friedman Samantha, Tsao Hui-shien, Chen Cheng. Housing tenure and residential segregation in metropolitan America[J]. Demography, 2013, 50(4): 1477-1498.

Galster George. Residential segregation and interracial economic disparities: A simultaneous-equations approach[J]. Journal of Urban Economics.1987,21(1): 22-44.

Galster George .Residential segregation in American cities: A contrary review[J].Population Research and Policy Review. 1988,7:93-112.

Galster George. Residential segregation in American cities: A further response to Clark[J]. Population Research & Policy Review, 1989, 8(2): 181-192.

Galster George C. Racial steering in housing markets during the 1980s: a review of the audit evidence[J]. Journal of Planning Education & Research, 1990, 9(3):165-175.

Galster G, Zobel A. Will dispersed housing programmes reduce social problems in the US? [J].Housing Studies.1998,13(5):605-622.

Gans Herbert. The balanced community—homogeneity or heterogeneity in residential areas?[J].Journal of the American Institute of Planners, 1961, 27(3), 176-184.

Gans H J. Symbolic ethnicity: The future of ethnic groups and cultures in America[J]. Ethnic and racial studies.1979,(1):1-20.

Gans, H. Toward a reconciliation of 'assimilation' and 'pluralism': The interplay of acculturation and ethnic retention[J]. International Migration Review. 1997, 31(4): 826-874.

Ghazi F. Living Together apart: Residential segregation in mixed Arab Jewish cities in israel[J].Urban Studies. 1996,33(6): 823-857.

Geschwender JA. Racial stratification in America[M]. Dubuque: W.C. Brown Co., 1978:

Giddens A. The constitution of society: Outline of the theory of structuration[M]. Berkeley: University of California Press.1984.

Giddden A. Central problems in social theory, berkeley[M].CA:University of California Press.1970.

Gideon Bolt. Combating residential segregation of ethnic minorities in European cities[J].Hous and the Built Environ.2009, 24:397-405.

Gideon B, Kempen R, Ham M. Minority ethnic groups in the Dutch housing market: apatial segregation, relocation dynamics and housing policy[J]. urban studies 2008, 45(7):1-29.

Gijsberts M. Interventies voor integratie—het tegengaan van etnische concentratie en het bevorderen van interetnisch contact[M]. Den Haag: Sociaal en Cultureel Planbureau.2007.

Goering JM, Ron W. Lending, racial discrimination and federal policy[M]. Washington, DC: Urban Institute Press.1996.

Goetz EG. Clearing the way—deconcentrating the poor in urban America[M]. Washington, DC: The Urban Institute Press.2003.

Goodchild B, Cole I. Social balance and mixed neighbourhoods in Britain since 1979: A review of discourse and practice in social housing[J]. Environment and Planning D: Society and Space,2001, 19(1):103-121.

Gordon MM. Assimilation in American life: The role of race, religion and national origins[M].New York: Oxford University Press.1964.

Greer S , Kramer M R , Cook-Smith J N , et al. Metropolitan racial residential segregation and cardiovascular mortality: Exploring pathways[J]. Journal of Urban Health-bulletin of the New York Academy of Medicine, 2014,

91(3):499-509.

Grebler L, Joan W. Moore, Ralph C. Guzman. The Mexican American people: The nation's second largest minority[J]. Industrial and Labor Relations Review, 1970, 25(2):280.

Greer S , Kramer M R , Cook-Smith J N , et al. Metropolitan racial residential segregation and cardiovascular mortality: Exploring pathways[J]. Journal of Urban Health-bulletin of the New York Academy of Medicine, 2014, 91(3):499-509.

Grigsby W, Baratz M, Galster G, et al. The dynamics of neighborhood change and decline[J]. Progress in Planning, 1987, 28(4):134..

Grillo R. Plural cities in comparative perspective[J]. Ethnic and Racial Studies.2000,23: 957-981.

Guillaume Marois, Sebastien Lord. A statistical approach for analyzing residential isolation and its determinants for immigrant communities: an application to the Montréal Metropolitan region[J]. Applied Spatial Analysis & Policy.2017, (3): 1-29.

Harre R. Some reflections on the concept of social representations[J]. SocialResearch.1984,51:927-938.

Harris CD, Ullman EL. The nature of cities[M].Americe: The annals of the American academy of political and social science.1945.

Harre′ R. Some reflection son the concept of "social representations" [J]. Social Research, 1984,51: 927-938.

Havekes Esther, Bader Michael, Krysan Maria. Realizing racial and ethnic neighborhood preferences? Exploring the mismatches between what people want, where they search, and where they live[J]. Population Research & Policy Review, 2016, 35(1): 101-126.

Hoyt, H. The structure of American cities in the post-war era[J]. American journal of sociology. 1943, 475-481.

Huntington S P. Who are we? The challenges to America's national identity[M]. Simon and Schuster.2004.

Iceland J,Wilkes R. Does socioeconomic status matter? Race class and residential segregation[J].Social problems.2006, 53(2):248-273.

Iceland John, Scopilliti Melissa. Immigrant residential segregation in U.S. metropolitan areas, 1190-2000[J]. Demography, 2008, 45(1): 79-94.

Itzhak O, Itzhak B. Investigating fine-scale residential segregation by means of local spatial statistics[J].Geography Research Forum.2002,(22):41-60.

Itzhak O. Demographic processes and ethnic residential segregation[J]. Discrete Dynamics in Nature and Society,1998 3:171-184.

Jahn J, Schmid CF, Schrag C.The measurement of ecological segregation[J]. American Sociological Review.1947,12(3):293-303.

Jargowsky PA. Poverty and place: Ghettos, barrios, and the American city[M]. New York: Russell Sage, 1996.

Jean-Louis, Pan KS. The ambivalent nature of ethnic segregation in France's disadvantaged neighbourhoods[J]. Urban Studies, 2010, 47(8): 1603-1623.

Jeffrey Napierala ,Nancy Denton. Measuring residential segregation with the ACS: How the margin of error affects the dissimilarity index[J]. Demography. 2017, 54(1): 285-309.

Jencks C. Heteropolis: Los Angeles, the riots and the strange beauty of hetero-architecture[M].New York: St Martins Press.1993.

Jennifer Mcgarrigle, Ade Kearns. Living apart? Place, identity and South Asian residential choice[J]. Housing Studies. 2009, 24(4):451-475.

Jeremy,P. Intergenerational neighborhood attainment and the legacy of racial residential segregation: A causal mediation analysis[J].Demography. 2017,54:1221-1250.

Jodelet D. Représentation sociale[M].Paris Le Dictionnaire Des Sciences Humaines.2006.

Jodelet D. Madness and social representation[M].New York: Harvester Wheatsheaf.1991.

Johnston RJ, Gregory D, Smith DM. The dictionary of human geography[M]. Oxford: Basil Blackw ell.1986.

Johnston R, Poulsen M, Forrest J. Did the walls come tumbling down? Ethnic residential segregation in four U.S. metropolitan areas 1980-2000[J].Urban Geography.2003,24(7):560-581.

Johnston R, Poulsen M, Forrest J. Modern and post-modern cities and ethnic residential segregation: Is Los Angeles dierent?[J]. Geoforum.2006,(37):318-330.

John,H. Send these to me: jews and ather immigrants in urban America[M],New York,1975

Kantrowitz N. Ethnic and racial segregation in the New York Metropolis[J]. American Journal of Sociology.1969,(74):685-695.

Keels M, Duncan GJ, Deluca S, et.al. Fifteen years later: Can residential mobility programs provide a long-term escape from neighborhood segregation, crime, and poverty?[J] Demography. 2005,42(1):51-73.

Kent Stephanie L. Racial residential segregation and social control: a panel study of the variation in police strength across U.S cities, 1980–2010[J]. American Journal of Criminal Justice, 2014, 39(2): 228-249.

Kempen RV, Ozuekren AS. Ethnic segregation in cities: new forms and explanations in a dynamic world[J].Urban Studies.1998,35(10): 1631-1656.

Kirk, M. Deconcentrating poverty through homebuyer finance programs[J]. Journal of Urban Affairs.2005,27(3):211-233.

Kitzinger J. Media impact on public beliefs about AIDS[M]. London: The Circuit of Mass Communication .1998.

Klaauw VD, Ours VJC. From welfare to work:Does the neighborhood matter?[J]. Journal of Public Economics.2003,87:957-985.

Kleinhans, R. Social implications of housing diversification in urban renewal: a review of recent literature[J].Journal of Housing and the Built Environment.2004,19:367-390.

Kroeber A, Kluckhohn CA. Critical review of concepts and definitions[J]. Papers of the Peabody Museum of American Archeology and Ethnology. 1952, 47(1):181.

Kershaw K N, Albrecht S S . Metropolitan-level ethnic residential segregation, racial identity, and body mass index among U.S. Hispanic adults: a multilevel cross-sectional study[J]. BMC Public Health, 2014, 14(1):283

Krysan M, Farley R, Couper MP et al. Does race matter in neighborhood preferences? Results from a video experiment[J]. American Journal of Sociology. 2009, 115(2):527-59.

Kyle C, Krysan M . Moving beyond the big three: A call for new approaches to studying racial residential segregation[J]. City & Community, 2016, 15(1):18-22.

Legeby A. From housing segregation to integration in public space[J]. The Journal of Space Syntax.2009,1 (1):92-107.

Lefebvre H. The production of space[M]. Oxford: Blackwell. 1991.

Lefebvre H. Critique of everyday life[M].London:Verso.2002.

Lewis P. Islamic britain, religion, polities and identity among British muslims[M].London: I.B.Tauris.

Lieberson S. The impact of residential segregation on ethnic assimilation[J],. Social Forces, 1961),40(1):,52-57.

Lieberson,S. Ethnic patterns in American cities[M].New York: Free Press of Glencoe.1963.

Lieberson S, Carter DK. temporal changes and urban differencesin residential segregation: A reconsideration[J]. American Journal of Sociology. 1982,88(2):296-310.

Li Yin. The dynamics of residential segregation in Buffalo: An agent-based simulation[J]. Urban Studies, 2009, 46(13): 2749-2770.

Liu Li. The social representations of AIDS and PWA in China [J]. Paper presented at the 9th International Conference on Social Representations, Indonesia . 2008

Liu Li. Sensitising cncept, themata and shareness: A dialogical perspective of social representations[J]. Journal for the Theory of Social Behaviour 2004, 34:249-264.

Logan JR. Still a global city: the racial and ethnic segmentation of New York[M]. Globalizing Cities: A New Spatial Order. 2000.

Lotte Vermeij, Marijtje A.J. van Duijn ,Chris Baerveldt. Ethnic segregation in context: Social discrimination among native Dutch pupils and their ethnic minority classmates[J]. Social Networks.2009,31:230-239.

Marcuse P. The enclave, the citadel, and the ghetto: what has changed in the post-fordist city[J].Urban Affairs Review.1997,33:228-264.

Marková I. Dialogicality and social representations[M]. Cambridge: Cambridge University Press. 2003.

Marois Guillaume, Lord Sebastien. A statistical approach for analyzing residential isolation and its determinants for immigrant communities: an application to the Montréal Metropolitan region[J]. Applied Spatial Analysis & Policy, 2017, (3): 1-29.

Martin WB, Gaskell G. Towards a paradigm for research on social representations [J]. Journal for The Theory of Social Behavior, 1999 , 29 (2):163-186.

Martin WB, Gaskell G. Social representations theory: A progressive research programme for social psychology[J]. Journal for the Theory of Social Behaviour, 2008, 38(4), 335-353.

Massey DS. Residential segregation of Spanish Americans in U.S. urbanized areas[J].Demography.1979, 16:553-563.

Massey Douglas S. Ethnic residential segregation: A theoretical synthesis and empirical review[J]. Sociology and Social Research, 1985, 69(3): 315-350.

Massey D, Denton N. Trends in the residential segregation of Blacks, Hispanics, and Asians:1970-1980[J]. American Sociological review.1987,52(6):802-825.

Massey DS, Denton NA. The dimensions of residential segregation[J]. Social Forces,1988, 67, (2):281-315.

Massey DS. American apartheid: Segregation and the making of the underclass[J]. American Journal of Sociology. 1990,96(2):329-357.

Massey DS, Denton NA. American apartheid: Segregation and the making of the underclass[M]. Harvard University Press, 1993.

Massey DS, Fischer MJ. Does rising income bring integration? New results for Blacks, Hispanics, and Asians in 1990[J]. Social Science Research. 1999,28(3):316-326.

Massey Douglas S, Lundy G. Use of black English and racial discrimination in urban housing markets: new methods and findings[J]. Urban Affairs Review, 2001, 36(4): 452-469.

Massey DS. Reflections on the dimensions of segregation[J]. Social Forces. 2012, 91(1):39-43.

McKenzie RD. "The ecological approach to the study of the human community", In: R. E. Park, Massey, D. S. and Fong, E. Segregation and neighborhood quality: Blacks, Hispanics, and Asians in the San Francisco metropolitan area[J]. Social Forces, 1990,69(1): 15-32.

Meyer SG. As long as they don't live next door: Segregation and racial conflict in American neighborhoods[M]. New York: Rowman & Littlefield, 2000.

Michael R K, Hannah L C, Carolyn D, et al. Do measures matter? Comparing surface-density-derived and census-tract-derived measures of racial residential segregation[J]. International Journal of Health Geographics .2010, 9(29):2-15.

Miller Vincent P, Quigley John M. Segregation by racial and demographic group: evidence from the San Francisco bay area[J]. Urban Studies, 1990, 27(1): 3-21.

Moscovivi S. The phenomenon of social representations. In R. Farr and S. Moscovici (Eds.), Social Representations[M]. Cambridge: Cambridge University Press, 1984.

Moscovici S. Attitudes and opinions[J]. Annual Review of Psychology, 1963, (14): 231-260.

Moshe,S.,Anya,G. Ethnic residential segregation, social contacts, and anti-minority attitudes in european societies[J].European Sociological Review. 2009,25(6):693-708.

Murdie R.A. Factorial ecology of metropolitan Toronto,1951-1961: An essay on the social geography of the city[M]. University of Chicago Dept of Geography.1969.

Musterd, S. Segregation and integration: a contested relationship[J].Journal of Ethnic and Migration Studies.2003,29(4):623-641

Myles John, Hou Feng. Changing colors: spatial assimilation and new racial minority immigrants[J]. Canadian Journal of Sociology, 2004, 29(1): 29-58.

National Center for Health Statistics (US). Health, United States, 2000 with adolescent healthchartbook. Hyattsville (MD): Department of Health and Human Services (US);2000.

Nijman,J.The paradigmatic city[J]. Annals of the Associationof American Geographers. 2000, 90(1):135-145.

Oliver ML,Shapiro TM. Black wealth/white wealth : a new perspective on racial inequality[M]. Shapiro Routledge, 1995.

Olneck M. Assimilation and American national identity[M]. A companion to American immigration. Malden, MA : Blackwell Publisher. 2006.

Orr, L., Feins, J. D., Jacob, R., Beecroft, E., Sanbonmatsu, L., Katz, L. F., et al. Moving to opportunity for fair housing demonstration program. Interim impacts evaluation[M].Washington DC:US Department of Housing and Urban Development.2003.

Overman,H.G. Neighbourhood effects in large and small neighbourhoods[J]. Urban Studies.2003,39(1):117-130.

Pancs R,Vriend NJ. Schelling's spatial proximity model of segregation revisited[J]. Department of Economics.2007,91(1): 1-24.

Pamela R. Bennett. The social position of multiracial groups in the United States: Evidence from residential segregation[J].Ethnic and Racial

Studies.2011,34(4):707-724.

Park R E . The City: Suggestions for the investigation of human behavior in the city environment[J]. American Journal of Sociology.1915, 20(5):577-612.

Park RE, Burgess EW, Mckenzie RD. The city[M]. Chicago, Chicago University Press, 1925:45-49.

Park,R.E. The urban community as a special pattern and a moral order, in E. W. Burgess[M]. Chicago: Chicago University Press.1926.

Park R E. Our racial frontier on the pacific race and culture[M]. Glencoe: The Free Press, 1950.

Park RE, Burgess EW. Introduction to the science of sociology[M]. Chicago: University of Chicago Press, 1970

Patterson O. The ordeal of integration: Progress and resentment in Americas "racial" crisis[M].Washington:Civitas Counterpoint.1997.

Peach C, Mitchell C J. Marriage distance, ethnic intermarriage in San Francisco, mating patterns in human societies[M].Cambridge: Cambridge University Press.1988.

Peach,C. Good egregation,bad segregation[J]. Planning perspectives,1996, (4):379-398.

Peach C. London and New York: Contrasts in British and American models of segregation with a comment by Nathan Glazer[J].International Journal of Population Geography. 1999,(5):319-351.

PhillipsD. Parallel lives? Challenging discourses of British muslim self-segregation[J]. Environment and Planning D Society and Space.2006, 24(1):25-40.

Portes A, Zhou M. The new second generation: segmented assimilation and its variants[J]. The Annals of the American Academy of Political and Social

Science.1993, 530,(1):74-96.

Poulsen M. Forrest J, Johnston R. From modern to post-modern? Contemporary ethnic residential segregation in four US metropolitan areas[J]. Cities, 2002, 119(3):161-172

Prendergast Christopher. The triangle of representation[M]. Columbia University Press, 2000.

Ralph R, Gustav V. Residential desegregation dynamics in the South African city of Bloemfontein[J].Urban Forum.2009,20(3):335-361.

Ratcliffe P . Race, ethnicity and difference: imagining the inclusive society[J]. Journal of Social Policy, 2004(2):333-335.

Richelle L,Winkler K, Johnson M. Moving toward integration effects of migration on ethnoracial segregation acrossthe rural-urban continuum[J]. Demography.2016,53(4):1027-1049.

Robert,L.,Wagmiller,JR. Race and the spatial serregation of obless men in urban america[J]. Demography.2007,44(3):539-562.

Roger Andersson. Socio-spatial dynamics: Ethnic divisions of mobility and housing in post-palme Sweden[J].Urban Studies.1998,35(3):397-428.

Ronald VK, Sule OA. Ethnic segregation in cities: New forms and explanations in a dynamic world[J].Urban Studies.1998,35(10):1631-1656.

Ron J, Michael P, James Forrest. The comparative study of ethnic residential segregation in the USA, 1980–2000[J]. Tijdschrift voor Economische en Sociale Geografie, 2004,95(5):550-569

Ron J, Michael P, James F. Modern and post-modern cities and ethnic residential segregation: Is Los Angeles different?[J]. Geoforum, 2006,37(3):318-330.

Ross SL, Turner MA. Housing discrimination in metropolitan America: Explaining changes between 1989 and 2000[J].Social

Problems.2005,52(2):152-180.

Roseman CC, LauxHD, ThiemeG. EthniCity: Geographic perspectives on ethnic change in modern cities.[J]. lanham maryland rowman and littlefield.1996, 19(1):91-93.

Rumbaut RG. Ties that Bind: Immigration and immigrant families[M]. Lawrence Erlbaum Associates.1997.

Ruth DP, Lauren JK. Racial segregation, the concentration of disadvantage, and Black and White Homicide victimization[J].Sociological Forum.1999,14(3):465-493.

Ryan Powell.Loïc Wacquant's "ghetto" and ethnic minority segregation in the UK: the neglected case of Gypsy-Travellers[J].International Journal of Urban and Regional Research 2013,37(1): 1-42.

Sampson R.J., Morenoff J.D.T. Gannon R. Assessing 'neighborhood effects': social processes and new directions in research[J]. Annual Review of Sociology.2002,28(1):443-478.

Sarre P, Phillips D, Skellingto NR. Ethnic minority housing: Explanations and policies[M].Aldershot: Avebury.1989

Schelling T. Dynamic models of segregation[J]. Journal of Mathematical Sociology, 1971,1(2): 143-186.

Schelling T. The ecology of micromotives[J].The Public Interest.1971,(2):61-69.

Schelling T. Micromotives and macrobehavior[M].New York:W.W,Norton and Company.1978.

Schnare,A.B. Residential segregation by race in U.S. metropolitan areas: An analysis across cities and over time[M].Washington D.C:The Urban Institute.1977.

Schwartz J, Winship C. The welfare approach to measuring inequality[C].

Schuessler F.Sociological Methodology,San Francisco,Jossey-Bass,1980.

Shibutani T, Kwan, K. Ethnic stratification: a comparative approach[J]. American Sociological review, 1966, 32(2):293.

Simpson GE."Assimilation",international encyclopedia of the social sciences[M].New York:Macmillan and Free Press.1968.

South SJ, Crowder KD. Leaving the "hood": residential mobility between Black, White and integrated neighborhoods[J].American Sociological Review, 1998,63(1):17-26.

South SJ, Crowder KD, Chavez E. Migration and spatial assimilation among US Latinos: classical versus segmented trajectories[J], Demography,2005,42(3):497-521.

Steams LB, Logan JR. Measuring segregation: Three dimensions, three measures[J].Urban Affairs Quarterly.1986,22(1):124-150.

Streitweiser M, Goodman J. A survey of recent research race and residential location[J]. Population Research and Policy Review. 1983,(2):253-283.

Susan KB. Delayed Spatial assimilation: Multigenerational incorporation of the Mexican-Origin population in Los Angeles[J]. City & Community.2007,6(3):193-209.

Taeuber KE,Taeuber AF.Negroes in cities: residential segregation and neighborhood change[M]. West Hanover:MA Atheneum.1965.

Theil Henri. Statistical decomposition analysis[M]. North Holland:Technometrics.1972.

Theil,Henri, Finizza AJ. A note on the measurement of racial integration in schools[J]. Journal of Mathematical Sociology.1971, 1(2): 187-193.

Themstrom, S., Themstrom A. America in Black and White: One nation, indivisible[M]. New York: Simon and Schuster.1997.

Timberlake JM. Still life in black and white: effects of racial and class attitudeson prospects for residential integration in Atlanta[J].Sociol. Inquiry.2000,70(4):420-445.

Timms DWG. The urban mosaic: Towards a theory of residential differentiation[M]. Cambridge:Cambridge University Press.1971.

Tosun, C.,Host perceptions of impacts: a comparative tourism study[J].Annals of Tourism Research.2002,29(1): 231-253.

Turner MA, Ross SL. Discrimination in metropolitan housing markets: Phase 2-Asians and pacific islanders of the HDS 2000[M]. Washington DC: U.S. Department of Housing and Urban Development.2003.

Van KR, Idamir M. Housing allocation and ethnic minority groups: the effects of different housing allocation models on Moroccan households in two Dutch cities[J].Netherlands journal of housing and the built environment.2003,18 (3): 257-268.

Veldboer L, Kleinhans, R.,Duyvendak,J.W. The diversified neighbourhood in Western Europe and the United States: how do countries deal with the spatial distribution of economic and cultural differences?[J].Journal of International Migration and Integration.2002,3(1):41-64.

Wagner W, Duveen G, Farr R, et al. Theory and methods of social representations [J]. Asian Journal of Social Psychology.1999,(2):95-125.

Wagmiller Robert L, Elizabeth Gage-Bouchard, Karraker Amelia. Does Black socioeconomic mobility explain recent progress toward Black-White residential integration? Demography, 2017, 54(2):1-25.

Water,M.T. Jiménez. Assessing immigrant assimilation: New empirical and theoretical challenges[J].Annual Review of Sociology.2005,31:105-125.

Wei Li. Anatomy of a New Ethnic Settlement: The Chinese ethnoburb in Los

Angeles[J]. Urban Studies,1998,35(3):479-501.

White MJ. The measurement of spatial segregation[J].American Journal of Sociology 1983,88:1008-1019.

White MJ. Segregation and diversity: Measures in population distribution[J]. Population Index.1986,52(2): 198-221.

White, M.J. American neighborhoods and residential differentiation[M]. New York: The Russell Sage Foundation. 1987.

White, MJ, Glick JE.. "The impact of immigration on residential segregation." Pp. 345–72 in Immigration and Opportunity, edited by F. D. Bean and S. Bell-Rose[M]. New York: RussellSage Foundation.1999.

White, M.J, Glick J.E. Achieving anew: How new immigrants do in American schools, jobs, and neighborhoods[J]. Russell Sage Foundation.2009, 39(5):619-621.

Wilkes Rima, Iceland John. Hypersegregation in the twenty-first century[J]. Demography, 2004, 41(1): 23-36.

Williams DR, Chiquita C. Racial Residential segregation: A fundamental cause of racial disparities in health[J].Health Disparities.2001,116(5) :404-416.

Williams R. The changing face of inequality in home mortgage lending[J].Social Problems.2005,52(2):181-208.

Wilson WJ. The declining significance of race[M].Chicago:University of Chicago Press.1978.

Wilson WJ. The truly disadvantaged: The inner city, the underclass, and public policy[M]. University of Chicago Press, 1987.

Wright RE, Parks MV. Replacing whiteness inspatialassimilation research[J]. City and Community.2005(4):132-154.

Yinger JG, Galster B, Eggers F et al. The status of research into racial discrimination and segregation in American housing markets[J]. H.U.D.Occasional Papers. 1979, (6):155-175.

Yinger JM. Intersecting strands in the theorization of race and ethnic relations, John Rex and James DR, Taeuber KE. measures of segregation[J]. Sociological Methodology, 1985, 15(4): 1-32.

Zhou M . Segmented assimilation: Issues, controversies, and recent research on the new second generation[J]. International Migration Review, 1997, 31(4):975-1008.

Zubrinsky Camille L, Bobo Lawrence. Prismatic metropolis: Race and residential segregation in the city of angels. [J].Social Science Research, 1996, 25(4): 335-374.

Zubrinsky Charles Camille. The dynamics of racial residential segregation. Annual Review of Sociology[J]. 2003,29(29):167-207.